今天我们这样做教师

中小学教师心理健康促进的理论与实践

李 兵　李先锋　黄凤平　等著

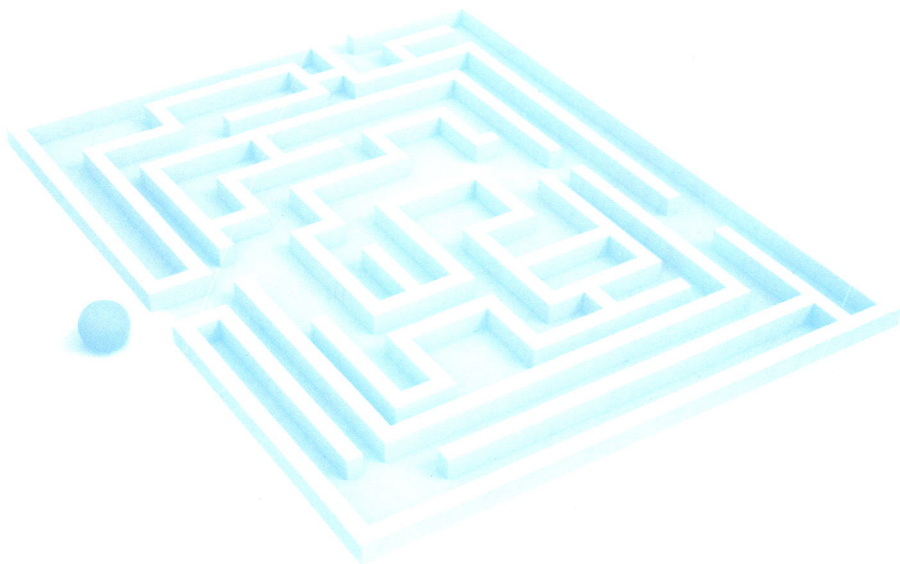

SPM
南方传媒

广东人民出版社
·广州·

图书在版编目（CIP）数据

今天我们这样做教师：现代中小学教师心理健康促进的理论……践 / 李兵，李先锋，黄凤平著. —广州：广东人民出版社，2022.1

ISBN 978-7-218-15764-1

Ⅰ. ①今…　Ⅱ. ①李…　②李…　③黄…　Ⅲ. ①中小学—教师—心……康—健康教育—研究　Ⅳ. ①G443

中国版本图书馆CIP数据核字（2022）第074478号

JINTIAN WOMEN ZHEYANG ZUO JIAOSHI：XIANDAI ZHONGXIAOXUE JIAOSHI XINLI JIANKANG CUJIN DE LILUN YU SHIJIAN

今天我们这样做教师：现代中小学教师心理健康促进的理论与实践

李 兵 李先锋 黄凤平 著

版权所有　翻印必究

出 版 人：肖风华

责任编辑：王庆芳　朱东岳
责任技编：吴彦斌　周星奎

出版发行 广东人民出版社
地　　址：广州市越秀区大沙头四马路 10 号（邮政编码：510199）
电　　话：（020）85716809（总编室）
传　　真：（020）85716872
网　　址：http://www.gdpph.com
印　　刷：广州市豪威彩色印务有限公司
开　　本：787 毫米 × 1092 毫米　1/16
印　　张：15　字　　数：302 千字
版　　次：2022 年 1 月第 1 版
印　　次：2022 年 1 月第 1 次印刷
定　　价：57.90 元

心香一炷，敬献先生

——现代中小学教师心理健康促进的理论和实践开篇致词

中国的香文化源远流长，绵延至今。自舜帝祭典起，人们便开始以香熏衣、驱虫、防腐蛀。传统制香工艺的香品不仅芳香养鼻，而且养神养心，开窍开慧。现代的舜帝陵祭奠活动以"尊祖爱国、传承文明，凝聚人心、促进发展"为主题。由此可见，点燃一炷香，不仅具有净化生活环境、提升生活品质的现实功能，还有丰富的文化和精神内涵。

世界四大古文明分别为古埃及、古巴比伦、古印度以及中国，前三者都已经湮没在历史的长河中，唯有中国文化一脉相承，屹立在世界文化之林，不仅延续五千年而未曾断绝，而且表现出强大的生命力和蓬勃的创新精神。传承文化香火的事业叫教育。我们教师，尤其是中小学教师，就是让中华文化薪火相传的传承人。

虽然我们传统的教育文化中，人民教师具有崇高的社会声望——天、地、君、亲、师，但历朝历代的教师群体总给人以"有其名，无其实"的印象——"家有半斗粮，不当孩子王"是中国历史上教师的尴尬经济地位的字字泣血的传神写照。

自中华人民共和国成立以来，特别是在新时代中国特色社会主义行稳致远的今天，中小学教师的社会声望和现实待遇获得了根本性的提高和改善。然而，中小学教师们的真实体验和内心感受是否真的获得了全面改善呢？

有一首专门为中小学教师而作、每一个教师节必会被点唱的歌《长大后我就成了你》，笔者以教师的身份，表示并不想听这首歌，因为"放飞的是希望，守巢的总是你""写下的是真理，擦去的是功利""画出的是彩虹，洒下的是泪滴""举起的是别人，奉献的是自己"……

尽管《长大后我就成了你》（宋青松词，王佑贵曲）这个音乐作品是无可替代的经典，但是，它对教育工作的真实描述所讴歌的"春蚕到死丝方尽，蜡炬成灰泪始干"的精神，并不完全是现代教师的价值理念和人生追求。教育工作者的主流观点是：期望拥有这样的职业体验——成就人生的职业梦想，积极主动地奉献社会。

这样的要求并不高，许多教师却能够从中体验到这份职业带来的压力和现实挑战。我们在长期陪伴中小学教师成长的过程中，感受到了教师群体的内心呼唤与期待，在充分调研、深入探索的基础上，创立"今天我们这样做教师——现代中小学教师心理健康促进的理论和实践"体系，期望我们的努力，可以为在中小学教师职业道路上奋力前行的您，点燃一炷心香，产生让您"养精蓄锐，焕发活力；灵感泉涌，处事稳健；温馨浪漫，情趣盎然"的效果。

我们不想有太多的言语承诺，但是，我们相信我们懂你，永葆最初投身教育事业的初心——"做我心中想成为的教师的样子，做一个让学生永远敬重的老师！"

本书的目标定位非常明确，我们知道中小学教师群体的心理健康是基础教育的命门和关键。让我们努力为您点燃的这一炷心香，可以产生"教师自身的心理获益，家长学生的幸运遇见，教育管理的良性运行，社会风尚的引领带动"的多维效应。

我们全力追求"理论深入浅出，技术轻松上手"的阅读效果，全书致力于"解读妨碍教师心理健康的现象和问题，传递促进教师心理健康的方法和策略"。

通过三年多的努力，我们瞄准"痛点"——中小学教师心理健康问题。从外部关注、容易产生、普遍存在、影响深远、广受关注的教师现象学观测，到锁定"痒点"——内部评判、深感困惑、无法言说、苦无良策、漠然承受的心理学分析，全力回应中小学教师群体的共有期待和诚挚愿望。

这是我们一生致力的中小学教师发展事业，所有话题围绕"从中小学教师生活中来"的执著追求，同时，也是践行将应用心理学理论技术主动运用到"中小学教师生活工作中去"的使命担当。

我们有信心并且积极期待，书稿中的立场、观点、方法会引发你的积极关注和深入思考。让我们一起前行，做好教师自身的心理健康促进工作，让教师们首先成为心理健康的获益者。更为重要的是，完成我们肩负的职业使命——培养全面发展的建设者和接班人。

无可争议地讲，我们的学生在文化基础、自主发展、社会参与方面的教育和成长，最为基础和重要的前提是心理健康。就此而言，我们中小学教师首先自身要心理健康，确保我们自身心态阳光、三观正确、身体健康、生活幸福，不辜负我们作为人民教师培养一批又一批具有优良的人文底蕴、科学精神，并且会学习、负责任、有担当的青少年的光荣使命。

目录

contents

第四章　心有事业，正气傍身
　　——事业心的心理价值和动力功能

请查收！这里有一份
教师心理健康修炼指南

扫描本书二维码，获取以下正版专属资源

图书随身听
让读书声入耳更入心

心理测试题
测一测你的心理状况

心理学课堂
用心理学视角看世界

健康小手册
教你减压赋能小妙招

用【读书笔记】随手记录读书感悟

加【交流社群】探讨心理健康话题

领【参考书单】助力教师自我提升

扫码添加智能阅读向导

维护心理健康，收获幸福生活

第一章

借你慧眼，懂得人心

——穿越心理健康的话语体系和
　　基本常识的屏障

从关注中小学心理健康教育事业的基础定位出发，我们充分认识到，为了中小学生的心理健康事业行稳致远，必须优先做好中小学教师的心理健康促进工程，这既是中小学心理健康教育的基本前提和重要保障，也是让学校教育带动家庭、影响社会的系统循环工程的关键环节。

本章是现代中小学教师心理健康促进的理论和实践的开篇，我们首先为你呈上"主旨心理报告"《健康人生，从心开始——解读心理健康的话语体系和基本常识》，完成对中小学全科教师的心理专业话语体系的心理脱敏和心理健康话语体系的分享。随后跟进的是"现实话题关注"《理解我们自己的不容易——来自一线中小学教师心理健康情况的观察和思考》，引领教师们以客观、理性、积极、乐观的心态，宏观地认识中小学教育这一工作。我们的内心世界是丰富多彩的，也是可以认知理解的。随后的"心理万花筒"部分，你会通过一个心理故事《你的情感，谁在做主——我们的复杂情感背后简单易懂的神经生物学原理》真切直观地感知和理解心理现象的发生机制。在"心理指南针"部分，为你带来一篇《相由心生，一望而知——心理健康者的心理行为肖像》的心理美文。本篇的"心理检测包"是一个《心理健康便捷自测量表》，是一个适宜于中国人的专业的心理健康测量工具。最后，在"回顾与思考"环节给你预留了三个问题。

主旨心理报告

健康人生，从心开始
——解读心理健康的话语体系和基本常识

因为我们是中小学教师，我们要有心理健康的正常状态，才能保持对这份工作的深刻认同、积极投入、持续发力；才能敏锐地关注到学生成长中的心理状况、成长动力、教育时机；才能富有效率和质量地处理教学工作之外的校长指令、突发事件等例行或例外的事务。所以，我们不能允许自己做心理健康的"外行"。本篇主题让我们破除关于心理健康的话语体系和基本常识的屏障，做心理健康的行家里手。就此而言，我们亮明态度：有点难！

不必与你面对面，本文的撰稿人可以看见你的别样的"表情包系列"——那是鄙夷的眼神？我可是正式学习过心理学的人；那是呵呵一笑？看你能够给我带来什么新体验？

这就是最具有挑战力的地方：既然残茶满杯，如何注入新茶？在你正式阅读之前，我有一个确保你不虚此行的请求：空杯心态！准备好了吗？请跟我来！

"让生活失去色彩的，不是伤痛，而是内心世界的困惑；让脸上失去笑容的，不是磨难，而是禁闭心灵的缄默。没有谁的心灵永远一尘不染。战胜自我，拥抱健康。沟通，消除隔膜；交流，敞开心扉；真诚，融化壁垒。心理访谈，健康人生，从'心'开始。"——这是中央电视台《心理访谈》节目的经典广告词，你曾经关注并受惠于中央电视台《心理访谈》节目给你带来的"心理美食"吗？这可是中国最具知名度和美誉度的心理健康主题节目之一。

经典广告词中展现的"心理健康问题成因的认知解读，认识和对待心理健康的观念定位，解决心理问题的行为策略"得到了从学术界到社会公众的广泛认同。于是，我们不避拾人牙慧之嫌，以"健康人生，从心开始"为题拉开序幕。

1 健康观念

什么是健康？你一定会有自己的话语体系。这是现代文明对当代公民的常识馈赠。但是，作为一名中小学老师，止步于大众认识水平的健康观显然是不够的，你需要知道得更多一些、更专业一点。这不仅对你的日常生活是非常必要的，对你的教师生涯也大有裨益。

在漫长的社会发展进程中，由于知识的局限和观念的滞后，人类对健康的认识水平局限于"单一的生物医学模式"，表现为两个方面——其一，对生理状况的简单化定位："不痛不痒，身健体康"，这是麻痹心理；其二，对精神异常的妖魔化曲解："鬼神附体，驱魔辟邪"，这是愚昧做法。

1.1　二维健康观

随着社会文明的进步和医学的发展，"单一的生物医学模式"的健康观悄然发生着变化。世界卫生组织在1978年国际初级卫生保健大会上发布了著名的《阿拉木图宣言》，这份文献对"健康"进行了第一次明确的定义："健康不仅是没有疾病或不虚弱，而且是身体的、精神的健康和社会适应良好的总称。"

1989年，世界卫生组织又一次深化了健康的概念，认为健康不仅是没有疾病，而且还包括躯体健康、心理健康、社会适应良好和道德健康。这种新的健康观念从"单一的生物医学模式"演变为"生物—心理—社会医学模式"，扩展"心理健康"和"社会适应健康"为健康的有机组成部分，它既考虑到人的自然属性，又考虑到人的社会属性，我们称之为"二维健康观"，这充分体现了健康观念的重大进步。

1.2　三位一体的健康观

进入21世纪，人类的健康问题受到广泛关注。现代医疗科技和临床治疗的进步日新月异，生理疾病的形成机制的研究进展和治疗技术科学的日益精湛，让我们没有理由不对现代医疗充满信任；然而，大量从前感觉离我们很远的"心身疾病"以及由此引发的焦虑和担忧日渐紧迫地向我们袭来。于是，一种全新的健康理念，从最初的心理健康先知者带有"心理呓语"色彩的感悟中逐渐形成，这就是"身—心—灵"三位一体的健康观。

"身—心—灵"三位一体的健康观认为，在我们的身体、心理之上，还有一个居于主导地位的心灵的存在。心灵是在我们个体生而即有的本能取向的基础上，经由成长中的个体社会化逐渐形成的关于价值、信仰和操守的精神体系。它存在于我们的精神世界，不为外人所知，甚至我们自己都未必能清晰地觉察到。心灵是以某种价值、理念为指导，并奉为自己的行为准则和活动指南，懂得做什么和不做什么的内心主宰。有心灵的人才谈得上人生价值，能够赋予相对短暂的人生以永恒的非凡意义。

心灵有卑鄙与高尚之分、庸俗和高雅之别，这在很大程度上决定着一个人的生命的价值感和发展的可能性。没有心灵的人，会失去把握自身命运的力量，发展的可能性也会大大降低。有心灵的人，会调动自身的一切力量，集中到既定的目标上，其知识、能力、内心世界都会得到充实和提高，从而促进个人生命质量的提升，并且有益于他人和社会。心灵健康的人会让自己的生活价值定向明确、个人潜力有效开发、乐观积极面对社会、掌控自己收放自如。

按照"身—心—灵"三位一体的健康观，我们为一个健康的人作一幅画像。身体健康：饮食起居舒适自然，主题生活和休闲娱乐相映成趣，身体机能处于常态标准以上，生理免疫功能完好；心理健康：自我概念明朗，心智反应健全，情绪表达流畅，行为活动自控；心灵健康：信仰纯美稳健，操守内方外圆，人与自然一体，从容淡定处世。

现代健康的含义是多元的、广泛的，包括身体、心理和心灵三个层次。身体健康是物质基础、心理健康是精神表现、心灵健康是根本保障。

在心灵健康的统率作用下，身体健康与心理健康双向互动，良好的心理状态可以使生理功能处于和谐状态。反之，则会降低或破坏某种功能而引起疾病。身体状况的改变可能带来相应的心理问题，生理上的缺陷、疾病，特别是痼疾，往往引发烦恼、焦躁、忧虑、抑郁等不良情绪，导致各种不正常的心理状态；健康的身体让人产生自信、乐观、主动、担当的良好心理。将身、心两者统一为一体的人，在心灵的主导下，身与心向"心灵认同、向往、追求的方向"发生有效整合和积极演变。

人是身体、心理和心灵三者的共同体。运用"身—心—灵"三位一体的健康观，可以描述、阐释、预测和控制与身体、心理、社会适应等健康现象和问题。

2 心理健康的评价体系

怎样的人是心理健康的人？用什么标准来衡量一个人的心理是否健康？人的心理健康是有标准的，但却不像生理健康那样可以"让数据资料说话"（精准确切），"以标本模型展现"（具体直观）。

我们每个人都应该掌握卫生保健知识，树立健康信念，自愿采纳有利于身心健康的心理行为和生活方式，从而保障自身生命质量，同时有益于他人和社会。

如何认识和对待心理健康，既是一个基本的理论问题，又是一个重要的现实问题。在不同的评价体系框架内，评价的结论是没有什么可比性的。这是我们对心理健康的认识和对待中最为常见的"无知之误，如果没有一致的话语体系，怎么产生"你话我知"的效果？

总结一下，常见的有"自主体验""社会评价""统计学标准""专家评价体系"四种评价心理健康的"评价话语体系"。

2.1 自主体验

自主体验是个体在以自己为认知对象认知评价基础上，产生的认知情绪体验。想必你一定懂得，如果一个人自主体验认为自己有心理问题，我们可以判断这个人的心理健康状况不会非常健康。另一方面，能够感觉到自己有心理问题，问题一般不会非常严重。倒是那些认为身边的人都有问题，唯有自己没有问题的人，反而其心理问题或许已经非常严重。心理基本正常的人，可以察觉到自己的心理活动和以前的差别、自己的心理表现和别人的差别等。这种自我评价叫自我认知能力，简称自知力。

一个人往往就是借助自知力，觉察到自己出现了"认知失据、情绪失控、行为失常"方面的问题之后，开始自我调适，或者寻求心理专家、专业机构的帮助。这如同一个驾驶者，觉察自己的车"动力系统故障、制动转向失灵、车体异常响动"，多数会停下车检查车况。如果自己不是车辆维修专业人士，最为明智的选择是把专业的问题交给专业人士解决。

2.2　社会评价

在正常情况下，我们依照社会生活的游戏规则适应社会和改造环境。因此，正常人会要求自身行为符合社会准则，根据社会要求和道德规范行事，获得社会舆论的认同评价。如果由于个人神经器质的或精神功能的问题，使得个体社会心理行为能力受损，不能按照社会认可的方式行事，知情人或者旁观者会认为此人有心理问题。

社会评价未必非常准确和客观，但是，在"熟人圈"中，社会评价相对一致的结论往往是值得参考和借鉴的。

2.3　统计学标准

心理测验通过心理模型的构建、信度、效度和施测程序的标准化，形成心理测评量表，把受测评人的心理测量结果与常模进行比较，获得受测评人的心理健康状况的结论。

由于心理测验量表的科学性和适用性问题，测评的结果和功能尚不宜过度相信和依赖。但是，广受业内人士认可与使用的心理量表的测验结果往往是颇具参考价值的。一位在事业单位工作的青年人面对"大众创业　万众创新"的时代号角，再也难以继续"平凡的日子平常地过"的生活模式，他近乎痴狂地参加各种创业论坛、训练营、"明日之星"总裁培训班……了解他的家人、朋友都替他担忧。一位心理专家让他做了一份《心理承受能力测试》，测试结论显示其心理承受能力略低于平均水平。创业要有超乎常人的心理承受力，可以预言他做老板恐怕是不太适合的。

2.4　专家评价体系

心理健康专家是指专门从事心理健康研究和应用工作，具有真才实学的人士。而社会上通过精心包装、煞有其事的"心理大咖"不乏其人。一位真正的专家，凭借自己扎实的学术历练和实践经验，会成长出一种叫"直觉智慧"的心理技能，不需要使用心理测验量表、不必经过长时间的观察，就会对被评价人的心理健康状况、心理问题的特点、成因和解决问题的策略，瞬间完成非常精准的"心理运算"，让局外人感觉到"X光机"那样的洞察人的心理世界的非凡神奇和不可思议——真正的专家的结论，绝对值得信赖。

3 心理健康的标准

无论依照什么评价体系，心理健康评价结论的获得还是有相近或相似的尺度的，这种尺度就是心理健康的标准。

下面，我们简要介绍当前在中国心理健康界获得广泛认知、推广度比较高的三种评价体系。

3.1 "最具影响力的标准"

美国心理学家亚伯拉罕·马斯洛（Abraham-Maslow，1908–1970）等人提出的心理健康的十条标准，被认为是"最具影响力的标准"。

（1）充分的安全感。

（2）充分了解自己，并对自己的能力作适当的评估。

（3）生活的目标切合实际。

（4）与现实的环境保持接触。

（5）能保持人格的完整与和谐。

（6）具有从经验中学习的能力。

（7）能保持良好的人际关系。

（8）适度的情绪表达与控制。

（9）在不违背社会规范的条件下，对个人的基本需要作恰当的满足。

（10）在不违背社会规范的条件下，能作有限的个性发挥。

3.2 "最为大众化的标准"

无从考证这一标准的创立者，这是一种在公众中非常受追捧的心理健康的评价标准——"身心健康八大标准"之"最大众化的标准"。

（1）食得快：进食时有很好的胃口，能快速吃完一餐饭而不挑剔食物，这证明内脏功能正常。

（2）便得快：一旦有便意时，能很快排泄大小便，且感觉轻松自如，在精神上有一种良好的感觉，说明胃肠功能良好。

（3）睡得快：上床能很快熟睡，且睡得深，醒后精神饱满，头脑清醒。

（4）说得快：语言表达正确，说话流利。表示头脑清楚，思维敏捷，中气充足，心、肺功能正常。

（5）走得快：行动自如、转变敏捷，证明精力充沛旺盛。

（6）个性好：性格温和，意志坚强，感情丰富，具有坦荡胸怀与达观心境。

（7）会处世：看问题客观现实，具有自我控制能力，适应复杂的社会环境，对事物的变迁能始终保持良好的情绪，能保持对社会外部环境与机体内环境的平衡。

（8）人际和：待人接物大度和善，不过分计较，助人为乐，与人为善。

3.3 "最具中国文化品位的标准"

中华传统医学是世界医疗丛林中的一棵常青树，她的养生理论与实践源远流长，具有一套关于健康的直观简洁的评价标准，号称"最有中国味的标准"。

这一整套健康标准主要是针对中年人而言，因此也可以视为中年人的10大健康标准：

（1）眼有神：目光炯炯，无呆滞的感觉，说明精气旺盛，脏器功能良好，思想活跃。

（2）声息和：声如洪钟，呼吸从容不迫，心平气和，反映出肺脏功能良好，抵抗力强。

（3）前门松：指小便通畅，说明泌尿，生殖系统大体无恙。

（4）后门紧：大便每日一次，有规律，无腹痛、腹泻之虑，说明消化功能健旺。

（5）形不丰：保持体形匀称，注意不宜过胖。

标准体重（公斤）＝身高（厘米）－105（女性减100）。

（6）牙齿坚：注意口腔卫生，基本上无龋齿，反映肾精充足。

（7）腰腿灵：表现肌肉、骨骼和四肢关节有力或灵活，中年知识分子因工作性质尤其要保持腰腿灵。

（8）脉形小：指每分钟心跳次数保持在正常范围（60-80次/分），说明心脏和循环功能良好。

（9）饮食稳：饮食坚持定时定量，不挑食和偏食，不饱食滥饮，无烟酒嗜好，注意饮食养身法。

（10）起居准：能按时起床和入睡，睡眠质量好。

现实话题关注

理解我们自己的不容易
——来自一线中小学教师心理健康情况的观察和思考

1 满满的都是泪

教师职业具有特殊性——运用自己的知识、智慧和个人魅力，使一个个充满生命力又独具个性的孩子健康成长，肩负着社会发展和民族复兴之重任，因此，会面对来自社会各界的期待与压力。面对来自各方面的压力，大概很少有人能够多年如一日地保持积极、豁达的态度。

当前中小学教师心理健康状况不容乐观。我们发现身边不少教师表现出了心理健康问题，如情绪持续低落，记忆力下降，对工作提不起劲，不想上课，不想说话；焦虑不安，进而引起失眠、头痛、背痛、肌肉痛等身体不适；情绪烦躁，不许学生违逆自己，一定要学生"俯首称臣"乖乖听话；甚至有的有过自杀念头或行为……

学生每天在学校与教师的接触时间长达八个小时，"双减"政策实施之后，学生在校时间会更长。学生通常很关注老师的评语、态度，甚至一个皱眉、一抹微笑。教师心理健康影响下的师生关系会对学生的心理健康、知识学习和个性发展带来巨大的影响。

有这样一位学生，她第一次到咨询室的时候，说自己已经被诊断为"重度抑郁"，休学一学期后复学。在交流的过程中，她诉说造成如此病情的诱因，是她曾经的一位老师对她要求特别"严格"，让她很害怕，最后甚至一听到那位老师的声音，她就有惊惧反应，导致无法正常上学。而这位老师在学校一直有着较好的教学质量和声誉，但是她曾有一段时间经历了家庭的重大变故，情绪没有及时处理就投入工作中，教师的情绪对学生的情绪产生了影响。可见，关注教师的心理健康刻不容缓。

许多教师经常感觉分身乏术，教学之外，还有其他工作要处理，任务多又费时间，有时一项工作没完成下一项又来了。很多教师不愿意浪费时间在这些琐事上，但又没办法避开，整个人很烦躁。在日常工作中，教师们展现给众人的是匆匆上课的背影和伏案备课的侧脸，外人可见的是教师对工作一丝不苟、对学生谆谆教诲的形象，然而，教师面临巨大压力却很难被关注到。

在一次学校的团体辅导活动中，教师们轮流述说自己近期的状态。一位男教师，性格温和，对待同事谦虚有礼，他执教一个班级的数学，并担任管理工作。这样一位兢兢业业、沉着稳重的老师坦言，近两周是他人生中最难熬的时光，因为他的至亲可能得了癌症，还在等最终的诊断结果。他在讲述过程中声音哽咽、眼眶泛红，禁不住落泪。

除了常规工作带来的压力，一些极端情况也会在短时间内加重教师的心理负担。一位班主任老师班上有一名因为感情问题频繁试图自杀的学生。那段时间，老师一直处于紧张和焦虑状态，担心发生紧急情况自己不能及时应对，手机不敢离身、不敢静音，晚上经常做噩梦，一点细微响动都能将他惊醒，他直言那段经历不堪回首："那段时间我脸蜡黄蜡黄的，黑眼圈都快到下巴了。"

可见，如果老师们能了解更多心理健康知识，建立自我心理保健和维护意识，定期积极参与团体心理辅导活动，必要时寻求个体心理干预，老师们的心理健康状况必然能大大改善。

2 受害人何止一个

2.1 首当其冲的受害者们

对教师个人来说，有心理健康问题的人，犹如失去水的鱼，备受窒息的痛苦。心理健康问题会使他们经常有疲劳、烦躁、易怒、过敏、紧张、抑郁、多疑等消极情绪，甚至导致虐待家人、失眠、酗酒、药物依赖和自杀等事件的发生，进而带来婚姻和家庭的问题。心理健康问题所伴随的成就感降低，还会使他们斗志消沉，不再追求工作上的成就和进步。士气和情绪受到损耗，还会成为教师厌教、流失以及教育水准难以发挥的重要影响因素，最终必然带来教育质量的下降。

2.2 影响久远的受害者们

对学生来说，心理不健康的教师不能正确理解学生的行为，他们倾向于对学生的行为做出消极解释，更无法巧妙地处理学生问题，因而会影响学生的学习生活。比如学生难以从教师身上获取关注和爱，他们往往将心头的无名之火发泄到无辜的学生身上，导致各种各样施暴行为的发生，甚至会铤而走险，走上犯罪的道路。这不仅会严重影响学生个人的幸福，还可能影响他人和社会。有一位中学毕业生在填报高考志愿时，与家人发生了严重的冲突——家人期望他报考师范院校，他毫不犹豫地回绝，理由竟然是匪夷所思的："我可不想成为祸害青少年的人。"

2.3 最大的冤大头是学校

对学校来说，出现心理问题的教师士气低落，时常抱怨，工作效率下降，与同事的关系恶化，甚至出现极端事件：《中国法制报道》曾经报道了这样一个事件：某中学历史教师当教师8年，长期处于忧郁状态导致精神分裂，而校方又失察，最终他在课堂上殴打11岁女生，猛踩其头部，随后还亲手把被打昏迷的女生从4楼扔下致其死亡。这必然会严重而久远地影响学校的正常运转和社会声誉，因此学校必须给予高度重视。

3 老师心理健康促进策略

3.1 更新观念，终身学习

树立积极的育人理念，随着国家"双减"政策的颁布与落实，教师们可以看到国家政策所传达出来的核心理念应是以人为本的教育，育人不等于"育分数""育成绩"，所以让学生健康阳光地学习与成长才是我们老师的本职。在这样的工作理念下，教师们在对待学生在校期间表现出来的一些问题就会采取更加积极、科学、有效的方法，避免因不恰当的言行给学生心理带来不必要的伤害。

3.2 积极沟通，相互关照

教师的许多心理问题往往与人际沟通不畅、缺乏交流有关。充分主动的双向沟通，可以减少许多误会。教师们还可以通过学校心理咨询室或者专业书籍、网上资料等，了解心理健康和异常的各类表现，尤其关注自己的睡眠和情绪。如果失眠或者持续性情绪低落超过两周，就要引起足够重视，在尝试一些自我调整的方法之后如果还没有好转，就要主动去具有专业资质的心理和精神卫生机构寻求专业帮助。发现的越早，改善的可能性就越大。

3.3 平衡工作生活，学会预防技巧

体育运动、结伴出游、阅读、听音乐、歌唱都是调节情绪的好方法。教师因为工作圈固定、工作内容规律、工作强度大、工作时间长，所以很容易一回家就不想动，以至于很多老师都有肩周炎、颈椎病、腰椎病等。定期做喜欢的运动，如瑜伽、慢跑、游泳，既有益身体健康，也能很好地调节心情；和同事、好友周末出去爬爬山、转转公园，健康又经济；在晚上清闲时候，独自看看书，听点音乐，能让人跳出烦恼圈，达到自我解压的效果。

3.4 打破传统观念，寻求专业帮助

倘若自己已然无法调节情绪，就要科学地看待，不能讳疾忌医。可以向学校心理咨询室的老师求助，可以找专业的心理机构咨询，也可以去医院精神科门诊、心理门诊就诊，或者拨打心理咨询热线。

教师的心理健康问题不应是藏于水下的"冰山"，老师自己、学校、社会都应正确对待，积极关注，及时予以疏导，只有心理健康的教师才能教出阳光向上的学生！

你的情感，谁在做主

——我们的复杂情感背后简单易懂的神经生物学原理

格雷格·博尔是一个职场白领，最近他可谓春风得意，业绩出众，上司青睐，提职加薪。中国人追求的人生快意大概具有普适作用——人生得意须尽欢！于是就有了下面的"没有尽兴的狂欢之夜"。"没有尽兴的狂欢之夜"的表述似乎话中有话。没错——已经开启的风流好事被意外搅局；本来浪漫的销魂之夜却露宿大门之外。发生了什么？

1　人约黄昏后

这是一个周末的下班时刻，公司白领格雷格·博尔从写字楼大门出来并没有立即走开，而是佯装鞋带松了蹲下身体系鞋带。这样的小把戏想必你就亲身体验过，他是为了等候一个人。

同样从写字楼走出来的一个好朋友看见了格雷格，主动向他祝贺晋升之禧，格雷格开心体验着来自朋友的恭维。但是，此刻格雷格好像心不在焉。为什么呢？他刚才有意滞留可不是等这位朋友祝贺的。一位靓丽女子从大门内走出来的瞬间令他眼前一亮。他近乎失礼地告别似乎还有话说的朋友，加快脚步追上了前面的心仪已久的同事劳拉。开玩笑讲，男人都这德性——重色轻友！

格雷格向劳拉打招呼并说今晚有一个朋友聚会，邀约劳拉参加。劳拉完全读懂了格雷格的意思，故作矜持地回应："我未必会有时间。"

格雷格有两个脑子，在他高度发达和理性的大脑皮层之下隐藏着一个原始的动物脑。今天晚上，他的动物脑将占据上风。他很精明，大多数时候，格雷格的行为由高级理性的脑控制，但某些情景或者声音会触发动物脑占据上风。

现在，格雷格就面临一个危险情境——他和劳拉太专注于交流对话，没有留意横穿马路的危险，一辆小汽车在他们的脚前急刹车停下。由此产生的一个刺耳的信号从他的耳朵闪进他的大脑深处，到达边缘系统，这个部分的进化程度和蜥蜴的脑差不多。边缘系统或许很原始，但是没有它，格雷格就无法生存——数百万个相互连接的脑细胞瞬间开始处理尖锐刺耳的声音信号并识别危险、发送信号，信号沿着神经进入人体体内，肾上腺素释放进血液里，并扩散到全身体的细管。格雷格的整个身体立刻发生了应急性适应行为改变——他不差分毫地收回脚步，避免了一场倒在车轮之下的性命之危，这在不知不觉中他救了自己。格雷格为此惊得呆若木鸡，至于来自同样吃惊不小的小车驾驶者的宣泄压力的雷霆之怒就根本无力回敬了。

通常，格雷格边缘系统可怕的本能力量受到高级脑的约束，但是在片刻当中，格雷格的理性脑被迫退出，他体内的本能会摆脱约束。

刚才惊心动魄的危险一刻并没有完全破坏格雷格的兴致，他再次向劳拉发出参加晚间聚会的邀请，劳拉算是会意而快乐地接受了："我今晚还有别的事，但我会先来喝一杯的。"这个半推半就的回复令格雷格开心至极。

2 家中备战

回到家中，想到今天晚上要作为主角邀约好朋友庆祝自己的职场晋升，更重要的是，晋升的契机让自己可以有勇气正式追求暗恋已久的梦中情人劳拉。这让格雷格开心极了。他开始了一系列的准备：洗浴、刮胡须，还乐不可支地自语"劳拉，我喜欢你！你是我的小劳拉！"可能是由于太得意了，一不小心之间的动作过大，刮须刀将左下颌处的面颊弄伤了。

如果是在平时，他一定会痛得够呛。不过现在大好的心情让他似乎不以为意。接下来的动作可不是不够文雅的问题——格雷格从浴室出来，看见冰箱上的"提示纸条"（应该是告诉格雷格内有什么食物的信息提示），就打开了冰箱。他拿出一条裸露存放在冰箱内的熟食鸡腿就向嘴里塞。尤其让人大跌眼镜的是，又将未食用完的残余部分放回原处。

原始脑和高级脑之间的斗争是人性的底层逻辑——格雷格·博尔的大脑皮层，使他成为一个文明而智慧的人。在大脑皮层下面燃烧的是边缘系统，容纳着他的原始欲望，尽管原始脑只是在瞬间接管格雷格·博尔的行动，但它一直在控制着格雷格的基本行动，日日夜夜它都在促进激素释放进格雷格的血液里。其中一种激素是睾丸激素，它扩散到格雷格全身各处，从而影响他的整个身体。睾丸激素进入皮肤毛孔，促使毛发生长。血液中的睾丸激素越多，格雷格需要刮胡子的次数就越多。但没有睾丸激素，格雷格就没有性欲。

今天由于升职，他的睾丸激素特别高，他脸上的胡子也比平常要长一些。原始脑于细微之处影响格雷格的行为，高级脑可能会因为这张便条联想到食物，但是这个东西会触发动物脑更深处的东西。要想生存，格雷格博尔就需要进食，为了确保进食，他的脑把食物和快乐联系起来，咀嚼和吞咽行为引发边缘系统中一种叫作多巴胺的化学物质释放出来。

3 聚会酒吧

西方人的抠门儿着实令我们中国人"大长见识"——有没有搞错？邀约朋友的晋升庆祝活动的场地竟然选择在一个"唯一的特点叫简陋"的酒吧。而且是第一次约会女友劳拉，是不是太寒酸了？从现场推断，每人拿着一瓶啤酒直接"对着吹"。这固然免去了使用酒杯环节的麻烦，可是也太过不当回事了吧。许多人竟然是站立喝酒顺便聊天的。令人好笑的是，这么简单的应酬（如果这也叫应酬的话），大家也相谈甚欢。

格雷格向大家分享着自己纵横职场、业绩非凡的心得，展示着老板作为奖赏赠送的精美贵重的时尚手机。细心一点你还会注意到：格雷格提议大家干杯之后，说："今天是我的幸运日，你们想喝酒吗？（敢情前面的每人一瓶啤酒是各自买的）当他走向吧台为自己和另外两个朋友取酒时，发现了刚刚走进酒吧的劳拉，立即上去搭话。

多巴胺是一种神经递质，这种化学物质，能够穿过脑细胞之间的间隙，使得电信号从一个细胞传递到另一个细胞，并向脑部传递。没有人知道其确切的方式，但是，多巴胺会刺激脑部的快乐途径，它使格雷格博尔感觉到愉快。只要我们进食、发生性行为，或者做其他事情促进生存，大脑就会奖赏我们多巴胺，这是它确保我们生存的方式。但这些生存欲望很容易被冒名顶替，因为大脑靠化学物质运转，我们可以用化学物质欺骗它。酒精很快从他的胃里进入血液中，酒精随着血液在他的全身各处循环，厚厚的血管里能阻止大多数毒素进入他的脑里。但是酒精分子太小了，它们可以轻而易举地溜进去。格雷格喝了一口酒后几秒钟，酒精就进入了他的脑部液体中。酒精以某种方式刺激脑部释放多巴胺，其他所有让人上瘾的物质都具有同样的效果。尽管没做什么，格雷格体内的多巴胺却在增多。

进入酒吧的劳拉着装比职场中更为灵动妩媚，在格雷格眼中更是"遇此佳人复何求，万千美艳花失容"。劳拉注意到格雷格无法掩饰的欲望，她将得意压在内心，反而问格雷格："我的上衣是不是过分暴露了一些？"

格雷格被多巴胺控制了，又一个增高多巴胺的机会——这就是生殖欲望。和遭遇出租车是一样的，格雷格的边缘系统再一次接管他的身体，但这一次的触发物不是危险，而是欲望。

在酒吧这样的环境氛围，特别适宜产生男女之情的地方，劳拉与格雷格的交流的"心理温度"快速攀升。格雷格关注到了劳拉胸前的诱人的乳沟，但他说出的话却是："你的裙子太漂亮了，和你的脸色很相配。"劳拉显然注意到了格雷格的眼神哪里是在裙子上，几分得意加几分怀疑地问："有点暴露吗？"格雷格不假思索地回应"不"，其实他真正想说的是"还可以再多暴露一点"。

和下班时那个遭遇出租车的危险时刻一样，格雷格的边缘系统再次接管了他的身体，这一次不是因为危险而是欲望。原始脑只有一种方式给身体上发条（"上发条"：促动、加油、下达指令等含义）。他的心跳再次开始加速，肾上腺素在他的血液中快速涌动。他的身体可能做出了同样的反应，但他解读信号的方式不同。现在他不是恐惧，而是激动。格雷格脸部皮肤下的毛细血管在胀大，更多的血涌到脸上。

劳拉关注到格雷格脸颊的微创伤口，并用手小心地探试抚摸，关切地问："怎么了？"格雷格不好意思地轻微躲闪开，解释道"我的剃须刀有点钝了"。

为什么不好意思？回想前面你看过的剃须环节，他是在开劳拉的小差才弄伤的。说谎会脸红，这也是难以掩饰的本能反应。格雷格的脸红，他的动物脑在告诉劳拉，格雷格的性欲被激起来了。但是，此时他的高级脑依然能够保持冷静。两个脑之间的斗争让格雷格很不安，格雷格的高级脑在约束他保持绅士风度和得体举止。

"劳拉！"劳拉的女伴们不合时宜地叫她离开，她今晚还真的另有一个交际活动，并邀请格雷格参加。格雷格问劳拉的舞会地点时，劳拉竟然拉起格雷格的手掏出笔将地址写在格雷格的手背上。

男女有别——男孩结识女孩的第一秒钟就恨不得立即向全世界大喊："快来看呀，我的女友！"相反，女孩要将男孩介绍给自己的朋友圈则会慎重得多。邀请你参加她的聚会，基本上意味着她已经"芳心暗许"。"劳拉拉起格雷格的手，掏出笔将地址写在格雷格的手背上"这个动作表明了女孩的主动、亲密、期待、体贴。这小子，今晚有戏！

目送劳拉离去，格雷格带着几瓶啤酒回到此前朋友神侃时的围台，此时哪里还有心思与朋友在这里待着，他干脆带着两个哥们草草结束这边，一同赶赴劳拉的欢场。

4 另一间酒吧

格雷格带着未喝完的啤酒和两个朋友一起进入劳拉写的地址上的酒吧。他一眼就看到了自己的"心上人"，劳拉正与一位帅哥相谈甚欢呢！劳拉的眼睛的余光似乎也已经注意到了格雷格的出现，不知是因为眼前的帅哥魅力太强大，还是女孩的矜持让她不能主动上来迎接格雷格，她继续与帅哥保持此前的友好交流的状态，这一切尽收格雷格的眼底。对于男人而言，这是一个危险与挑战并存的困难局面，理智状态之下还真不好贸然上前，他选择了大口大口地喝下啤酒。为什么呢？酒壮英雄胆，他需要助推一把才能走上前来。

两瓶啤酒下肚，在格雷格的头脑内，力量平衡状态在改变，他的脑部就像一片海绵一样，正在吸收酒精，而酒精会切断脑细胞之间的联系。在电信号从一个脑细胞传递到另外一个脑细胞的时候，酒精分子融入细胞膜里，开始阻断信号，脑细胞无法再将信息传递下去，酒精影响着格雷格大脑各分区，但它首先影响复杂的大脑皮层。随着高级理性的脑被削弱之后，格雷格·博尔的低级动物脑开始掌握控制权。看来，数千年的进化也抵挡不住几瓶啤酒的威力。

格雷格借助酒的威力，主动走到正在相谈甚欢的劳拉与帅哥之间，自顾自地说："我来了，惊讶吧！"那位帅哥显然为格雷格这位不速之客激怒了。但是，看到"被酒精武装到牙齿"的格雷格，帅哥也只能不无惊讶与愤怒地看着这个冒失鬼带着与自己"今夜有缘"的女伴离开。尽管劳拉有点不舍和尴尬，但是，毕竟初生的情愫是脆弱的，转换一个舞池地点，她开始与格雷格跳舞。

当格雷格有了另外一个机会的时候，它的原始脑命令他的身体出汗，出汗主要是让格雷格·博尔平静下来，但还有一个和性有关的作用——在格雷格毛孔深处睾丸激素正在被转换成一种叫作雄甾二烯酮的化学物质，并被汗水运送到体表，生活在格雷格皮肤上的微小细菌，享用这些可口美味，它们产生的废物是一种强烈的气味。这种气味可能是人类的信息素。对于其他动物来说，信息素是有效的化学物质，能够激发交配行为。劳拉散发的气味，对格雷格也有很大影响。在格雷格的鼻孔的上表层有他的脑暴露在外面世界的唯一部分，气味分子飘入时候，会触动神经末梢，直接把信号输送到格雷格的原始脑中。和我们其他所有的感觉不同，嗅觉会避开高级脑，直接进入边缘系统，因此，嗅觉能够激发独立于我们理性脑的无意识的动物欲望。

跳舞，特别是双人舞，心理学家称其为"文明的性接触"。许多爱情是借助舞池的孵化器快速催生的。当然，许多微妙的男男女女之间的故事也往往从共舞一曲开始。

他们随着音乐的节奏，在暧昧的光线下，"文明的性接触"开始发生质变——身体相拥、口唇之吻、闭上眼睛、尽情体验。显然，持续的情感升温让彼此都感觉舞池已经不是可以尽兴表达的适宜之地，他们心有灵犀地进入了酒吧特意设置在舞池边的私密休息间。没有太多的语言，进一步的情感动作都在无需多言中有序进行。令人稀奇的是，劳拉感觉这样"隔靴搔痒，难解心痒"，她主动说"等一下"起身关闭了室内灯光的开关。不过，情急心切之下，忘记关键事项——没有反锁门。

格雷格最大的性器官是他的脑部，酒精可能正在阻断格雷格高级脑中的信号，但多巴胺仍会刺激原始脑中的快乐图景。格雷格的边缘系统正在为他试图促进基因的生存而奖赏他——当他和劳拉接吻时候，后者正有效的刺激他十分之一身体。动物脑只会越来越多的血液流向皮肤表面，皮肤充血后，格雷格的体表变热，体温升高了三度，皮肤触觉感受器对劳拉的亲吻和拥抱变得更加敏感。他对快乐的探求，即将得到满足。

正在格雷格与劳拉共享鱼水之欢的大戏进入高潮之时，门不合时宜地开了。搅局人感觉无辜而又惭愧。但是，对为人生极乐的汪洋环绕的幸福之中的人而言，这一切只会激发他们更高的兴致和欲望。他们略显扫兴和遗憾地快速离开房间。劳拉还情不自禁地告诉格雷格她的住所："忘了告诉你，我住在圣·弗朗西斯大街。"劳拉明确无误地告诉了格雷格下一步的意向。但是，格雷格过量饮下的啤酒产生的代谢物需要尽快排空，所以他说"我先去一下洗手间"，劳拉娇柔地回应"我在外面等你。"就是这一去一等，所有的良辰美事都化作泡影。

5 洗手间内外

进入洗手间，格雷格一边快速排水，一边兴奋的对着镜子嘻嘻自语："你是一条大鲨鱼。劳拉，我喜欢你。"下面的画面多少有点龌龊：格雷格无意间注意到洗手间的盆台上有人遗留的半瓶洋酒，还有两支鲜花。这个抠门儿的家伙竟然高兴地说"太好了"——省去了买酒和鲜花的钱。得意的他扭动门把手，门把手竟然让他拉出来了！这个关键时刻出现这样的低级问题本来不是问题，但是，此时的格雷格已经因为酒精的作用无法理智脱身，困兽是他此时最贴切的形象描述——所有的努力都是徒劳之举，明明徒劳还在简单重复！

外面的劳拉初期还在等待即将到来的欢娱时刻，脸上满是幸福的笑颜，但是，时间的推移让她慢慢感觉有点不对。可能是感情还没有达到痴心不疑的境界吧，她的内心活动无从准确揣测，反正是一脸心事重重、大失所望的模样离去。她怎么不去卫生间敲门问询一下："格雷格，你怎么了？我能为你做点什么吗？"

格雷格面临一种不同的危机，一种需要高级脑的危机，当他最需要高级脑时候，高级脑却被酒精抑制着，他的原始脑开始想办法，但解决办法不会太高。肾上腺素把血液转向肌肉，使其力量达到最大，他准备抗争，持续的抗争需要能量，肾上腺素也释放储备的糖，给肌肉提供能量。

不知过了多久，终于有人来上厕所，为格雷格打开了"地狱之门"。此时的格雷格是如此狼狈和落魄，他甚至没有回应求助者的安慰性的问询，落荒而逃。但是，哪里还有劳拉的影子，"真糟糕，该死的门！"他只好沿着大街无头苍蝇式地寻找依稀记得的劳拉的住址：圣·弗朗西斯大街。

前面的情节让我们形成了对格雷格的深刻印象——抠门儿的青年人。他在整个寻找劳拉的家的过程中，有钱买酒减缓焦虑，有钱买比萨饼充饥，就是没有意识去打车问路。

在愉快的感觉突然消失之后，格雷格再次开始寻找多巴胺，但唯一的源泉是更多的酒精。过去的四个小时中，格雷格又喝下了八瓶啤酒，他的肝脏在努力地工作分解酒精，这扰乱了肝脏的其他小功能，包括对血糖水平的控制，格雷格感觉极度饥饿。

在下面的天亮之前的时间里，格雷格的所有表现完全是丧失理智的酒鬼了——格雷格在路边商店买出并喝下一瓶又一瓶的啤酒，他喝酒的速度比肝脏处理酒精的速度快八倍，高级脑在进卫生间时就罢工了，随后原始脑也停止工作。随着边缘系统失去效用，脑部对最基本的身体功能也就失去了控制能力，过度的水分正通过格雷格的血液进入膀胱。无论喝了多少水，他的身体都会排出体外，他出现脱水症状。格雷格总共喝了十四瓶啤酒，酒精抵达他的脑底。在这里，酒精开始影响他的小脑，他一次又一次摔倒。

自从人类开始用两条腿走路以来，小脑就起着让人保持直立的作用。对格雷格来说，幸运的是，脊髓里的酒精阻断了向脑部传递疼痛信号。如果没有严重的副作用，酒精会是很好的麻醉剂。现在，格雷格的脑部充满了酒精，几乎没有信号送达他的脑细胞。值得一提的是一次这样的过量饮酒不会导致任何脑细胞死亡，但如果经常这样做，脑部就会形成永久性损伤。

这一夜的游荡，一夜的饮酒，终于放倒和中止了格雷格寻找劳拉的圣·弗朗西斯大街的努力。他就这样倒下，露宿街头。

格雷格的宿醉有很多原因，从他的生理系统中流失的液体，导致他的脑部脱水，他的血液中充满了肝脏在分解酒精时候产生的毒素。

6 天亮时分

不知是酒精的威力开始消退，还是昨晚的意念再次回归理性，格雷格终于醒过来了。正当他起身准备离开，临街庭院的房门开了，走出来一位女士，双方都吃惊非凡——"你怎么在这儿？昨晚你跟我回来的？" "不是，我……"真是太巧合了，格雷格昨晚最后倒下的地方正是劳拉的家门口。

他的高级脑再次开始发挥作用，并且开始意识到原始脑昨天晚上驱使他去做的事情。

格雷格摸出昨晚在洗手间顺手装入口袋的两朵已经近乎枯萎的小花送给劳拉，这一瞬间，劳拉昨夜的激情美妙的感觉被重新点燃。她放下昨夜"被放鸽子"的恼怒，疑惑地问："你还记得昨晚的接吻吗？你不后悔吗？" 格雷格明确地回答劳拉的质疑："不！"意思是"为什么要后悔呢？"这个答案肯定让劳拉非常满意，她露出了接纳格雷格的柔情："你需要一杯咖啡，你进来吧！"

格雷格接收到这样的邀约和神情信息，大脑快速启动。后面会发生什么事情呢？还是你跟着进去看吧，如果你在现场的话。估计你没有在现场呵，没有关系，发挥自己的想象力，续写后面的故事吧！

心理指南针

相由心生，一望而知

—— 心理健康者的心理行为肖像

更多地懂得心理健康的思想体系，你才会成为辨识心理健康现象、问题、原因的升级打怪的高手。既然已经领教了前面的精彩，下面的内容怎能错过？

1 心理健康者的心理行为肖像

每个人都期望心理健康，让我们以"心理健康者的心理行为肖像"为题，动态考察现实生活中心理健康者的特点。

1.1 以学习和工作为乐

心理健康的人乐于把自己的才智投入于学习和工作之中，追求卓越和成功。他们能在学习和工作中获得非常快乐的体验，这种体验反过来又强化了他们对学习和工作的兴趣，乐于学习和工作，而不会把学习和工作视为痛苦和负担。

1.2 善于进行人际沟通

心理健康的人以诚恳、谦虚的态度对待别人，尊重别人的意见，使人乐于和他交往。乐于与人交往，而且能和亲人、同学、师生、朋友建立正常的关系。在与人相处时，积极的态度多于消极的态度。他们重视集体间的团结，珍惜彼此之间的友谊。

1.3 中肯且积极的自知

心理健康的人对自己有相对准确的了解。能正确地对待自己。在学习与工作中正确评估自己的能力，了解自己的性格，并根据自己的特点来安排学习和工作。由于对自己能做出恰如其分的评价，因此表现得既自信又自谦，在完成工作任务的同时，自觉地培养和发展自己优秀的心理品质。

1.4 稳健面对现实未来

心理健康的人能和现实环境保持良好的接触，对周围的环境能有客观正确的判断，能够细致地观察和了解现实生活中各种复杂的现象和现实对自己的要求。在解决所遭遇的各种问题时，能采取积极的、切合实际的解决办法。即或有时遭到挫折或失败，他所采取的适应方式也是成熟、稳健的。

1.5 积极乐观的情绪

心理健康的人在面对现实的挑战和压力的时候，能够让自己以乐观主义的心态、建设性的态度认识和处理问题。在他们的人生词典里，永远都是没有"失败"，总是相信"办法总比问题多"。因而，心理健康的人对人对事积极热情、情绪稳定而深刻；热爱生活、精神饱满、奋发向上；遇到挫折时不灰心，不消沉。

2 保持心理健康的策略

我们可以肯定地说，一千个心理健康专家会给你提供一千个如何保持心理健康的观点。你或许会为此眼花缭乱，或者无所适从，这是最为正常的反应，不必为不能辨识真假和难以全部记住而苦恼。所有具有科学性和指导意义的保持心理健康的策略都应该符合如下四个方面。

2.1 积极乐观的心态

积极乐观的心态十分重要，凡事向积极、乐观、有益的方面去思考，有利于建设性地面对现实生活中的问题与挑战，减轻日常生活的紧张情绪和心理压力，提升身体免疫力，正常甚至超常发挥自身潜能。保持积极乐观心态的人，会预见生活的未来走向，从容地进行必要的准备，从而没有太多的被动和惊慌；即使面对问题和挑战，持有积极乐观心态的人还是会更早地从失意和惊慌中解脱出来，建设性地行动，从而解决现实困境和具体问题。

2.2 充分的休息

休息有助于松弛神经和恢复体力，对保持身心健康状态非常重要。我们的身体存在一个"自主控制系统"——不需要我们自己有意识地控制，身体和心理可以通过"沉寂、觉醒、兴奋、疲倦"的机制，以自然而然的方式让"生物节律"发生作用。大学生每天的休息包括8小时的夜间睡眠和日间的休闲放松，有助于调节身体机能，促进食物消化、吸收和废物的排泄，有助于保持头脑清醒、精力充沛和活力十足的状态。

2.3 适量的运动

为了促进心理健康，应该经常进行身体运动，包括三种身体活动：有氧运动、伸展运动和无氧运动。有氧运动例如骑自行车、慢跑、长距离游泳等，有助于强健心肺功能和血液循环；伸展运动可以增加身体的柔韧度和灵活度；无氧运动如短跑、举重等暂时剧烈活动，能调节和锻炼肌肉。

2.4 均衡的营养

人体每天需要七大类物质——水分、糖类、蛋白质、脂肪酸（来自蔬果和豆类）、维生素、矿物质和纤维。均衡的营养是保证健康的基本前提和保证，平时应该选择低糖、低盐、低脂肪、低胆固醇的饮食，多吃蔬菜水果，五谷杂粮，及时补充蛋白质和各种维生素。五谷里的淀粉，是人体的最佳能源物质；蔬果是纤维的主要来源；乳类和乳类制品，除了提供蛋白质外，是钙和镁等微量元素的最重要食物来源，也是水分的重要来源；肉类、鱼类、蛋类和豆类里的蛋白质，是构成人体的重要原料。

2.5 生活的主题

风筝断了线，还会天上飘？浮萍在水中，唯有随波逐流。我们维护心理健康的基本策略是生活中有"心有所系"的事。无论这是一个什么主题，探索客观世界的奥秘，体验生活的百般滋味，关注社会变化的潮流，为了需要你的人付出。只要有主题，你每天都会有生活的节律，主动设计自己的活动内容，为此去充分准备、积极尝试，精神专注，劳逸交替。人生在这样的运动中呈现活力。

3 影响心理健康因素的辩证解析

人的心理健康是一个极为复杂的动态过程，包括许多相对独立的特质。因此，影响心理健康、造成心理障碍的因素也是复杂多样的。概括起来主要是生物、心理、社会这三方面因素综合作用的结果。

3.1 生物遗传因素

生物遗传因素对心理健康影响的问题，在这里我们不做理论和现实的系统论证，从维护心理健康的立场出发点，我们特别关注下列两个方面。

3.1.1 家族遗传史问题

社会生活观察常识、人口统计数据结论和临床观察经验都表明，精神病患者家族中确实存在相对比较高比例的成员患有精神病或存在异常的心理行为，如抽风发作、精神发育不全、脑神经萎缩、性情乖僻、躁狂抑郁等。许多精神病在发病原因上确实具有血缘关系从远到近而患病率也由低到高的相关性，这是遗传因素影响心理健康的最为确凿的证据。

其实，对于家族遗传问题，无视其存在是无知之过，而恐惧其存在是另一种无知。

正确对待精神病患者家族遗传史的态度是，正视其存在，学习相关的知识，通晓必要的维护心理健康、预防问题发生的常识，选择适宜自己的人生道路和生活方式，与世无争、自食其力、不与人比、自得其乐，完全可以避免精神疾病的出现。相反，即使家族中从来没有精神疾患史，信奉追求至高无上的荣耀、成功、权力、财富、享乐，脱离自己的智力、现实、机遇、潜能、极限，不择手段，不计后果，纵然拥有优良的遗传基因也会把自己折磨得精神失常。

3.1.2 心理品质问题

临床精神医学研究发现，同样的致病因素作用于不同人格特征的人，可以出现非常不同的结果，而同样的疾病发生在不同人格特征的人身上，其病情表现、病程长短和转归结果也各不相同。各种精神疾病，特别是神经官能症往往具有相应的特殊人格特征为其发病基础。例如强迫性神经症，其相应的特殊人格特征称为强迫性人格，其具体表现是谨小慎微、求全求美、自我克制、优柔寡断、墨守成规、拘谨呆板、敏感多疑、心胸狭窄、事事容易后悔、责任心过重和苛求自己等。与癔病相联系的特殊人格特征是富于暗示性、情绪多变、容易激动、耽于幻想、自我中心和爱自我表现等。精神分裂症被认为与孤僻离群、多疑敏感、情感内向、胆小怯懦、较爱幻想等特殊人格特征密切相关。

个性心理的研究揭示，以高级神经活动类型为主要心理基础的气质类型是与生俱来的，个体一定的气质类型及其在此基础上经过后天的养成而形成的性格，对我们心理健康的影响无所不在且具有十分普遍的意义。这是因为我们总是借助自己独特的个性心理结构来承受现实社会的刺激，并产生相应的心理体验，从而建立对现实刺激的应对方式。因此，特殊的人格特征往往成为导致某种心理障碍或精神疾病的内在因素。

3.2 社会环境因素

3.2.1 早期教育与家庭环境

发展心理学对个体早期心理发展的研究表明，在生活环境简陋、信息刺激贫乏的环境中成长的生命体，其心理发展的进程会受到局限和阻碍，并且会抑制他们潜能的发展，语言、动作、智力都存在所谓的"关键期"。接受丰富的刺激、受到良好启蒙教育的个体的心智动作获得全面发展；相反，在刺激贫乏的环境中成长的个体，基本的生长发育都会出现迟滞不前的问题，这种状况甚至是不可逆转的。

儿童早期与父母的关系以及父母对儿童的态度是影响个体心理健康发展的重要因素。这种早期母婴关系乃至稍后的儿童与父母的关系对个体以后的人际关系和社会适应有着很大的影响。儿童如果能够在早期与父母建立和保持良好的关系，获得充分的依恋满足感和充分的安全感，对其以后的社会适应和人际关系都会产生积极的促进作用。相反，如果儿童在早期不能建立与父母的亲密关系，或者早期与父母分离的焦虑得不到有效释缓，都会对他们以后的成长产生消极的影响。

父母对儿童的态度和教养方式对个体以后的心理健康产生影响。心理学者对恐怖症、焦虑症和抑郁症等神经症个体早期家庭关系的调查研究表明，那些与正常个体的父母相比，表现出较少的情感呵护，较多的冷漠拒绝，或者较多的过度保护的父母，对儿童情感反应的方式、生活事件的态度都会产生广泛而持久的影响。

在个体的早期发展中，父母的爱、支持和鼓励的积极良性的教养方式，有利于个体建立起人际交往中对初始接触者的信任感和安全感。而这种信任感和安全感的建立保证了子女成年后与他人的顺利交往的乐观心态和积极取向。相反，儿童早期的这种信任感和安全感的匮乏，会导致儿童在社会生活中产生恐惧、孤独、消沉、无助的性格，难以与人相处，因而容易产生人际交往的障碍。

3.2.2 生活事件与环境变迁

生活事件是指人们在日常生活中遇到的问题和挑战，如结婚、升学、亲人亡故等。生活事件不仅是测量应激的一种方法，也是预测身体和心理健康的重要指标。大量的研究结果表明，即使是中等水平的应激事件，如果它们连续发生，它们对个体抵抗力的影响就可以累加，因而也是很严重的。由于生活事件的增加而产生的应激体验，与各种各样的生理和心理障碍有着明显的关系，例如高血压病、冠心病、糖尿病、类风湿性关节炎、胃肠溃疡、癌症、神经症、事故以及学习和工作效率的下降等，都与生活事件的明显增加有着密切的关系。如果生活事件增加，那么个体的生活变化也会增加，个体要适应这变化了的生活所付出的努力也需要相应地增加。因此，如果在一段时间内发生太多的生活事件，个体的躯体和心理健康状况就很容易受到影响。

当然，不同的生活事件对个体生活的影响是不同的。换言之，应付不同的生活事件时所需的改变和适应是不同的。当个体在某段时间内遭遇很多生活事件时，生活事件对个体的作用就会累加，从而影响个体的心理健康和生理健康水平。生活事件的增加会在一定程度上使个体遭受更多的心理应激。而心理应激的增加则会影响到个体的生理反应和心理平衡，从而对个体的躯体和心理健康产生不良的影响。

3.3 心理冲突

心理冲突的产生往往发生于难以做出选择的情境中。这种冲突情境在很多情况下都会对个体的心理和躯体健康产生不良的影响。两利相较的时候，往往不是鱼与熊掌不可兼得，于是，你难免成为《伊索寓言》中那头"处在两堆草料之间，不知道先吃哪一堆"的驴子，非常苦恼；当两害相较的时候，往往不是"掉尾巴与丢性命"的选择那般必须头脑冷静，于是，你在"放弃什么都让人心痛，选择什么都于心不甘"之中错过时机。当个体处于心理冲突时，如何选择对自己的影响如果是非常大，而自己又缺乏主见时，要做出选择就相当困难，从而产生各种各样的躯体症状和心理问题，并最终影响到心理健康。

心理检测包

心理健康便捷自测量表

温馨提示

每个题目后都有5个等级供你选择，分别按照程度的高低用1、2、3、4、5来表示：

1——无 2——偶尔 3——有时 4——经常 5——总是。

注意：每个题目后只能选择一个等级，在题后的括号中标注与自己的相符程度；每个题目都要回答。

1. 我对人际关系缺乏信心，处理人际关系方面的问题时感觉紧张而敏感。

（　　）

2. 我的心理承受力差，做事感觉困难，遇到困难、挫折灰心。觉得工作、学习负担重与难以完成。对环境杂乱脏不能忍受。（　　）

3. 我对去新的环境、做从前没有做过的事、接触熟悉的人心怀不安，习惯于产生不好的预期、联想和恐惧。（　　）

4. 我有"命运对我不公，自己出力不讨好，别人亏待自己，对比自己强的人不服气"的感觉。（　　）

5. 我情绪不稳定，心情不愉快，控制不住自己情绪。（　　）

6. 我感觉心烦、预感有坏事发生，无缘无故紧张、担心自己有病。（　　）

7. 我情绪低落，对前途感觉无希望、疲劳、对事情不感兴趣，感到忧愁、生活没意思。（　　）

8. 我喜欢与人争论，不能控制脾气，有摔东西的冲动，爱挑人毛病，容易让别人难堪或发怒。（　　）

9. 我感觉没有人值得信任，别人总是背后议论我，我怀疑别人意见的真实意图何在，我习惯于选择我行我素。（　　）

10. 我有手发抖，想去厕所排尿，头痛，睡不好觉，胃不舒服，心跳加快等身体状况。（　　）

操作手册

心理健康便捷自测量表共包括10个题目，采用5等级评分法。因子分在【1—无；2—偶尔；3—有时；4—经常；5—总是】中选择最符合自己情况的分值确定下来。

在填完心理健康量表后，判断自己心理健康状况，总均分的计算方法是把该量表10项各自的分数加在一起之和被10除，得出的分数便是你心理健康的总均分。

用总均分判定你的心理健康状况：2分以下，无心理健康问题；2～2.99为轻度的心理健康问题；3～3.99为中等程度的心理健康问题；4～4.99为典型的心理健康问题。

回顾与思考

1. 你如何理解"身—心—灵"三位一体的健康观中"灵"的含义？有人认为："灵"是"身、心"的主宰，由此导致人的格局、品性的高下。你同意吗？

2. 如果我们的心理健康在（-5～+5）之间分布，你给自己心理健康的打分大约是多少？

3. 通过本篇内容的阅读，你学到了哪些促进自己的心理健康的策略和方法？

扫码获取
· 图书随身听
· 心理测试题
· 心理学课堂
· 健康小手册

第二章

你的模样，另有深意

——在个人形象上花一点心思的心理意义
和操作要领

本章导读

在中国传统文化中，教师的职业定位和社会功能是非常崇高的，教师是社会理性的代表、行走世间的楷模。他们是学问的化身、礼仪的典范。但是，今天的教师形象已然是混入人流、瞬间不见的普通平民形象，当下教师形象管理意识普遍比较低迷。

本章我们一起关注教师形象问题，首先呈现的是题为《穿衣打扮的智慧——教师着装的心理意义与着装要领》的"主旨心理报告"。随后是一篇《关于着装的心理透视——悄然为自己补上自我形象管理这一必修课》的"现实话题关注"。随后的"心理万花筒"《减肥的心路—— 一个不可多得的健身案例中展现的科学与启示》是一个有趣的心理故事，旨在帮助教师从心理和生理两个层面理解形象管理所需要的心理与生理准备。在"心理指南针"部分，为你带来一篇《活成自己想要的模样——在富有诗义的哲理中构建自己内心的方向和力量》心理美文。本篇的"心理压舱石"是《寻找心中的夜明珠——积极的自我概念的心理价值和获得途径》，并提供了自我概念的便捷测试。最后，在"回顾与思考"环节，预留了三个问题。

主旨心理报告

穿衣打扮的智慧
——教师着装的心理意义与着装要领

这是某年三八妇女节的一个下午，心理专家接待一位中学教师的预约来访，她是为自己才工作十个年头就已经感觉到了对教育工作的心力枯竭而寻求心理咨询的。心理专家不经意地问道："你们今天下午是有女教师节日庆典活动的，你怎么没去参加？"这位女教师轻蔑地一笑："学校邀请一家服装公司的老板来学校讲教师着装美学，还不是推销服装？"这一句话倒是提醒了心理专家，学校组织的教师着装美学活动也许有服装公司的老板的商业目的，但对这位着装随意、素面朝天的女教师真的很有必要参加一下。

确实如此，现实中，许多教师缺乏职场着装美学的知识、理念、方法、技巧。

1 教师着装的心理功能

教师的服饰打扮会对学生尤其是中小学生的思想道德、文明修养、审美情趣等多方面产生较大影响，其表现有下面几个方面。

1.1 教育功能

教师对学生的影响无所不在，言行举止都会成为学生在潜意识中学习、借鉴、模仿的对象。教师在着装上得体大方，不仅会提升自己的积极心理体验，也会对学生产生非常重要的影响：一方面，学生会从教师的服饰打扮上得到穿着打扮、色彩美学方面的感性认识，另一方面，教师的服饰打扮又会影响学生整洁、朴实、高雅、爱美等良好文明习惯和高尚生活情趣的形成。

1.2 移情作用

爱美之心，人皆有之。美的事物会给人一种愉悦感。中小学生都喜欢漂亮的教师给他们上课。教师服饰整洁漂亮会使学生赏心悦目，心情愉快。这种心理体验会产生移情作用，由此对教师本人产生喜爱，进而对教师所教的课程产生兴趣。反之，一位穿着随意的教师，学生不仅会对他的外表产生厌恶感，而且会反向移情，连老师的课都不喜欢听。

1.3　审美功能

审美陶冶、审美教育是小学艺术教育的重要内容之一。教师的服饰打扮就是一种直观的、形象的审美教育，它以潜移默化的过程和直观的形式，逐步使学生感受到什么是美，什么是高雅，追求怎样的美，怎样去追求美，从而陶冶学生的审美情趣，培养正确的审美观，提高对美的欣赏能力。综上所述，我们可以看到，教师的服饰打扮不仅仅是一种个体的需要，还要受到教师身份的制约，遵循教书育人的需要，绝不能随心所欲。教师的服饰打扮要充分考虑到能否对学生的思想修养、文明行为、审美情趣等产生积极影响，并注意尽量避免产生消极的负面影响。

2　教师服饰打扮的职业要求

2.1　整洁朴实

教师的着装不能衣冠不整、不修边幅，或是衣着污垢、纽扣脱落、帽子歪戴、头发蓬乱、胡须不刹。另一方面又要做到朴实无华，不能穿金戴银、珠光宝气、浓妆艳抹、饰物满头。

2.2　庄重大方

教师要保持服饰大方庄重的职业特点。衣着不能花里胡哨，不能穿奇装异服。尤其是女教师的衣着不能太紧、太透、袒胸露背，不穿超短裙。

2.3　富有美感

教师的服饰美要体现教师特有的质朴美、庄重美、成熟美，努力做到美而不媚俗，美而不浮华。教师的服饰打扮应遵循：一、要追求色彩美，以体现稳重的深色、浅色、单色为主，增加一些活泼、鲜亮、动态的其他颜色为补色，做到搭配得当；二、要追求造型美，扬长避短，形式多样，新颖而不猎奇，活泼而不杂乱，和谐而不呆板；三、要追求协调美，服饰打扮要与自己的年龄、性别、性格、体型、肤色等适应相统一。

3　教师服饰打扮的智慧

教师的服饰打扮要做到庄重大方、朴实无华、和谐得体、富有个性，与培养青少年未来人生的审美教育相适应。如何塑造和管理自己的形象呢？

3.1　确立风格

我们每一个人都有自己呈现给世界的精神面貌、心理形象，每个人的风格都是内在的心理素质、外在的容貌身材和行为特点决定的。

3.2　恰当定位

气质是一种融合了自然天生和后天培养的个人美好特质，它需要真实、有美感、不做作、表里如一，是从里到外散发出来的韵致。对气质的培养切忌模仿，因为模仿只会令你失去自我；也不能一蹴而就，因为这是时间、年龄和阅历的堆积。

3.3　根雕自我

自我形象管理如同根雕艺术一样，根据自然的状态做出相应的调整。我们的形体由年龄、骨骼和生活习惯所决定，一个50岁的人永远也不可能回到18岁的身形。一味地追求青春的模样，不懂得转换心态，接受、欣赏自己，只会让自己魅力打折、形象受损。所以，不要羡慕别人的帅气、美丽，应该守住自我认知，挖掘自己的独特表现力。

3.4　着装搭配

一个人的着装能给人传递她的审美取向、价值观念和品牌偏好以及处事风格。抽出时间对自己的衣柜做分类：保留经常穿的，特殊场合可以穿的，通过饰品搭配、风格调整以后可以穿的；舍弃重复购买的和不适合自己，只是冲动买回家的。你就会发现，自己真正需要的是什么。

3.5　提升修养

光彩照人、美丽优雅的人懂得塑造自己、装扮自己、装点生活，更懂得善待自己、经营自己。自我形象的塑造和管理，不是简单地改变外表，而是勇敢地把自信、美好从内心表现出来。爱读书的人，往往有着独特、沉静、深厚的气质，也能让人感觉到其内心的宁静和广阔。这就是"腹有诗书气自华"的奥秘所在。

4　男教师着装提要

一个人是否爱打扮、打扮得好不好看，是其价值喜好、生活方式、性格教养、审美品位的体现，从其着装打扮，看出目前的生活状态和未来生活愿景。一个热爱生活的人，生活只会越活越好。由此可见，打扮还是十分重要的，这也反映了一个人的生活态度。懂得穿搭的人，往往不会用力打扮自己。在细节之处加以点缀，就能轻而易举收获到时尚又精致的造型。

一般来说，女性是天生爱美的精灵，对个人形象管理比较重视。相比之下，男性的审美意识和形象管理观念相对较弱，需要特别提示。

4.1　挺直腰杆，坐直行正

对于一个男性来说，有气质是十分重要的，颜值不够，气质来凑。无时无刻挺直你的腰杆就是提高气质的首要目标——无论是走路还是坐立，一定要挺直你的腰杆！

4.2　阳光帅气，干干净净

试想和你约会的人蓬头垢面，发型凌乱，衣冠不整，一看就会让人感觉油腻、颓废。从现在开始，洗面奶、洁面乳都要用起来了，虽不要过度使用，但每天清洗一遍自己的脸，是必不可少的，勤洗衣服，时刻保持干净，自己的心情大好，别人也会友善相待！

4.3　设计发型，展优藏拙

不同脸型的人，要找到自己适合的发型。好的发型可以将自己面部的优势发挥得淋漓尽致，同样可以把自己的劣势隐藏于无形之中！

4.4　穿着有品，自成风格

有很多男性觉得衣服穿着舒服就行了，不必在乎太多搭配，这种想法是错误的，穿衣服一定要穿一整套，而不要混搭，除非你是时尚的弄潮儿，想要制造出这种冲突的美感，否则还是不要尝试为好。一般场合还是要穿得阳光一点，颜色不要太鲜艳，但也不要太暗。

4.5　待人热情，主动联系

与熟人见面，主动打招呼，开启话题，学习话题。和朋友交往，选择希望交往的朋友，主动联系，时常聊天聚会，聊近况、聊过去、聊未来、聊爱好，保持关系不断发展。谈吐文明，礼貌用语。声音要洪亮，让他人能听清楚。微笑面对他人，保持眼神交流。不卑不亢发表自己的观点，求同存异，尊重他人的想法。

4.6　自我约束，计划执行

克制自己的不良情绪，待人处事热情礼貌。提升内涵，坚持阅读行动思考，保持人格独立，提升人格魅力（思维、三观、知识、能力、阅历）。坚持自我形象管理，改进自己的不足之处，提升自己的内外形象。

4.7　私下用功，自然展现

将自我形象管理的活动训练成自己的习惯，而不是偶尔为之。需要在如下几个方面做好功课。

（1）面部：洗脸、护肤、剃须、刷牙。购买合适的洗面奶（去黑头、收缩毛孔、保湿等）坚持每天使用；每天刮胡子；坚持早晚刷牙，饭后漱口。

（2）发型：选择适合自己的发型，可使用定型发胶保持发型，每天洗头打理。

（3）身材：坚持每周锻炼3~4次，周末有氧锻炼。每周循环增加强度，促进肌肉生长。饮食规律，保持健康体重、体脂比例。

（4）卫生：注意个人卫生，勤洗手，每天洗澡，勤洗衣服、袜子、鞋子，叠被子、衣服，保持个人环境清洁（办公桌、卧室）。

5 通用着装关键提示

教师仪表在学生的心目中具有非凡的意义，整齐、清洁、大方的服饰搭配不仅仅会受到学生的欢迎，同时也展示着教师职业的风采和魅力，特别是在课堂教学过程中，对教师的着装有更严格的要求，必须符合教师职业规范和日常行为守则。女教师不应穿露背装、吊带装、超短裙上讲台，发型要清新、自然；男教师不应穿背心、短裤、拖鞋进教室，发型要整洁大方、长短适宜。佩带的装饰要简单、大方，不过分追求时尚。

爱美是人的天性，现在的年轻人追求时尚，喜欢打扮得"潮"一些，在这样的"浪潮"里，教师中也难免会"潮边湿鞋"。那么作为一名教师你知道要注意哪些礼仪要求吗？

上半身：忌露、忌透、忌紧，以休闲又不失正式为主，例如衬衫，颜色、图案以简单为主，不宜太花哨。不必一定穿带衣领的衣服，比如冬季，教师不穿高领可以适当搭配些素雅的丝巾。

下半身：以端庄成熟的打扮为宜，及膝裙、西装裤都是不错的选择，如果对服装搭配没什么概念，可以选择连身西装，轻松又不失庄重。

配饰：在服装上，如果搭配一些小饰品，会让整体更亮眼。但是，配饰的选择不能过于夸张，配饰不宜太绚丽夺目，手表是教师们的最佳配件。

发型：发型以整齐、清爽为首要。时下许多教师们都想让自己做些不一样的改变，但为人师表的我们都要当表率，因此，不建议教师们在头发上做独特、个性的改变。

鞋子：鞋子也属服装的重要一环，建议尽量不要选择太新潮流行的鞋子，应避免马靴、拖鞋，而高跟鞋、素面皮鞋、休闲鞋是较好的选择。

化妆：化妆是一种基本礼仪，教师在学校所面对的大都是学生，建议女老师尽量以淡妆为主，忌浓妆。

现实话题关注

关于着装的心理透视
——悄然为自己补上自我形象管理这一必修课

相比于其他行业，中小学教师的自我形象管理几乎全靠特定节点事情的刺激——初入职场、恋爱之中、新婚宴尔、提职加薪，这些时段的人会注重形象管理。其他时候，往往就进入"形象迷行期"——胡子拉碴、素面朝天、什么衣服都可以穿出去，什么话术都不过脑地说出来。

这样真的不行。怎么办？我们需要悄然为自己补上自我形象管理这一必修课！

得体的面部塑造和维护个人形象，会给初次见面的人以良好的第一印象。包括妆容、保养、着装、表情、言谈举止、待人接物等。个人形象不是纯粹个人的事，它承担着对一系列组合角色、团队、单位、组织的总体印象。你不仅仅代表你自己，你的形象还会为"你的家人""你的单位""你的行业""你的家乡"加分或者减分！

广义上的个人形象管理是一门新兴的综合性学科，它包括美学、时尚学、形象设计学、色彩管理学、礼仪学、成功心理学、社会心理学、哲学、人际沟通交流等。甚至与"个人"相关的周围的人、景、事都在其列。日常话语体系中的个人形象管理是指通过对个人衣着、服饰、妆容、礼仪进行有效管理，建立起属于自己的良好的个人形象。

总体来讲，个人形象管理包含：个人衣饰管理、个人妆容管理、个人言谈举止行为管理、个人场合形象管理、个人衣橱管理等多个内容，其中最主要涉及的就是个人衣饰管理、个人妆容管理。

我们都是"始于颜值"的"外貌协会成员"，两个人相互之间给对方留下的印象，50%取决于外表，30%取决于声音，只有20%取决于当时说话的内容和背景。得体的形象不一定是成功的保证，但不得体的形象注定要为失败买单。

你的能力藏在你的"颜值"里，不是说你要长得多好看，而是你要有管理形象的姿态。人的一张脸传递给他人的信息是精致的、讲究的？还是随便的、将就的？你的脸，就是你的态度；你的身材，就是你的镜子。我们没有见过一个成功的人是邋遢的，那些活得很精彩的人，都有帅与美的本事。帅气、好看是你的尊严，一个人控制得住外表，才能控制得住内心。管理内心是比管理外表更难的事情，如果管理外表都搞不定，凭什么让别人相信你能够搞定其他呢？

从某种意义上来说，我们的形象就是我们对待生活的态度，也是我们人生的真实写照，能反映出我们对生活还保留着多少激情。当你还在抱怨自己人生诸多不如意，生活一团糟、工作焦头烂额，以至于没有时间、没有精力经营自己的时候，也就暗示了你是一个各方面都缺乏的人，一个疲于奔波的人。因此，管理和塑造好自己的形象，向人展示你最好的一面，不仅能够体现出个人的修养和内涵，更能够赢得别人的尊重与喜爱。

你的着装，尽显内心

一个人的穿着打扮能够大致反映出一个人的品格，这一点是毋庸置疑的。那么，具体到实践当中，我们该如何通过一个人的穿着看出他的"品格"呢？

坊间流传着一句俗语："穷穿貂，富穿棉，官员正装，大款休闲。"这就告诉我们，人们倾向于通过别人的衣着去判断其身份与阶级。人们在社会生活中，善于给一些人和事贴标签，以此来表达自己的某种态度。尽管人的观点是主观的，很多情况下只是管中窥豹。但是衣着与人的性格之间，的确是存在某些联系的。

我们事先没有跟别人有过交往，又想在交往中掌握主动权，那么不妨在见面时注意一下他人的服饰。因为一个人喜欢穿什么类型的服饰往往是由人的心理和审美观念决定的，假如我们了解一点"服饰心理学"，那么，通过他人的衣着我们就能够得出一些最基本的框架来。

1 款式偏好

什么时候都穿同一款式衣服的人大多有自己鲜明的个性，他们一般都有强烈的自我意识，爱憎分明，这种人一般比较诚实守信，言出必行，但往往也会有些清高孤傲，有时候可能会不大合群。喜欢古典风格的人，一般比较正统；喜欢流行时尚的人，通常思想比较超前。

2 朴素奢华

一个喜欢穿朴素衣服的人，一般性格比较内向，理智沉稳，勤奋踏实。相反，一个人如果总喜欢追求流行，爱穿跟自己经济实力相差较大的奢华的衣服，那么这种人十有八九都爱慕虚荣，在花钱上面大手大脚。

3 简单复杂

一个人着装风格偏重简单说明他对自己很有信心，在生活中比较有魄力，做事干净利索、不拖泥带水。反之，如果一个人着装风格复杂，两天换三种风格，这种人可能就比较注重实际，控制欲也比较强，爱支配别人，自己却不大喜欢被人约束。

衣服的不同也能反映出一个人的性格。比如说，喜欢穿休闲装的人一般来说性格比较豪爽，不拘小节，心胸开阔，对自己也很有信心，喜欢不受约束的生活。而喜欢穿西装的人一般比较严肃的，性格相对来说比较稳定，一般有很强的事业心。

很多人喜欢穿牛仔服，喜欢穿牛仔服的人一般有着豪爽的个性，跟穿休闲衣服的人很像，但是他们的性格更加外向。

4 颜色偏好

着装色彩比较单一、或黑或白的人，个性一般都比较开朗，在交际场上往往能够左右逢源。而那些热衷于穿得花里胡哨的人，一般个性张扬、爱表现。

5 鞋子配饰

在生活当中，一个人的穿着打扮有很多细节是可供我们挖掘分析的，除了衣裤，一个人的鞋子、帽子、身上的配饰也能够反映一个人的心境。最简单的一个道理，一个常年四季手表不离手的人时间观念肯定不差，我们可以进一步推断出，这种人办事一般都比较严谨、可靠。

6 心情表征

交往中的人们，表面上最为明显的特点除了长相，就是衣着。不同的人，会形成截然不同的穿着习惯：性格朴素的人穿着亦很朴素；喜爱潮流的人则会穿一些"奇装异服"；爱慕虚荣的人会倾尽所有穿名牌、正品。

年纪比较小的个体，往往性格比较张扬，会重视自己的穿着打扮。当然，这种偏好是会存在差别的。比如某一天心情好时，会穿一些平时穿的比较少的服装；但是感到一些不快时，则会不太在乎衣着。

性格乐观开朗的人会比较喜欢颜色鲜艳的衣服；性格低调沉默的人则往往会选择

一些深色的衣服，希望自己不在人群当中显得那么出众。所以，我们可以通过细心的观察来猜测个体的心情与近况。

假如喜欢穿鲜艳衣服的人突然穿了深色的衣服，这可能是因为他最近遭遇了不快乐的事情。同样，平日不在乎穿着的内向之人，如果突然穿了好看、高调的衣服，就证明他最近可能心情比较好。

心理万花筒

减肥的心路

——不可多得的健身成功案例中展现的科学与启示

乔治是一个贪恋口腹之欲又讨厌运动锻炼的青年，他喜欢上了一位叫诺琳的女孩子。但是，过于横向发达的身材似乎是一个拦路虎。于是乔治开始了自己的减肥之战。大家知道，最难以打赢的战争是向自己宣战。他能够取胜吗？他会赢得美女的爱吗？纵然不会，那又会对他产生什么影响呢？

1 因为爱情

这是一个你我都熟悉的即兴饭局，有老熟人、有新朋友，西方人称社交午宴。看到一对情侣身着健身运动装从窗外的街道上慢跑而过，我们故事的男主人公乔治·弗莱德一边举着酒杯喝红葡萄酒，一边向口中送下切成大块的烤牛肉。在这种情境中大声讲话一定是有意无意引起大家或者大家中的某一个人的特别关注，他亮开嗓门说："我跟我的好哥们西蒙说定了，要是哪天看见我穿运动装，就让他一枪打死我。"还有意将眼神抛向某一个特定的其他人。他的目的达到了，大家都笑着附和，席间坐着的与乔治相同肤色的女孩诺琳表情复杂地摇了摇头。这个复杂可是别有深意的，你懂的。

乔治的进餐是在给身体补充能量——他的嘴就像一个精炼场，将原材料从这顿午餐中分解出来并送进胃部。对动物的身体来说，有一种燃料比其他类型的燃料更为重要，大量存在于血液之中，那就是脂肪分子。脂肪是一种多功能分子，多数脂肪分子被细胞吸收，进入细胞内部后，就会被吸引到一种叫作线粒体的结构周围。线粒体好比是人体内部的能量发动机，它能促使脂肪分解燃烧，同时释放出维持生命的活动所需要的能量。但是乔治的身体所补充的其实是多余的脂肪。如果他吃得太多，那些非脂肪类食品，例如马铃薯和通心粉中的碳水化合物以及肉类中的蛋白质也会转化为脂肪。

一位服务生送上新的食物，他问："您好！刚才哪位点了布鲁尔奶油蛋糕？"乔治回应："我叫的。"服务生跟进问："还有乳酪呢？"乔治面露尴尬地环视一下，讨好地对诺琳说："不好意思叫这么多。不过，我想诺琳会帮助我吃一点的。"随手拿起叉子取了一块蛋糕，自我解嘲地说："也不算太多，我们都吃一点。"

乔治德正在摄入过量的食物和热量，血液中游离的脂肪的颗粒已经远远超出了细胞中的线粒体所能燃烧的热量。

结束饭局，大家与乔治和诺琳友好道别，看出来了，这是乔治为追求诺琳而设的饭局，留在最后的是他俩。这时，乔治故作轻松地向诺琳发出邀请："晚上想去哪儿？十二吧俱乐部怎么样？你肯定喜欢。我们经常去那儿。""我们？我们是谁？"诺琳略显戒备和好奇地追问。这一追问是有意思的观察点，说明诺琳对乔治有点意思。乔治显然解读到了这一点，回答说："申思，还有申思的女朋友。"言下之意是：我多孤单，你不加盟？诺琳可不想轻易上钩："我晚上要去健身房。""健身房？现在都流行去十二吧了。"乔治试图影响诺琳。诺琳故作疏远地说："你可以那样想。"传递的信息是：我坚持做我自己。乔治已经是情场高手，至少说话上已经是炉火纯青，立马转换了姿态："那，我现在就跟你去。"说话间就为诺琳打开了路边待客的出租车的门。诺琳肯定是不想轻易落入乔治的纠缠圈套，表态说："还是别了。"眼见诺琳想独自离开，乔治施展自己的示弱之术以求接近诺琳的机会："你瞧，我还要走那么远的路回办公室呢。""走走也好，本来我还想送你一段呢。走路对你有好处。"诺琳也是语言交流高手，这回话中也是一半是委婉的拒绝，一半是调皮的揶揄——太胖了，要不失时机地健身才行呀。可能感觉这未免会让乔治太扫兴，又给了他一个"延迟满足"的诱惑和希望："没准我今天晚上会去的。"这果真让乔治看到了希望之光，送走诺琳，他哪里会去做什么对他有好处的走走，大声喊叫不远处的出租车。他赶快回家，因为有重要的事情在等待他——准备今晚的十二吧舞会。

2 准备出发

乔治站在卫生间内的台式体重计上，指针显示出坚挺指向90公斤。他夸张地凸现一下肚腩，简直可以与高月份产妇大有一比。从眼神可以看得出，乔治真的感觉到了压力和问题所在。按照"问题解决理论"的话语体系，这应该就是问题觉察阶段吧。

脂肪的真正价值在于脂肪是唯一能在人体内大量囤积的能量形式。因为人体内有一类专门吸收脂肪，不断膨胀的细胞，只要血液中存在多余的脂肪，这种细胞就会持续增长。人类对脂肪的渴望由来已久，对我们的祖先来说，体内有一定的脂肪存量是一件好事情，因为谁也不知道什么时候才能弄到下一顿美餐。但乔治很清楚，几个小时后，他就能再去吃一顿，他体内的脂肪从来没有耗尽的时候，反而是一天天越积越多。

与乔治合租而居的白人青年申思前来如厕，看见卫生间的门关着，大概是乔治回来时已经告诉申思今天晚上去十二吧跳舞，自己"不再继续充当申思和女友的灯泡，我今晚就有机会告别单身"，并且是一副志在必得的样子。申思知道乔治在卫生间精心收拾自己呢，于是拍门催促说："乔治，快一点。"正在修面的乔治可不想草草应付，他慢条斯理地回应："急什么。两分钟就好了。""我还有事呢。以前不注意，两分钟有什么用。乔治，快一点。"乔治听出申思"水库紧张，急需开闸"，就为其打开了门。

3 面临挑战

申思的女友杰西嗲声嗲气地问乔治："能不能告诉我诺琳是谁呢？"申思代为回答："乔治的梦中情人。"乔治不无得意地反驳："开玩笑！"但是，他一边喝啤酒，一边直勾勾盯着宾客入口，眼睛一直不曾离开，显然是期待诺琳的到来。特意掩饰大肚腩的衣服好像不可能扮演隐身衣的角色，所以依然让它无情暴露着。终于，女神降临——诺琳适时出现在舞厅入口。她肯定也经过了一番打扮，修身的着装，凸凹有致、优雅大方的身姿，无不传递着青春浪漫、多情迷人的风韵。

一般来说，男性体内的脂肪比女性少30%，但女性体内脂肪的分布更为巧妙，女性的脂肪主要集中在胸部和臀部。脂肪使女性在哺乳期能为幼儿提供重要的能量。

世界真的很小，当诺琳来到乔治面前时，杰西意外惊喜地叫起来："你们说的诺琳就是她？"申思与乔治也感觉好奇"你们原来就认识？"诺琳亲切地与杰西拥抱、近身交谈并回应大家"健身房认识的。"杰西对诺琳的身材与以前相比更加傲人而赞叹不已："最近一直在锻炼吗？哦，身材太棒了！"。这恰好是与乔治构成鲜明对比反差的，他可不想让大家将这样的话题进行下去。于是，大声发出倡议："能待着干嘛去健身？诺琳，跳个舞吧！"

尽管诺琳比乔治轻70磅，但是她体内的脂肪和乔治一样多。乔治之所以生得大腹便便，还不单单是因为他酷爱美食。他很少运动，平日里唯一的消遣就是隔上两周去跳跳舞，这显然对他肥大的腰围起不到丝毫的影响。

舞池中的乔治和诺琳在共舞，乔治尽其所能向诺琳大炫舞技，但是，大肚腩真的妨碍了他与诺琳的配合，几次并非故意的腹部接触让初次共舞的诺琳不免尴尬。一曲结束，诺琳与杰西一同离开舞池聊天，杰西说"我还没有看见过乔治如此痴情的样子。你是怎么想的？"诺琳不无真诚地说："我挺喜欢他的，他这个人很不错。就是长得让人没有办法接受是不是？"他很不情愿地注意到——虽然听不清楚她们谈论什么，但一定与他有关。申思对并立的乔治说："我看你是被她迷上了。"乔治掩饰地接话："开玩笑！那我得去健身中心减减肥！"尤其是诺琳夸张地做出一个合抱不拢的动作时，傻子都知道这是在揶揄乔治的大肚腩。乔治知道：不完成瘦身，是无法抱得美人归的！他应该是"遭遇羞辱觉醒，决心背水一战"：确立减肥目标，下定决心行动！

4 决绝努力

乔治说干就干，回到家中立即行动——对两人合租使用的冰箱开始了大清理，面包、黄油、火腿、奶酪、饼干这些自己平时最必需的食物通通丢进垃圾桶。这动静闹得非常大，申思闻声起来制止，因为乔治连同申思的也一并清理了。为了表示对朋友的理解和支持，他请求别把自己的也丢弃了："我的不要丢！我换个地方还不行吗？"

节食就相当于自愿忍饥挨饿。不吃点苦头，乔治的身体绝不会轻易放弃储存起来的脂肪。

场景：乔治就职的公司

临近中午，乔治接听客户电话已显疲态。

在这场脂肪大战中，乔治·弗莱德将遇到一个强大的对手，那就是他的大脑。多年形成的习惯使他意识到中午一点该吃午餐了。时钟指针的提示引起大脑的一系列连锁反应，促使乔治·弗莱德的饥饿感越来越强烈，乔治·弗莱德的身体被饥饿攫住了，随着胃部的收缩，早上吃的东西被慢慢排解出去，为午餐腾出了空间。

乔治所在公司的午餐通常都是由外卖人员进入工作间配送的。当服务生问："乔治，吃点什么？有腊肠、乳酪，还有你喜欢的松饼。"乔治心中主意一定："金枪鱼口味的就行。"他指的是一种粗面面包。他以非常不适应的姿态吃完了这份相比从前，未免太过"闹着玩"式的午餐，风卷残云地吞下，真的太意犹未尽了。

乔治看了一眼盘子里的仅有两片面包的食物，脑子里就开始计算够不够吃。他想要的不是简单的午餐，而是一顿饕餮大餐。他的胃壁上的感受器已经对摄入体内的食物进行了计量，进一步确定这顿午餐实在太寒碜了。乔治的饥饿感没有得到满足，他的身体正处于一种前所未有的状态，摄入的食物无法维持其正常运行，现在他需要更多的能量。但是他并没有去动用内部存储的脂肪，而是开始分解更多的肝脏内存储的另一种燃料，也就是葡萄糖。在紧急情况下，葡萄糖能暂时满足身体的需要。作为一种后备储存，葡萄糖分子能在线粒体内快速分解并释放出能量，不过，葡萄糖分子经呼吸作用氧化分解产生的能量，只有同样脂肪分子释放的一半。

减肥行动进行到第四天的晚上，乔治已经因为节食而像一只泄了气的皮球。这是他们通常晚间进餐的时间，申思一如从前：牛奶、面包。乔治则只切了一半橙子作为自己的夜宵。本来想向橙子上加一点白糖，申思的出现也冲走了这个想法。

通常吃完饭后，乔治体内的葡萄糖含量就会自动恢复，然而在这四天中，乔治吃得太少了，因此体内存储的葡萄糖已经耗尽了。

申思看到乔治如此痛苦，就劝告说："乔治，我觉得你就不应该去追那个女孩。跟我打球去吧，很减肥的。"乔治的回答非常傲慢："给我一个油炸圈饼和一杯咖啡，我教你灌篮。"他感觉要小便，完事后测量体重，指针的显示让他非常兴奋。

到体内糖元耗尽了，身体就会出现重量减少的假象——体内存储的葡萄糖分子中含有大量的水分，随着葡萄糖的分解，体内的水分开始流失。乔治每天要额外排出一升的水分，这样体重自然减轻不少。在短短四天之中，乔治的体重下降了7磅，但是减掉的几乎全部是水和葡萄糖。乔治可能认为他的节食计划非常成功。

乔治看到如此神速的进展，简直高兴坏了，挥起拳头为自己加油："太棒了！"他太需要一个人与她分享希望之果的芬芳，拿起电话给诺琳报告好消息。对方没有直接接听电话，而是留言语音提示："你好，我是诺琳。听到提示音后请留言"。乔治向对方发出了聚会邀请："你好诺琳，我下两周也挺忙的。不过我们可以出去跳两场恰恰舞"。

其实，他体内存储的脂肪仍然丝毫不减。另一方面，他体内存储的葡萄糖却已经耗尽了，直到这时，乔治体内的脂肪大战才正在拉开了帷幕。

5 为饿而狂

公司同仁下午下班后的例行晚餐会，规则是：各自点餐付费，一起进餐顺便聊天。各自的食品上齐了之后，就开始进餐了。同仁们一如从前点上的烤牛排、煎蛋、炸排骨在乔治的眼前充满诱惑地呈现在餐桌，而他为自己点是一份薄薄的四片西红柿片菜肴（如果这也能够算是菜肴的话）和一片面包。他的顶头上司请他喝一杯红酒。要在平时，这是他最心花怒放的时候。可是，现在，他却拒绝说："不要啦。我把这些美味都戒了。你知道这些都是高热量食品。"这令顶头上司大感意外了，然而，更为雷人的还在下面呢。

整整一周以来，乔治成功抵制了进食的欲望。体内的葡萄糖存储量降到了最低，而乔治此时唯一的感受就是饥饿。乔治的身体已经别无选择，只能开始分解先前存储的脂肪。然而这一次让步是要付出代价的，乔治的脂肪细胞向大脑发出了一连串的警报信号，使饥饿感如同潮水般奔涌上来，所有的想法都被一种强烈的食欲压倒了。

他看见别人恣意地向各自的口中进食美味，更加激起了乔治一浪高过一浪的饥饿狂潮。他的理智失控了，竟然说出了这样莫名其妙又无理至极的话："你成天除了玩就知道吃！"他对谁发火？没有人明白。大家一片愕然的神情。马上回过神来的乔治知道自己太让大家觉得奇葩了，尴尬地低头面对自己的"大餐"。

6 当头一棒

乔治无精打采地翻动着若干份排在案头的事务却没有从前那种富有效率的心劲。主管看他心不在焉的样子非常疑惑和恼火。当乔治恳求说"这个明天做行吗"的时候，主管给了他一个无语然而不容置疑的眼神。让乔治乖乖地低头回应："好吧，今天就做。""真的搞不懂诺琳为什么对你评价那么高。"主管还是忍不住说出了一句让乔治非常介意的话，并引出了下面的对话"你认识诺琳？""亨利介绍的。""亨利是谁？""亨利·皮尔思，诺琳的男朋友。"对乔治而言，这简直是当头一棒。

强烈的饥饿感使乔治无法集中注意力，连最简单的工作也处理不好。乔治最难熬的时候到了，体内存储的脂肪正在不断的被抽取出来。不过脂肪分子还要进行最后的一搏。

7 前功尽弃

乔治有气无力地回到家中，一屁股坐到沙发上，一脸的郁闷和无奈。申思注意到了乔治的情绪低落，主动问候他："你脸色不好，减了多少斤？""没用了。她看上了一个叫亨利的小白脸。"

乔治体内的能量供应突然中断了，细胞内的线粒体结构提供的能量越来越少，减缓了身体新陈代谢的速度。

申思关切地开导他："伙计，你现在看上去简直就是失魂落魄了。你干嘛把自己搞成这样呢？"乔治痛苦地回应："她不喜欢胖子。""纠正一下：他是不喜欢某个胖子。""你错了。只要我瘦一点，那个女孩肯定会喜欢我的。她喜欢内在的我，只要我瘦一点就可以了。"

乔治继续坐在沙发上，无聊地用遥控器变换着电视频道，奇怪的是：以前没有注意到这一点，晚餐的时间几乎各个频道的节目都是与美食有关，有的在吃，有的在做，好不撩动人的进食渴望。他关掉电视，苦涩地摇了摇头，进入卫生间称体重，他想在指针面前获得安慰。然而，与上一周高歌猛进的情况不同，指针纹丝不动地停滞于86公斤。因为对减肥规律的无知，他脱掉外套再试一次，一件外套能有多少分量，指针还是原地踏步。他愣了一瞬间，冲出卫生间。疯狂翻动着冰箱内的可食之物。大口大口塞入嘴里。这样的食品显然不足以让他享受一解积蓄太久的饥饿之苦的快感。找到外卖电话，要了双份最肥腻级的比萨饼。

乔治体内的脂肪正在慢慢分解，但是体重计上的数将会使他沮丧万分，脂肪的密度比葡萄糖和水分小得多，因此在短期内乔治的体重不会有明显的变化，他还要熬上一个月才能减掉七磅的脂肪。乔治的自制力已经崩溃了，他再也无法抵制强烈的食欲诱惑。由于身体对渴求得到了满足，乔治每吃一口都会感受到一种单纯的快乐。

正当他尽情享用美味的时候，申思与杰西从卧室下楼，在楼梯上看见了乔治疯狂进食的一幕，这种被逮个正着的做法让乔治非常尴尬，他像一个做了错事的孩子一样乖乖地停止了进食，不过可能太迟了点。第二天早晨上卫生间，他踏上体重计，指针立马指向90公斤，这恰是开始减肥的重量。申思问："怎么样？"乔治无奈地宣布："前功尽弃！""收拾东西，我们去健身房！"乔治嘴硬："你是在跟我说话吗？"但是，既然节食之路是死路一条，听从好朋友的召唤还是应有的理智。

像多数靠节食减肥的人一样，乔治的瘦身计划失败了。不过还有另一种减肥的办法。但是在减肥这个问题上，不吃点苦头肯定是不行的。

8 从头再来

乔治尾随申思进入跑步机训练场地。踏上跑步机，开始了用运动抗击肥胖的第二场战役。他相信自己的运动天赋，但是久疏运动的体质让他感觉呼吸困难、口干舌燥。没有坚持多久，他竟然晕倒在跑步机旁边。

由于多年缺乏锻炼，乔治的身体一时无法活动起来，肌肉纤维附近的血管因长久以来闲置不用而枯竭了，输送到那里的脂肪很少，因此为了满足能量需求，肌肉细胞内部所存储的糖分快速分解，但这只是短期内的情形。随着能量的需求量的快速增加，乔治的肌肉细胞必须燃烧比平时多出五十倍的燃料，细胞内的线粒体绝望了，它们无力胜任这项工作了。

9 循序渐进

乔治动作迟缓而困难地从卧室进入客厅，一屁股坐进沙发里。找遥控器的气力都没有了。你听他与申思的对话："遥控器在哪儿？""自己去找。""我要是有气力非得扁你一顿。"

乔治可能觉得这样一种剧烈的运动对他的身体有害无益。但当他坐下来休息时候，一些惊人的变化发生了，乔治的肌肉纤维周围开始生成新的血管，并带来了富含能量的脂肪。在乔治肌肉细胞深处，线粒体开始进行分裂，生成的能量随之增加了一倍。

10 重拾快乐

申思在运动场上打篮球，乔治不知什么时候悄然靠近。申思意外欣喜，他传球给乔治，乔治略显生涩但看得出还是童子功在身的洒脱投篮入筐。申思赞赏他："我还以为你不会玩了呢！"乔治显然是找到了自信的感觉，幽默地回应："运气好，没办法。"

在运动过程中，乔治体内脂肪开始加速燃烧，随着燃料需求的上升，脂肪仓库的储存量开始减少。不过，乔治并没有亏欠自己的肚子，流失这点脂肪，不会让他感觉饥饿难耐，他的食欲也得到了控制。

运动量越大，肌肉细胞的运行就越有效，肌肉燃烧的脂肪就越多，身体得到的能量就越多，这是一种良性循环。

11 不为爱情

乔治虽然知道诺琳已经有一个小白脸亨利男友，但还是为自己取得了真正的健身效果感到信心满满。多次联系无果之后，他现在决定亲自去她的公司找找她，万一诺琳会赏识自己为爱瘦身的进步而感动得心回意转呢？毕竟一切皆有可能。他飞身攀登28层台阶进入诺琳工作的公司。

乔治走近公司接待台，向接待小姐自报家门和求见人："我是乔治·弗莱德，找诺琳·哈泊"。事有凑巧的是，接待厅中有一位身材臃肿程度与乔治初识诺琳时的模样好有一比的黑人青年，闻听来访者是乔治，主动走上前来："乔治？你好！诺琳让我向你道歉，她不在，让我代她招待你。我叫亨利，亨利·皮尔斯。"乔治闻听，急转身戒备而又吃惊地看着眼前这位猜想了无数次的诺琳的男友亨利。

经过8个月健身锻炼，乔治的肌肉细胞已经变成了高效的燃脂剂，流入细胞的脂肪量增多，同时线粒体不断分裂，全力燃烧脂肪。乔治体内的脂肪存储量不仅减少，而且都纷纷转入身体最需要的地方。

诺琳给我们的印象应该是一个"熟女"——出语得体，行事稳重。但是此番表现真的是令人大跌眼镜：其一，你可以明确拒绝别人的追求，何必如此回避、暧昧地对待追求者呢？其二，让新任男友出面挡驾，真的是拒绝追求者的"下下策"，本来会导致大问题的，幸亏乔治内心足够强大。

12 已然成功

乔治和申思一边打球一边聊天，申思说："我说过，你就不应该追她。"乔治信心满怀地说："以我现在的条件，我会找个更好的。" 申思调侃说："你那个内在的自我一点没减轻呀。"乔治非常得意地说："我跟你说，亨利人还不错。不过，私底下说，他要减减肥，没准你还能帮帮他。"

为了确保身体在紧急情况下随时供应能量，他的肌肉细胞已经建立起了自己的小型脂肪仓库。但是乔治不能指望一劳永逸地保持现在的体型，身体瘦下来很快，但是胖起来更快，从正常人变成胖子始终只是多吃一口的问题。

扫码获取
· 图书随身听
· 心理测试题
· 心理学课堂
· 健康小手册

心理指南针

活成自己想要的模样
——在富有诗意的哲理中构建自己内心的方向和力量

从什么时候开始，与人相处也觉得是精力的消耗，也许是说话的话题不对，也许是相聚的人不对，也许是自己的状态不对。

从什么时候开始，我发现明明有烦恼，却还是没有和他人倾诉；我明明有想去吃的东西、想去的地方，还是选择了一个人前行。

觉得这个世界吵闹，觉得很多争吵很伤人、也没必要；觉得即使不被理解，好像也没关系，自己快乐就好。

后来的你不再随便倾诉你的烦恼，快乐也不需要陪伴，面对吵闹更多时间选择沉默。大家都说你变了，变得和从前不一样了，也许你真的变了。变得更爱自己了，变得更注重自己的内心需求了，变得更不在意他人的眼光了。

1 变得更爱自己了

早睡早起，这样才能让自己每天精力充沛，让自己有更多的时间做自己喜欢的事情。每天运动，这样才能身体健健康康，有更多的能量追求自己喜欢的事情；每天看书，让自己与作者交流，开发自己的大脑，从书中看到更大的世界，去领略这个世界的不同。

节日时给自己买一束花，空闲时去旅行，给自己做一顿好吃的；记录生活的美好，爱上此刻的自己，学会提升自己的技能。爱自己是终身浪漫的开始，爱自己，爱生活，爱学习。做一个真实、快乐、自信、勇敢的自己，你也许不是最优秀的，但是你爱自己的样子真的很漂亮。

2 注重自己的内心需求

你想要一样东西，是因为你真的想要，还是别人想要的你也想要；你觉得开心，因为你真的开心，还是因为别人开心，你假装自己也很开心。别人买房买车，所以你要买房买车，可是身负重债，为了和他人一样光鲜亮丽，承担自己难以承受的金钱债务，你一点也不开心。

别人考公务员，考教师，你也拼命地去考，可是因为内在动力不足，你总是半途而废，不能坚持，这样的你一点也不开心；为了成为父母期待的样子，你放弃了自己喜欢的事业，伪装成懂事乖巧的孩子，这样的你一点也不开心。

你想买车，是因为你需要一部代步车，会更方便工作出行，所以你买了一部自己能力范围之内的代步车，而不是为了和他人攀比，买了自己难以承受的豪车。你想拥有自己的房子，那是一个你随时可以休息，自由自在只属于你的地方。里面的装饰都是你喜欢的样子，所以你买了首付给得起、月供给得起的房子，而不是为了和别人一样，买了高端寓所，首付月供，每个月负资产。

你可以和父母说出自己喜欢的事业是怎样的，你梦想成为怎样的人，让父母给你一个期限，你用实际行动证明，你是真的热爱，并会为此付出所有的努力。让他们看到你的努力，你的认真，你的执着，让他们知道你会为自己决定负责。而不是在选择之前就选择放弃，一味听从父母的意见。最怕的是你活成所有人期盼的样子，却没能活成自己。注重自己的内心需求，想清楚自己到底想要什么，自己真正喜欢的是什么。做这件事情是因为你想去做，你觉得值，还是只为了别人的期待？

人生漫长，不要让自己在遗憾中度过，勇敢一点，去做自己喜欢的事情，过自己想过的生活，成为自己想要成为的人吧。

3 不在意他人眼光

你因为别人说你腿粗，就收起自己喜欢的短裙，换上休闲裤，把自己包裹严严实实的，可是喜欢穿短裙没有错。美丑从来也不是别人一句话定义，你有属于自己的美丽，无需在意别人的眼光。别人说你快30岁，还没结婚，你为了堵住他们的闲言闲语，选择了将就，随便相亲结了婚，幸福不幸福只有你自己知道。那些说你的人并不会因为替你承担什么；反而你发现闲言闲语没有消失，他们开始催你们要一胎，要二胎；他们开始谈论你的工作，你的家庭。他们企图用为你好的理由，要求你做任何事情。

你过得快乐吗？你过得幸福吗？你发现其实真正认真生活，真正幸福的人，他们根本不会把他人的事情当作生活的谈资，并以此来突显自己过得很好。反而是过得不好的人，他们会用这种方式，来满足自己的八卦欲望，来为自己的毫无作为找一个合理的理由。所以，你的生活由你自己决定。世间没有十全十美的人，只有自我欣赏的自己；没有该结婚的年龄，只有该结婚的爱情；没有完全正确的决定，只有遵从自己内心的选择。

把生活的主动权握在自己手里，阳光自信的你，幸福美满的生活，自得其乐的状态，就是你给别人最好的证明。爱自己，别人才会更爱你；做自己，幸福才会来找你；懂自己，生活才会是你想要的样子。

你是否总是觉得每天重复，日子无聊？那就想办法找到热爱和目标。自我观察，看自己喜欢把时间花在哪；多尝试，愿意拥抱新可能；少想得失，千万不要失败两次就说"我不擅长"……

当你愿意动起来，花时间去计划、改变和坚持，就会发现，生活已经被你过成了热气腾腾的可爱模样。下面附送给你一个"心随我动行动指南"。

（1）多多尝试——对世界保持好奇心，愿意拥抱新的机缘。

（2）少想得失——你不会一开始就顺风顺水，潜心投入进去等待渐入佳境。

（3）保持阅读——读书可以让你保持心态宁静，打开认知视野和提升处世格局。

（4）不要设限——在想说"我不行了""我不擅长"的时候闭上嘴巴。

（5）扪心自问——我真正想要的究竟是什么，这是我心要去的对的方向吗？

（6）马上行动——想去远方的人很多很多，真正去的人从来不会多想。

（7）持之以恒——热爱会随着前行路难而降温，执着才能让自己最终到达终点。

扫码获取
● 图书随身听
● 心理测试题
● 心理学课堂
● 健康小手册

心理压舱石

寻找心中的夜明珠

——积极的自我概念的心理价值和获得途径

你有没有留意？人与人之间存在着极大的差异性？这种差异的形成，大致可以分为两大类：主观可控因素和非主观不可控因素。在我们的观念中，对此往往并没有清晰的认知。非主观不可控因素包括：个体的先天遗传因素、出生成长的客观环境、家庭和教育基础、国家与时代机遇等；主观可控因素包括了个体可以自主把握的一系列主观心理品质，那是个体主观能动性、利导思维方式、格局与定力，而这一系列的主观心理品质的根基是自我概念。

自我概念，就是无论个体意识到还是没有意识到，在他内心深处的"自己认为自己是一个什么样的人"。自我概念经由"反映评价——社会比较——自我感觉"三个途径汇合形成。

反映评价。就是个体从他人那里得到的有关自己的信息。有的人在赞美赏识中长大，获得充分肯定的正面评价，就会逐渐形成一个积极的自我概念。有的人在否定、挫败中长大，获得太多否定、负面的评价，就会逐渐形成消极的自我概念。

社会比较。个人生活在群体中，往往会通过与他人的比较来进行自我评价，在群体活动中有明显比较优势的个体，会产生自我感觉良好的积极的自我概念。在比较中屡屡处于劣势的个体，即使别人说"你很棒"也会感觉自己不行了，产生自我感觉糟糕的消极自我概念。

自我感觉。个体自主意识觉醒之后，会形成"用你自己的方式来看待自己"的自主评价能力：无需别人说（评价反馈），也不看别人怎么样（社会比较），而是通过自己看待自己的方式而形成自我概念。自己感觉自己很棒、好样的，就会形成积极自我概念，自己感觉自己太差了、没戏了，就会形成消极自我概念。

拥有消极自我概念和积极自我概念的人，在现实工作、学习、生活、人际交往中，往往会有极大的差异。据此，我们形象地说：消极自我概念是一个吞噬自己的黑洞，积极自我概念的人有一颗心中的夜明珠——纵然在黑夜中也会发出耀眼的光。

你的自我概念是吞噬自己的黑洞，还是闪耀光芒的夜明珠？测试一下吧！

1 自我概念便捷测试

温馨提示

也许你还从来没有思考过"我是如何认识和对待自己"的话题。下面的这份自我测试为你提供了一面镜子。你当然不记得平生第一次照镜子的印象，那是一种陌生、疑惑、惊奇、欣喜的复杂的感觉。现在让你重新体味。请不要与别人交流测试结果。

1. 我对自己的身材容貌的态度　　　　　　　　　　　　　　　（　　　）

   A. 我从来都对自己的身材容貌坦然自信

   B. 我在大多数情况下认为自己长相不错

   C. 感觉自己是一个容貌大众化的人

   D. 我面对长相出色的人会感觉自己难为情

   E. 如果有可能，我会意义无反顾地进行脱胎换骨式的美容手术

2. 我对自己的为人处世的评价　　　　　　　　　　　　　　　（　　　）

   A. 我从来不担心了解我的人背后会非议我

   B. 我相信许多人感觉我是一个好人

   C. 有人认为我是好人，有人认为我有问题

   D. 我知道自己在别人心目中的形象有瑕疵

   E. 我不在乎别人如何评论我

3. 我感觉自己是一个这样的人　　　　　　　　　　　　　　　（　　　）

   A. 一个非常完美的人

   B. 我对自己可以做出优劣之比为7∶3的评价

   C. 一个优点多过缺点的人

   D. 许多人都比我好一些

   E. 一个可有可无的人

4. 我在家庭中的角色地位是　　　　　　　　　　　　　　　　（　　　）

   A. 全家人都非常喜欢我

   B. 家人认为我的存在很重要

   C. 我有时感觉不受家人的重视

   D. 我经常受到家人的指责

   E. 我是一个可有可无的人

5. 我在社会上的公众形象是 （　）

    A. 我走到哪里都会受到重视和好评

    B. 人们认为我是一个值得关注的人物

    C. 我容易被别人轻慢相待

    D. 我是一个不受重视的人

    E. 我经常被当作一个可有可无的人

6. 我对自己的过错的态度是 （　）

    A. 我非圣贤，自信不会重犯过错

    B. 对过错感觉后悔，从中吸取教训

    C. 内心知道不对，不愿承担过错

    D. 让我碰到了，我认倒霉吧

    E. 陷入自责之中，很久不能恢复

7. 我认为自己是一个 （　）

    A. 非常优秀的人

    B. 相当不错的人

    C. 比大多数人都好一些的人

    D. 比较失败的人

    E. 一无所长的人

8. 我对自己的总体感觉是 （　）

    A. 非常赏识自己

    B. 比较满意自己

    C. 一个不好也不坏的人

    D. 有点失败，有点无奈

    E. 假如人生能够重新开始多好呀！

9. 我对自己未来所持的态度是 （　）

    A. 保持全面成长态势，做一个杰出的人

    B. 尽力而为，让自己有一个好的未来

    C. 对未来有一定的信心

    D. 未来是不太可信的东西

    E. 我会有什么未来可言

10. 我对待自己的态度是 （　）

    A. 非常珍爱自己，生活优雅健康

B. 满足自己的合理需要

C. 不会特意在乎自己的身体

D. 知道自己有一些不良习惯，也想改，改不掉

E. 人生苦短，及时行乐吧！

操作手册

全部10个题目分别关注"生理自我、道德自我、心理自我、家庭自我、社会自我、自我批评、自我概念、自我满意、自我行动、自我对待"中的自我，因为是在"自我评价，信息隐匿"下的测验，没有自我美化的考量和泄露隐私的顾忌。选择A、B、C、D、E五个项目的分值对应的是5、4、3、2、1，最高分是50分，最低分是10分。

如果你的得分在46~50之间，说明你的自我概念非常好；36~45之间，说明你的自我概念比较好；如果你的得分在26~35之间，说明你的自我概念一般；如果你的得分在16~25之间，说明你的自我概念存在比较多的问题；如果你的得分在15以下，说明你的自我概念存在严重问题。

2 积极自我概念的价值

积极的自我评价。自我悦纳取向是自我概念积极、健康的关键。悦纳自我首先要接纳自己、喜欢自己、欣赏自己，体会自我的独特性，在此基础上体验价值感、幸福感、愉快感与满足感；其次是理智与客观地对待自己的长处与不足，冷静地看待问题与欠缺。

要做到自我悦纳并不容易，原因在于并不是人人都幸运地出生和成长在一个"肯定、赏识、耐心、爱护"你的家庭和教育环境中，恰好相反，由于观念的偏颇、心态的功利和做法的冲动，我们从家庭到学校的成长经历主要是处于"优点被忽视，缺点被放大""否定打压多，肯定鼓励少"的进程中。

寻求积极的自我效能感。自我效能感是个体对自己是否有能力为完成某一行为所进行的推测与判断。自我效能感具有四大功能：其一，决定人们对活动的选择及对该活动的坚持性；其二，影响人们在困难面前的态度；其三，影响新行为的获得和习得行为的表现；其四，影响活动时的情绪。当我们期望并相信自己成功时，必然会尽自己最大的努力；当面临挑战性任务时，会表现出更强的坚持力。自我效能感高的人一般对生活、学业、事业期望较高，也就是说，自我效能感与成就动机呈正相关性。

克服心理无助感。许多人经常体验一种心理无助感，觉得自己很无知、很低能、很被动、很消沉。心理学研究表明：心理无助感是生活经历中挫败经历的"心理后遗症"，是习得的心理状态，所以称之为习得性无助。习得性无助指个体（人或者动物）经历了某种挫败的经历之后，在情感、认知和行为上表现出消极的特殊的心理状态。习得性无助会让个体选择自我无能地"忍受一切，放弃努力"的策略，从而无法实现本来有可能实现的目标，在沮丧或者自我攻击中艰难生存。

"习得性无助"是美国心理学家塞利格曼1967年在研究动物时提出的，他用狗做了一项经典实验，起初他把狗关在笼子里，只要蜂音器一响，就给狗难受的电击，狗关在笼子里逃避不了电击，多次实验后，蜂音器一响，在给电击前，先把笼门打开，此时狗不但不逃反而是不等电击出现，就先倒在地开始呻吟和颤抖，本来可以主动地逃避，却绝望地等待痛苦的来临，习得性无助的状态就此形成。

真实的自我成长。自我概念不是自欺欺人地大喊"我是天下最美的人""我是一个大帅哥"就可以在积极的自我暗示中轻松完成的。让自己选择适宜于自己的突破口，付出努力，快速取得进步和成长，为积极的自我概念的确立找到依据。一位非常成功的实业家回顾自己的人生经历，说过一句堪称经典的话：聪明会让你一时精彩，但无力让你获得成功；勤奋让你感受艰辛，却会用持续的成功回报你。建立在真才实学、功成名遂基础上的自我概念才是充实、稳定、积极、美好的。

3　提升积极自我概念的策略

唤醒自爱意识。珍爱自我的认知起点。自爱意识从珍惜自己生命的存在，到体验自己生活的百般滋味，至认同自己卓越人生的价值和意义，是一个在不同的人生阶段呈现的认知状态连续分布。一失意就悲观厌世，一生气就不计后果，一兴奋就纵情享乐，一成功就忘乎所以，做出来傻事、憾事、丑事、坏事，都是因为没有自爱意识。自爱意识唤醒之后，危难时知道全力保护生命，平常懂得善待自己，关键时追求人生精彩。

激发自爱情感。保护自己、善待自己、欣赏自己。自爱情感在处于人生低谷的时期特别难能可贵——人在困难的时候有时会面对"生不如死"的痛苦，自爱的情感引导和拉动自己做出自我承诺和自我安慰："逃过此劫，好好生活""冬天到了，春天还会远吗"。自爱情感在日常生活中引导理智享受平常的幸福，远离声色犬马的生活、拒绝疯狂刺激的体验。自爱情感在志得意满的时候，告诫自己成功来之不易，懂得加倍珍惜。

直面自爱考验。来自两个方面的自爱考验。低谷中不知道加速，高峰上不知道制动。当我们处于学业困难、情场失意、求职无门、婚姻不幸等人生低谷的时候，设法让自己找到着力点，然后加速成长改变现状，这是向人生困境交出的正确答卷；陷入困境之中，鲁莽行事，冲动应对，这会让问题更为复杂化。在处于人生顺境的时候，还能够做到平常心做事，低姿态做人，可以避免大意之失和无意招祸。"失意不变形"是坚强，"得意不忘形"是定力。这两者，你感觉最缺乏什么？

提升自爱实力。贫困者难言大方，潦倒者休谈壮志。自我概念积极乐观，珍爱自己达到极致，都是建立在行走在通往明天美好生活的大道上的。没有对未来人生的主动设计，没有付出辛勤劳动的执着追求，没有让人信服的生活质量的展示，一切都是苍白无力的。所以，人在青春年少的时候，享乐没有出路，奋斗才有前程。自爱的立足点和归宿都是让自己更有实力。这个过程外人看来可能充满艰辛，其实，奋斗者自己经过一个短暂的投入期之后，会感觉乐在其中，而且其乐无穷。

回顾与思考

1. 与学校同事相比，你是比较注重着装打扮的人吗？假设有一天，你注意到自己的某一位同事着装讲究，你内心的感受是倾向于赞赏还是反感？

2. 你感觉自己的着装对你的学生有什么影响？

3. 如果你感觉自己的身材需要管控，本篇的哪一个板块能给你指导和启示？

第三章

世界多彩，我有百变

——蹚过"客观认知自己，乐观接纳自我"
　　这条河

本章导读

本篇撰文作者还记得自己读初中时，班里新来的一位数学老师杜先生。他给我们留下的最初印象就是"这个老师太害羞了"。初次上课，杜先生在脸色一会红一会黄的变幻中磕磕巴巴完成了自我介绍。我们男生都替他难为情地低下了头，女生则是为见到害羞的男老师高兴坏了。

后来，即便杜老师数学课讲得那么好，即便他篮球场上经常以精湛的技术引得我们连连喝彩，直到我们毕业，杜老师依然放不开。而以我们小小年纪，隐约察觉到他多半是因为自己身材不高、面容不帅，才那么害羞。

中小学教师完成对自我和现实的心理接纳，是实现内心和谐的必修的功课，是走向心理健康的必由之路。从这一立场出发，我们本篇首先为你带来"主旨心理报告"，《认识自我，接纳自我——揭示心理学中自我的概念与特征》。随后是题为《直面问题，破解困局——中小学教师面临的现实挑战和心理促进策略》的"现实话题关注"。本篇带来的"心理万花筒"是《满满干货，各取所需——从睡眠的探索与发现中获得智慧的启迪》的应用心理学研究专题，让你理解自己失眠的原因并如何有效地应对它。随后是亮点纷呈的"理解我心"重磅研究成果分享：《心存敬畏，学以致用——人体生命节律对心理行为影响》。最后是"回顾与思考"。

主旨心理报告

认识自我，接纳自我
——揭示心理学中自我的概念与特征

你是否曾认为自己的发型、着装、体型、容貌等方面存在问题，并会受到公众的特别瞩目，你是否曾因担忧别人的否定、反感、嘲笑、排斥而苦恼不已。

在我们的内心深处，总有一种渴望：期待被世界认可，期待自己是焦点人物。这种内心深处的渴望传递到意识的表层，呈现为这样的心理定势：以为自己是人生这个大舞台上的特别演员，举手投足之间都在聚光灯的照射之下，并且直觉地高估公众对自己的关注度，这就是"聚光灯（焦点）效应"。

我们总能够敏感地觉察到自己一时的情绪活动，如焦虑、愤怒、厌恶、说谎等，之后又会陷入无尽地对自己"失当情绪"的否定和恐慌之中。我们会认为自己的情绪表露在别人面前，尽收眼底、纤毫毕现。其实我们所认为的别人对我们的关注程度和别人对我们的真实关注程度之间，会有很大的出入，这就是透明度错觉。

当我们在为自己的言谈举止不当可能产生的糟糕后果而自责和不安的时候，其实别人远不如你想象得那么明显地注意到了你的失当行为，而且很快会淡忘曾经发生的事情。这也是困扰我们的一条心理绳索——高估自己的社交失误的公众关注度，低估公众心理疏忽的水平和速度。

自我是一根线，串起我们的思想、情感和行动，让我们能够回忆过去、评估当前、规划未来。我们对外部世界已经所知良多的时候，与之相反的是我们对内心的自我所知甚少。这就是为什么自我从来都是心理学研究最热门的主题之一。

1 自我概念

每个人都是一个独特的个体，我们可以以一系列的语汇完成"我是一个＿＿＿＿的人"的造句。从各个最能够体现你的品质和生活的方面着手，完成自我描绘的"心理画像"就是你对自己的自我概念的最贴切的定义。

自我概念看似具有相当的随意性，哪怕是我们随便说出来的几个句子"，它也具有内在的心理依据，这就是自我图示。自我图示是个体在成长历程中有意或无意间获得的关于自己的心理模板。

比如，现在有人对你说："你太有魅力了"，请你立即写下你的回应，简洁明了一些，典型的回答可能有三种。A."谢谢，我确实具备这个特质。没有办法，太帅了、太美了，太有才了。嫉妒我吧？我都嫉妒我自己。"B."真的吗？你的话是真的还是假的？我时而觉得自己还行，时而觉得自己不行。我都不知道自己到底行还是不行。"C."愤怒。你怎么能够这样恶毒地讽刺挖苦人呢？我知道我没有魅力，可是你无权借此打击我。"

你会作何反应呢？你的回答可以准确无误地显现出你的自我图示所标示的自我概念。

2 自我感觉

记忆心理研究发现了这样一种现象：当呈现信息与个体的自我概念有关时，个体会对它进行快速地加工和回忆，这就是所谓自我参照效应。一个汽车发烧友对汽车"随处可以发现、随便可以记住、随时可以谈起"，原因在于我是一个汽车发烧友。

自我参照效应表明：我们感觉自己处于世界的核心，这种感觉会使我们对有关我们自己的信息给予更多的关注。

自我概念不仅包括我们已经所成为的"我是什么样子"的自我图示，还包括我们可能的自我。这包括我们期待中的自我，即我想成为的样子，也包括我们拒绝中的自我，即我害怕成为的样子。这种可能的自我会对我们产生定位和导向功能：约束和激励自己做一个自己期待中的自己。

3 自我的发展

自我概念因其具有统辖我们的思想和指导我们行为的功能，而成为心理学的重要概念。心理学研究揭示，基因对人格和自我概念影响不可忽视，但是现实生活中的角色扮演、成长历练对自我的成长有更重要的意义。

社会角色：初涉世间的个体，像极了一个演员，并不知道自己在舞台上所扮演的角色。在领悟、借鉴和模仿别人中逐渐进入状态。这种状态被我们觉察到，于是在头脑中就形成了自我概念——我应该是一个这样的人。

社会比较：我们周围的人为我们的社会比较提供了参照。你是年轻、健康、漂亮、优秀、富有，或者年老、体衰、丑陋、平庸、贫穷？那要看你在与谁比较，换一个比较对象，结果就可能是另外的样子，这就是社会比较。

继往经历：成功的经历会提升我们的自尊和积极的自我概念，失败的体验会让人感觉自己很无能，怀疑和弱化原有的自我概念。

社会评价：社会心理学家查尔斯·库利用镜像自我描述，个体以自己感知到的别人对自己的态度和行为为镜子，进行自我感知的现象。我觉得别人对我非常友好，我会认为自己是一个受尊重和欢迎的人；我觉得别人对我冷漠，我会认为自己是一个不受重视和礼遇的人。

自我与文化：在西方社会中，个人主义是主流价值观，人们认为自我是独立存在的，自己对自己的一切负责任；中华文化圈中的人则信奉集体主义价值观，认为个人依赖于集体而存在。这样的观念差异是人的心理行为差异的根源。

自我控制：心理学研究表明，自我概念能够对我们的心理行为产生重要影响。想象自己能通过努力工作而获得成功的人，与想象自己无论如何难逃失败结局的人，在面对挑战性任务中的表现有显著差异。这是因为前者会在积极自我概念的指导下专注于如何调动潜能、设计行动策略；而后者往往是被动、焦虑地等待那个预期中的不好的结局，而将任何化腐朽为神奇的创意、富有建设性的努力都自动放弃了。这就是自我控制的心理机制。

自我效能：艾伯特·班杜拉在他的研究中捕捉到积极思维的力量，并提出了自我效能的理论，即个体对自己能力与效率的乐观信念可以获得较为明显的积极回报。富有自我效能感的人会选择有挑战性的目标，并在面对困难的时候保持积极的心态寻求解决问题的方案。人与人之间的差异表现在你能够在多大程度上感觉自己有能力去做好一件事情。

心理控制点：我们是自己命运的主宰者，还是环境的附庸品？罗特提出了心理控制点的概念。你认为你的命运是自己控制的（内部控制点）还是外部力量决定的（外部控制点）？具有自我控制感的人会是一个自信、积极、乐观的人，会取得学业、职场的成功，并拥有友好和谐的人际关系、健康的心理状况，更能够抗拒当前的诱惑、谋求更长远的成功，对未必理想的现实有更为积极的解释和建设性的构想与改变。

习得性无助：塞利格曼发现，在个体经历了无法控制的有害事件后，会产生意志瘫痪、被动顺从、放弃努力的心理行为状态，她将此称之为习得性无助。它首先产生于本能的自我保护，即放弃注定会受挫的行动会是一个避免再次受到伤害的选择。但是，进入无助状态之后，完全放弃采取积极行动的努力，就会持续陷入焦虑痛苦的状态，而个体本来是有机会结束这种状态的。

自我决定：在另外一个极端上，自由和自我决定是不是多多益善呢？施瓦茨指出：个人主义至上的现代文化倡导的"过度的自由"，反而导致人们生活满意度下降和临床抑郁症的增加。因为，过多的选择会引发信息超载的迷惑，给我们带来选择纠结和承担选择失误后果的压力。苏格拉底说："你在一条漫长的田垄上很难寻找到一颗最大的麦穗。"

4 自尊

自尊是个体基于对自己的全面评价产生的内心体验。心理学者们对自尊产生的机制持有相反的观点：一是"自下而上"的自尊观，特殊自我感的相加构成整体自尊，个体因为自己在某些方面有突出表现和优秀品质而自尊；二是"自上而下"的自尊观，整体自尊影响特殊自我感，因为总体感觉良好而对自己的具体表现和特点自我赏识。其实，这种争论与"盲人摸象"非常相似。自尊不仅可能"自下而上"产生，而且可能"自上而下"产生，还有可能交互作用产生。结果导致"正向自尊"（积极的自我评价导致的自豪感、价值感、自信心、高自尊）或"负向自尊"（消极的自我评价导致的自卑感、无价值感、颓废感，低自尊）。

自尊动机：自尊的动机引擎驱动着我们的认知机器。面对成功和失败，高自尊的人会为自己总是胜人一筹，或者能够咸鱼翻身而自鸣得意，以维持自己的自我价值。自尊的威胁可能发生于和自己最有可比性的人之间。

维持和增强自尊动机的意义在于，当我们遭遇社会拒绝时，自尊指示灯会警告我们，以促使我们更敏锐地觉察社会对我们的期望，通过采取行动提升自我价值，并寻求更好的社会接纳。

你是一个低自尊的人还是高自尊的人？

有人认为低自尊的人容易面临如抑郁、毒品滥用以及各种形式的行为过失导致的风险，高自尊的人会表现出更多的自我赏识、潜能开发和机遇把握。还有一种观点认为，高自尊的人往往自以为是，打压比自己优秀的人，自我概念膨胀。显然，这两种观点都是过于绝对化的。

同样，自尊感强弱不同的个体其自尊建立在不同的基础之上，自尊感脆弱的人，自尊建立在金钱、地位、外貌和别人的赞美等外部因素的基础之上，会经常体验到"自尊危机"，出现诸如压力过荷、遭遇背叛、吸毒酗酒、舆论旋涡、饮食障碍、整容成瘾等问题。自尊感强的人，自尊建立在对自己的内在的、稳定的良好感觉基础之上，这种了然于胸的自尊不依赖外界的评价而变动，不会因别人天花乱坠的溢美之词而欣喜若狂，也不会因别人的贬损而失魂落魄。

5 自我服务的偏见

当我们在认识和评价自己时，往往习惯于一边轻易地为自己的过失和错误开脱，一边欣然接受夸大其词的成功和荣耀。这就是心理学揭示的自我服务的偏见，表现在以下几个方面。

对"积极事件和消极事件的解释"中的自我服务的偏见：表现为习惯将成功归功于自己内在的、稳定的、可控制的因素上，如人格魅力、聪明才智、艰苦奋斗等；相反地，习惯于将失败归因于外部的、偶然的、不可控的因素，诸如时运不佳、他人作梗、事出偶然等。

自以为"自己当然高于平均水平"的自我服务的偏见：当我们和别人比较的时候，许多人认为自己比大多数人要好得多，这在主观性比较强的评价项目上尤其明显。如我们会认为自己比大多数人更有责任心、更大度、更优秀。这也是许多人看不见自己的问题、对别人的问题却"眼睛准、嘴巴狠"的心理原因。

虚幻的、乐观的自我服务的偏见：许多人会认为自己比别人更受幸运之神的眷顾，坏事远离本人，好事相伴左右。这种虚幻的乐观是自尊的有害成分，会降低我们对危险的防范和觉察，让我们做出更多的失控和冒险行为。在诸如不系安全带与驾车安全、不洁性行为与艾滋病、赌博与成瘾、吸烟与致癌一类的问题上，许多人没有根据地认为"我不会倒霉的"，虽然理智上清楚问题和危险所在，还是做出放纵自己的行为。一些人的做法更具成熟稳健色彩，他们会主动预见问题的发生，并进行预见性的应对。这就是所谓的"居安思危"，心理学称之为"防御性悲观主义"。

虚假普遍性的自我服务的偏见：为了提升自我形象，倾向于不合实际地夸大或者缩小在思想和行动方面与别人的一致性。这种虚假普遍性会让个体自我感觉良好地认为自己肯定会赢得非常多的人的支持，或者想当然地推断很少有人会不赞成自己的主张。

虚假独特性的自我服务的偏见：习惯把自己的才智和品德视为超乎寻常的，以满足对自我形象的积极体验。

为什么人们会以一种自我提升的方式来看待自己？这是因为我们寻求认识自己，渴望评定自己的能力，力求自我证实。为自己立足于天地间寻找正当的依据。

自我服务偏见具有存在的正当价值：一个高自尊的人能够尽情享受并保持这种良好的感觉。施奈德和希金斯研究发现，相信自己比同伴拥有更多的天赋和积极的品质，能使我们对自己保持良好的自我感觉，而且这种积极的自我概念能够为我们提供应对日常生活中压力的精神资源。

自我服务偏见容易引发的潜在问题：对自己而言，自我服务偏见使个体面临挫折时往往归罪于别人，看不到自己的问题，无法"吃一堑长一智"，取得进步别人无端受到埋怨，造成与他人的关系紧张；对群体而言，自我服务偏见使群体成员人人倾向于"问题的产生都是别人的错，我不必有任何担当；成功到来我居功至伟，什么好处都应该归我"，这种心态对群体和谐造成危害。

自我服务偏见还会导致对自己所属群体的夸大和美化，当各个群体之间进行比较时，个体通常会认为自己所属的群体是最为杰出的。

6 自我展示

我们似乎不仅以自我美化的方式来认识自己，也会以受到赞许的方式向他人展示自己。这体现了我们的"印象管理"策略的高明之处。让我们通过两种典型的自我展示行为体味"印象管理"策略。

印象管理策略之"虚伪的谦逊"

你一定注意到过一些非常谦逊的人的表现，尽管他们比身边那些自命不凡的人更有骄傲的资本，然而他们却表现得格外低调——"低下头颅做事，夹着尾巴做人"。作为一种印象管理策略，我们对外展示的自我和我们内心对自己的评价是"内外有别"的。谦逊的自我贬低，首先是一种很巧妙的自我服务，产生自我心灵安抚效果。当你把自己放到比别人低的位置时，最正常的反应是别人会给予你安慰性的示好，谁还会以你为敌呢？谦逊的自我贬低第二个可能的获益是为自己设置进退两便的通道：极力赞美对手在先的做法，赢了，胜利是来之不易的，当然值得庆贺；输了，失败是面对强大对手的正常结局，颜面无损。

虚伪的谦逊还表现在对成功者"获奖感言"中的如出一辙的"真情表达"中，他们会将胜利归功于在其追求成功过程中给予其指导和帮助的人们。

印象管理策略之"自我妨碍"

个体在面临重要的考验时，会做出一些不可思议的事情——自我妨碍。这是一种为自己不愿意看到的可能的失败先寻找一个好的借口的自我保护行为策略。自我形象与行为绩效相连时，自我妨碍的做法可以最大限度地使个体免于自我形象受损：赢了，我在那么关键的时候没有全力以赴地准备竟然也可以轻松胜出，没有办法，只会取胜；输了，我在那么关键的时候没有全力以赴地准备，失败当然是与能力无关。

无论是自我服务偏见、虚伪的谦逊，还是自我妨碍，都指向一个事实，作为一种社会性动物，我们总是通过自我展示，向周围的观众表演自己的人生话剧。自我展示是我们为了向外部的观众（他人）和内部的观众（自己）展示一个受认同和赞许的自我形象。通常情况下，个体面对熟悉的情境、人物和活动方式，自我展示可以在漫不经心间完成，意识的参与处于最低的状态。如果我们面对的是一个陌生的环境、不熟悉的活动、必须重视的对象，自我展示就会在当事人的意识严密监控之下精雕细刻地完成。这种精雕细刻的智慧水平有时甚至超越了我们的自我意识可能监控到的范围。有研究发现，至少有一半的"自我妨碍的伎俩"是在当事人都未必觉察到的情况下自动完成的。事过之后，当事人自己都惊讶于自己的老练和通达。

在印象管理的风格上，人与人之间呈现正态分布——高自我监控者和低自我监控者分居两边，绝大多数人在两者之间。

典型的高自我监控者，有意识的自我展示是其生活方式和准则，全天候地监控自己的心理行为，注意别人的反应，及时调校自己的行为以达到社会赞许效果。有的时候，当事人视其为自己的唯一的价值追求，以至忘记了自己原来的真实意愿。

典型的低自我监控者，行为处世极少考虑别人的存在和意愿，总是跟随自己的内心感觉行事，至于别人的处境和别人如何看待他，并不在他的意识范围内。

自我真的是一个很有意思的话题。自我效能感是个体即使在逆境中也可以保持自信、不懈奋斗的重要自我心理资源，高自尊也具有同样的心理功能。当一个人认为自己卓然不群、堪当大任时，就不会轻易言败、随波逐流。但是，自我效能感和高自尊恰似一双舞鞋，穿着它可以飞速旋转、完成高难度跳跃，做出令人欢声雷动的华丽舞姿。但是，无论多么自信的舞者，也不愿向人展示其在高强度训练下已经变形的双脚。

人生中最了不起的成就和最令人沮丧的挫折，都源于感觉自己是，并立志做"一个优秀的人"。

扫码获取
图书随身听
心理测试题
心理学课堂
健康小手册

现实话题关注

直面问题，破解困局
——中小学教师面临的现实挑战和心理促进策略

1 深切关注教师现状

目前中小学教师有两大困境：一是学生难管理，家长难应对；二是教学以外任务繁重，且极为繁杂！

许多中小学教师反映，学生无论是群体还是个体都变得越来越难管了。学生群体表现得纪律性越来越差，少数"顽劣"的学生个体表现为越来肆无忌惮，对教师缺少敬畏之心，言语直白，甚至是出言不逊，当面指斥教师的状况也时有发生。而教师的掌控力、权威性被不断挑战，且日益下降。

学生不好管理、肆无忌惮，有部分原因与家庭环境和家长教育有关。不知为何，本来应该互相配合的老师与家长，现在变得越来越敌对。而在"敌对"双方中，教师明显处于弱势，不管大事小情，只要家长告状，教师或轻或重必被处理。

因此，教师即使留个作业也要斟酌再三，多了有人告，少了有人闹；给学生调换个座位也要前思后想，生怕哪个家长不满，惹出什么乱子；放学也不敢拖延一分钟，担心家长因长时间等待而不满……

学校分派的任务，如让家长下载各种APP，填表格，各种学习，以及迎检时安排家长志愿者等，家长大多认为是教师的意思，总会怪到老师头上。而教师如果不落实领导的任务，又会受到学校批评。代人受过，两头受气，在教师身上体现得淋漓尽致。

教师教学以外的任务更是异常繁重。迎检、创建、监管午餐、课后服务、大大小小的会议、各种各样的学习……极大地消耗了教师的时间和精力，其工作量已然超过了教育教学，使得教师工作出现本末倒置的尴尬局面。教师因此终日紧张、忙碌、焦躁，用到教育教学上的时间精力越来越少，脾气也变得越来越差，身体也越来越扛不住！

一个教师满是感慨地说："在校一天，感觉跟打仗似的，特别累！回家了，一句话也不想说，没力气，也没心思了。"

教师职业有它的特殊性，教师应该有平和的心态、轻松的状态、相对自由的时间和闲暇的生活，这不仅对教师个人身心健康有利，对于教书育人也是大有益处的。

作为一名中小学一线教师，我们的工作对象是一群不成熟的未成年人。这群未成年的学生也是有自己的想法的，也是有人格尊严的，他们尚未成熟的心智需要我们这些教导他们的教师来引导和呵护。这就是我们工作的一个特殊方面。

2 积极应对策略

在当今社会中，教师工作受到的关注度越来越高，教师的一言一行都在公众的监督之下。

我们是教育工作者，教育学生是我们的本职工作。怎样让我们的教育工作既能够有效地引导学生，又让家长满意呢？我认为教师们可以这样做。

2.1 减少功利化，保持心态平和

学校的各种考核会引起老师们的心理焦虑。如学校每周都会进行班级学生日常行为规范的检查，表现好的班级会得到学校发的流动红旗，班主任老师主动或被动地参与竞赛，得到流动红旗的班主任自然心情舒畅，没有得到流动红旗的班主任心里不平衡，容易爆发不良情绪。

特别是初中的老师面临中考的压力——一方面学校给教师施压，另一方面学生家长不配合，老师们特别容易情绪失控。

老师们对这些功利化的考核、考试能够看得淡泊一些，碰到没有拿到流动红旗或者学生考试成绩不理想的情况，冷静下来，分析原因，再耐心地对学生进行教育，取得的效果会更好。

2.2 对学生正面引导，树立正确的价值观

我们的教育对象是一群未成年人，他们的认知能力还不成熟。我们对他们进行教育的时候就要传递给他们正面的信息，帮助学生树立正确的世界观、人生观、价值观。比如说，面对社会上一些功利化的现象，我们要教育学生"不忘初心"，自觉抵制社会上一些不良的影响。我们"传道"要传"正道"，引导学生走向光明之路。

2.3 学会做冷处理，做好本职工作

有的老师对学生要求过高，甚至比学生的父母还要"恨铁不成钢"，就很容易冲动。俗话说"冲动是魔鬼"。老师也是普普通通的人，情绪失控的时候也可能会"祸从口出"，说出伤害学生的话。"好言一句三冬暖，恶言一声六月寒"的道理老师们都懂，但做到每天用温柔的话教育学生却很难。

老师们在班级里碰到让自己很生气的事情，要学会冷静，学会冷处理。如有一位老师上课的时候，班级里面一位学生故意学老师说话，老师再三制止，学生越发挑衅，老师就明白了：这位学生是在故意找茬。最好的处理办法就是不再理他，让他自讨没趣。

教师的职业具有一定的特殊性，教育学生的时候时时刻刻保持头脑冷静，用欣赏的眼光，用宽容的心态去面对学生，给学生正确的引导，做学生人生道路的一盏明灯，做好自己的本职工作，无愧于学生，无愧于家长。

2.4 培养积极心态

教师肩负"传道、授业、解惑"的重任，身上压力巨大，学会调节心理压力、培养积极心态，对于教师成长至关重要。培养积极心态的方法一般有以下几种。

换位思考认同法：正确认知压力，灵活调整自己的心态。例如，当你遇到认为不公平的生活事件、不协调的人际关系以及不愉快的情感体验时能换位思考。

推移时间遗忘法：有时时间是解决问题的最好方法。积极忘记过去的、眼前的不愉快，随时修正自己的认知观念。不要让痛苦的过去牵制住你的未来。

顺其自然自我解脱法：学会自我放松，在适当的情况下想说便说（找自己信得过的人），想休息便休息（劳逸结合），想娱乐便娱乐（自我发泄）……实在不想做事时可暂时放下，不追求十全十美（追求卓越并非追求完美）。

注重过程淡化功利法：建立合理的、客观的自我期望值。例如，对待学历、职称、职务乃至人生，都应注重努力的过程而淡化结果。需注意两点：一是你的奋斗目标要合理；二是有时做事可往最坏处想，向最好处努力。

众人面前理智法：在众人面前最好多观察、思考，少盲目表现自己。人人都会有这样的心理体验：当自己在众人面前盲目表现之后，却后悔自己的言行举止有损自己的形象而忧心忡忡。

更新环境自我调节法：在压力太大、心情不佳时变换一下环境。如室外观景、室内养花、美好事物的想象、恐怖事件的回避（耳不听、眼不见、心不烦）。

心理万花筒

满满干货，各取所需

——从睡眠的探索与发现中获得智慧的启迪

睡眠问题专家运用各种方法和技术对不同形态的睡眠障碍进行了研究，探寻到一些切实可行的战胜睡眠障碍以及由此引发的许多问题的方法。有的方法非常易于理解，有的就匪夷所思。有的方法在过程中就堪称享受，有的要达到目的在过程中就必须忍受痛苦。

真正好的方法一定建立在科学探索与发现的基础上。关于睡眠研究的实验，下面呈现的，就是堪称"永远的经典"的科学探索与发现。

1 温水沐浴效应

芭芭拉·斯通博士是一位睡眠研究专家，她设计了一项探索睡眠规律的实验，新闻播音员凯特·西尔弗顿作为被试参加这项睡眠实验，向公众展示一种奇妙的方法，它能让你慢慢入睡。芭芭拉在接下来的几个小时里，将监测凯特的体内温度。

进入实验情境，芭芭拉手持一个托盘走向凯特，双方有一个自然简短的对话："你好，凯特！""你为我准备了什么呢？""我这里有一个胶囊，它能测量你的体内温度。""噢。""它对你绝对没有坏处，会自动排出体外。""太好了。""它内植一个微型电子装置，你像服用药物一样将它吞下，然后，我们可以通过它准确测量你的体内温度。我用我手中的感应器读取你的体温。""好的。"

凯特服下了胶囊，两个小时后，胶囊将进入凯特的肠内，芭芭拉就能读取凯特的内部体温。这个内部体温，正是入睡的关键因素。在凯特进入浴室之前，她的内部体温是37.4℃，这是正常范围内的人体体温。凯特说："我们可能期望，在我泡澡之后，我的体内温度会上升。很明显，我的身体泡在温水中，我的体温会升高1℃甚至更多。但是，如果你认为使人入睡的原因是体温升高，或全身温暖舒适的感觉，那你就错了。"凯特进入浴缸，舒适地放松下来，她的体内温度开始上升，大约半小时，芭芭拉向凯特通报："你入浴前的内部体温是37.4℃，现在已经升到38.5℃。"但是，已有研究表明：体温升高并不能让人犯困，真正原因是体温升高之后发生的变化。现在的体内温度已经足够高，是时候出浴了。凯特穿着睡衣倚卧在床上，打开一本枕边书，配合芭芭拉的后续观测实验。

凯特的体温在慢慢变凉，正是这种体温的下降将让她渐生睡意。当她的体温达到最低时，毫无疑问，那时睡意应该达到最浓。但是，最新的研究结果显示：体温下降后马上睡觉才是帮助我们入睡的重要因素。

芭芭拉向凯特讲解观察获得的体温变化曲线："我们获得了你泡澡前的体内温度，入浴之后体温迅速升高。结束沐浴之后，体温又迅速下降回到入浴前的水平，并且会在你睡眠的过程中持续下降。我敢肯定你现在非常想睡觉。""是的，我现在很有睡意。"

这里有一个很好的小建议：在你睡觉前至少一小时，洗个热水澡。等待你的身体逐渐变凉，这种方法将帮助你入睡。

2 睡眠限制疗法

作家兼新闻记者多米尼克·达蒙德晚上无法入睡，为此他十分苦恼。"我是一个失眠症患者。因为失眠，我无法做一个好爸爸，也无法做一个好丈夫。"他说夜晚对他来说就像地狱一样，那是一个让他感到寂寞的世界。他茫然地凝视着周围漆黑的一片，而这一切都让不安的睡眠打破了。"我讨厌这个！"

多米尼克的失眠影响了整个家庭。妻子评价他说："如果他头一天晚上睡得很好，第二天他就会变成'憨豆先生'（注：幽默风趣，形态可爱）；如果他头一天晚上没睡好，你经过他时就要小心了。因为那时他会极易被激怒。"多米尼克为此苦恼不已："我的睡眠越少，我与家庭就越疏远。我很烦躁，极易发怒。我也因此不能参与任何家庭活动。"妻子不无伤感地回忆说："最为糟糕的一次是他三天彻夜未眠，那种情况太糟糕了，太可怕了。我当时还以为他要撒手而去了。"

多米尼克尝试过几乎所有的方法，从服用安眠药物到强制自己按时睡觉，但都毫无效果。考尔埃斯皮教授分析了多米尼克的睡眠模式，他认为他也许能够解决多米尼克的睡眠障碍问题。他向多米尼克伸出援手："这里有一个计划也许能帮得上你。这个计划叫'睡眠限制'。'睡眠限制'是要极大地减少你卧床时间。"，乍一听起来这个方法并不靠谱。考尔埃斯皮希望多米尼克明显缩短他在卧室逗留的时间。从睡眠限制计划实施开始，不管多米尼克是否能睡着，他每天只能在卧室逗留6个小时。多米尼克对此将信将疑："我不知道我能不能睡着，要花大量时间调整出最舒服的睡姿。他会发现他很难入睡。"考尔埃斯皮解释说："失眠症患者通常会在床上待上更长的时间，他们总是告诉自己'我睡得太少，我要补回来'。我们对其进行睡眠限制，实际上是系统地减少人们在床上逗留的时间。目前来说，这是一项艰难的任务。"多米尼克担心："如果我的失眠由此出现更为严重的状况，也就是三天三夜合不上眼的话，再进行任何形式的睡眠限制，我怕我会疯掉。"

"睡眠限制"计划将持续4周时间，头一天晚上，从现在开始，多米尼克每天只能在卧室逗留6个小时。他必须凌晨2点上床，早上8点起床。其他所有时间他都不能进入卧室。特别重要的要求体现在：不在床上的时间里，他需要保持头脑清醒。只有这样才有希望战胜失眠。

多米尼克的妻子对他战胜失眠充满期待："失眠就像是一个牢笼，他被困在里面。挣脱枷锁，一定会产生不错的效果。"多米尼克非常清楚在床上待6个小时并不意味着6个小时的睡眠。但是，到了早上8点，即使他还很困，他还是得起床。这真的是艰巨的挑战："早上，我真的是筋疲力尽。现在，我愿意做任何事情换取半个小时或一个小时的睡眠。付出很多的钱也愿意。"这种限制睡眠的时间控制模式是为了让多米尼克感到非常疲劳，然后，他混乱的睡眠习惯就会被打破。

多米尼克因为已经别无选择，只好配合考尔埃斯皮教授的治疗安排。虽然困难很大，一切都还进展顺利。多米尼克说："我每晚的平均睡眠时间是4小时50分钟。我感觉非常痛苦，但还是没有到抓狂的程度。"当这个计划开始发挥作用的时候，多米尼克开始有了连续的睡眠。

"我昨晚睡眠很好，整整睡了6个小时。中间没有醒，真的让人不可思议。"这个感觉真的是太棒了。早晨起来，他与妻子愉悦地问候、道别，平静面对孩子们在他面前恣意笑闹，这是许久没有的快乐体验了，多米尼克开始感受到连续睡眠的明显效果。

四个星期后，多米尼克向考尔埃斯皮教授汇报情况："我的睡眠状况已经被彻底改造。睡眠不再让我感到害怕或焦虑。我享受那种感觉，睡眠让我向往。我从来没有的感觉，我太高兴了。"考尔埃斯皮也为睡眠限制疗法的功效而高兴。

如果你在为失眠症苦恼，睡眠限制计划绝对值得一试，其原理就是打破失眠的恶性循环，重建作息节律。关键是当你在卧室逗留时，你只能睡觉，并且保证你第二天早上准时起床。

3 间歇打盹疗法

对大多数人而言，缺乏睡眠只会让人疲劳和烦躁。迪伊·卡法里是英国顶尖的独驾帆船女运动员。对她而言，充足的睡眠是一个生死攸关的大问题。

正在驾驶中的迪伊说："我太累了。太不可思议了，我在过去的三天中，大约只睡了两个半小时。今天的风向变化很大，我自己一点也没有觉得是要回家，我就是一直在努力找方向。我感觉真的是太糟糕了。我得拼尽全力才能达到目的地。"独驾选手不能有长时间的睡眠，因此迪伊必须控制好自己的休息时间。"睡眠对我的情绪影响很大，当人们感觉很累时，看什么都会觉得很夸张，好的事情会觉得出奇地好，差的事情看起来也差得离谱。"

迪伊将迎接她最大的挑战了——她报名参加环球航行赛事，与她合作的是约翰·奥哈拉，他是一位运动科学家。他将帮助迪伊解决比赛中睡眠不足的问题，并为深受失眠困扰的我们提供一些有用的提示和建议。

约翰采集了迪伊的情况分析数据，发现她每天的睡眠时间大约是3小时。这3小时的时间显然是很不正常的情况，约翰建议迪伊适当增加睡眠时间，至少要达到5个小时。每天要多打几次盹。"假设你现在每天打盹8次，但是如果你能试着增加到每天10次，那会好多了。你需要在整个比赛过程中保持适当的节奏，因为你如果不能获得充足的睡眠，你可能会在某一时刻彻底垮掉。"迪伊感觉这是一个很好的建议和忠告。

如果打盹真的有效，那么就必须在适当的时候打盹。对于迪伊和我们来说，要怎样找到最佳的时间点呢？对大部分人来说：下午2点至5点是打盹的最佳时间点，理想的打盹时间长度是30分钟左右。早上7点至中午12点之间，你要抵制自己想打盹的欲望，晚上6点至8点之间，你同样也不能打盹。

迪伊带着她的新睡眠计划开始了环球航海，比赛十分激烈，一半以上的参赛者被淘汰出局。迪伊在她的新睡眠计划的护佑下，发挥了自己的最高水平，她成为孤身一人完成连续环球航行的第一位女性。她惊奇而又庆幸新睡眠计划休息创造的神奇，因此极力推荐打盹疗法。打盹对迪伊有帮助，对我们同样有效。如果睡眠不足，就打个盹吧！对我们大多数人而言，打盹的恰当时间是下午的2点至5点。

4 告别雷鼾的笨方

这是一位鼾声如雷的打鼾患者亚历克，他的打鼾水平用一句调皮话说：见过打鼾的，没有见过如此高水平打鼾的。他的妻子、同事都不能忍受亚历克给其带来的伤害，这个状况已经延续多年。他的妻子无奈地说："打鼾的毛病对他自己的危害有很多，从睡眠质量差到可能窒息死亡。对陪伴在他身边的人而言，也深受其害。你知道，他的鼾声如雷，侵入你的大脑，令人是心神不安。"亚历克在一边惭愧地回应："我觉得非常内疚，但是无力改变这个状况。"他的妻子报以宽容而又痛苦的微笑，表情令人不忍心多看一眼。

另一位打鼾患者戴夫情况也非常严重，他自诉："早晨会觉得头昏眼花，因为晚上经常有一只胳膊或者其他的东西让我不断地醒来。"他幽默的表达让自己和妻子都笑了，可是他也应该知道：卧榻之侧有人在他打鼾时经常弄醒他，这位"骚扰者"一夜之间在"值守"他的打鼾应该同样苦不堪言。"我们经常拿这个事开玩笑。但当你不能入睡或者疲惫不堪时，那就不再是一个笑话了。"

打鼾对夫妻双方都是严重的问题，不仅打扰伴侣的休息，最糟糕的问题是打鼾是一个严重危及健康的问题，比如高血压、中风以及心脏病。那么，当我们打鼾时身体会发生哪些变化呢？当我们入睡后，控制呼吸的肌肉会松弛下来，这会使呼气道变窄，因此，当呼吸时喉咙、口腔和鼻内的软组织都开始发生振动，于是，快速进出呼吸道的声音就发出强劲而复杂的鼾声。

我们让打鼾患者尝试两种治疗方法：亚历克正在尝试用"湿润条"减少口腔内软组织的振动。入睡之前将"湿润条"贴在口腔内壁上，由此减轻打鼾的程度。"好了，看看能否有效。" 亚历克与妻子将信将疑地对视一下开始这一可能会解救他们从"打鼾之灾"中解脱的方法。另一位打鼾患者戴夫将尝试一种复杂的口腔防护装置，一种前端如牙齿套，后部延伸至喉头，压住舌头防止其退缩至口腔后部的装置。两种方式对使用者而言，不适应感是难免的。但是为了克服打鼾问题，这是必须付出的代价。

第二天早晨，戴夫说："口腔防护装置差点让我窒息，而且让我大量分泌唾液。产品质量说明书也提示过这一点。但是，我需要适应它。我打算白天也佩戴它以加速适应。每天练习几次，我将有可能晚上自然地佩戴它入睡。"看来他的夫人还要在他适应之前忍受一下"夜晚惊雷"。

亚历克那边的情况更顺利一些，他满心欢喜地说："湿润条给我带来很大变化，我整夜都睡得很好。"他的夫人也欣喜地回应说："真的好极了。打鼾声音很小，我也睡得很好。我们对此充满希望和信心。"看到他们相拥而笑，我们真切地体会到：减轻一种痛苦也可能让人有幸福体验！

对于那些白天也能入睡的严重打鼾者而言，他们可能需要找医生做专门的咨询和必要的手术治疗。开一句玩笑：死有何惧？但是，怕就怕在睡梦中死去。不是吗？

5 睡前饮品的正与误

酒和咖啡是世界上最常见的能够改善情绪的物质，但是它们会对睡眠产生怎样的影响呢？这是我们需要深入了解的问题。我们找了两位志愿者，一男一女，詹姆斯·霍夫曼和霍利·夏尔，帮助我们完成实验。他们会一起度过一个夜晚，不是浪漫的旅馆之夜，而是在大学的心理行为研究中心的睡眠实验室。

你可能认定咖啡能够让我们晚间保持清醒，深夜喝一杯烈酒能够帮助我们入睡。两位志愿者将会用亲身体验帮助我们一探究竟——我们入睡前喝下的东西将如何影响我们的睡眠。更重要的是了解它们将如何影响我们的睡眠质量。

"这是一种很不错的体验，开喝吧！"一男一女，不是相对而坐，而是在严格的实验情境中。在睡觉前的几个小时里，霍利将喝下三杯咖啡，詹姆斯将喝下三杯酒。之后进入实验室，给他们接上脑电图探测电极，我们的研究人员将借此监控霍利和詹姆斯的睡眠状况，看看他们喝下的物质将如何影响他们的睡眠。詹姆斯与霍利友好而好奇地对话："咖啡起作用了吗？真的很清醒吗？""嗯！你呢？""我真的很想睡觉。"工作人员告诉他们："此刻你们身上的电源都接通了。"他们被分别安排在单人睡眠实验间中，整个晚上都受到实验监控和观测，他们的脑电波会准确体现他们入睡的状况。

通常我们在关灯之后需要花十至十五分钟的时间进入睡眠的第一阶段，睡眠一共分为五个阶段：第一个阶段，我们会觉得昏昏欲睡，第二个阶段，我们进入轻度睡眠，第三、四阶段我们进入深度睡眠，第五阶段，我们会做梦，这时我们的眼睛将会快速运动。这一个阶段构成一个完整的睡眠周期。每个周期大约会持续一个半小时。健康的夜间睡眠通常要经过4至6个睡眠周期。这个过程中，任何一个睡眠周期被打断，都有可能影响我们集中注意力的能力，从而造成情绪的不稳定，长期而言，必定会损害自己的健康。

咖啡对霍利造成了怎样的影响呢？工作人员进入睡眠室叫醒她并帮助她起床，卸载她身上的电极接头。霍利抱怨说："我通常一碰到枕头就很容易入睡，昨晚却反复折腾好久了。"脑电图也准确显示了咖啡给她带来的睡眠困扰。这都在研究人员的意料之中，但是，更多的发现表明：当她开始入睡，轻度睡眠的时间更长了，而深度睡眠的时间减少了。因此人们会得不到充分睡眠的放松。"我记不清楚夜晚一共醒来了多少次，但是次数肯定不少。"这说明，咖啡因的摄取会延长我们的入睡时间，在一开始我们的深度睡眠会被抑制，醒来的次数会更多。

詹姆斯的情况又如何呢？"我记得昨天晚上好长时间无法入睡。我的睡眠应该非常不足。现在我感觉很累。"詹姆斯在酒精的作用之下，他很快就入睡了。但是，他进入快速眼动睡眠的时间明显延长。更重要的是他夜间多次醒来。

我们饮酒之后，通常会快速入睡，我们深度睡眠的时间会更多。但是，进入下半夜，醒来的时间会更长。因此虽然酒精能够帮助我们快速入睡，但是它不能保持我们的睡眠。喝酒或者咖啡之后，他们夜间的生活被打乱了。霍利的感受是："我经常喝酒和咖啡，但是完全不知道这会对睡眠产生如此明显的影响。"詹姆斯也有同感："我经常喝酒，但是，没有想到这会有如此大的影响。今后我会注意的。"确保你的身体正常完成五个阶段的睡眠，这对你的身心非常有利。保证睡眠周期正常进行下去的方法是平均每天睡8个小时，并且睡前不要喝酒或者咖啡。

6 入睡轻松起床容易的良方

凯特·西尔弗顿是早间新闻节目主持人，她一直希望寻找早上让她更清醒的方法。在早晨新闻工作间，早起困扰着每一个人。但是，职业要求你必须与其和平共处，与其抗争，败下阵来的肯定是你。

大多数人白天很清醒、晚上有睡意。因此，研究专家推想可能是光线的明暗影响了这一切。但直到2002年，科学家发现了一种特殊细胞，是它让我们保持清醒。令人振奋的是这个发现可以让我们在需要时保持更加清醒的状态。

凯特来到一家著名的眼科医院，向艾伦·德伯教授讨教眼睛和人体生物钟之间的关系。这是包括艾伦·德伯教授在内的科学家们的重大发现。艾伦·德伯教授说："为了让你有真切的体验，我向你的眼中滴进几滴滴眼液，可能有轻微刺痛感。就像你睡时轻轻闭上眼睛。" 艾伦·德伯教授将仔细观察凯特的视网膜，来解释眼睛和人体生物钟之间的关系。以前，科学家们简单地认为：灯光的照射会让我们醒来，但是，在2002年，他们证实眼睛后部有一组全新的接受细胞，将有助于控制我们的睡眠模式。当光线射入我们的眼睛到达后面的视网膜时，视网膜里的微小细胞所含有的色素将对日光做出反应。这些细胞会将信号传入大脑，此时大脑将调节褪黑激素的分泌。血液里褪黑激素的水平决定了你是昏昏欲睡还是保持完全清醒。晚上身体分泌的褪黑激素将逐渐增加，这将有利于我们的入睡。当日光透过窗帘进入卧室，一场接力赛在大脑里开始了，虽然眼睛还未睁开，视网膜里的细胞已经开始对蓝色的光作出反应。它们向大脑的生物钟发出信号，提醒松果腺减少褪黑激素的分泌，因此身体会更加警觉，并开始醒过来。根据这个原理，如果将窗帘拉得严严实实，阻止日光进入，我们就可以睡个好觉。反之，我们可以利用光线对大脑的作用，让大脑在午夜醒来。

让我们通过凯特展示的实验一起，看看如何通过光线调节帮助早起的凯特需要早起时不那么痛苦并保持清醒。如果凯特早上需要上节目，她就需要凌晨三点起床，凯特说"就像下地狱一样难受。"今天早上更糟糕的是，为了测量她的褪黑激素水平，她得满口唾液地含着测试棒，"啊！真的太恶心了。"但是，为了完成这个实验，凯特将坐在一盏特殊的蓝光灯前吃早饭，"我一边吃早饭，一边整理早间节目的文稿。此刻，我感受到了这盏灯的好处，一盏能够模拟日光效果的特别的灯。这是我的从前那些灯所做不到的。这盏灯让我意识到我是在正常的起床时间。"在这盏灯前待了半小时后，应该换另外一支测试棒了，这会告诉我们经过照射之后，体内的褪黑激素水平是否有变化。正常下，肯定会有变化，褪黑激素的水平会有所下降，从而使身体更加清醒。两支测试棒都拿去送检。虽然这是凯特第一次感受特殊灯光的照射，当天主持早间新闻时，什么也没有耽误，她感到特别轻松和清醒。

但是，在那盏灯光的特殊作用之下早起，真的能够降低凯特的褪黑激素的水平吗？两支测试棒会揭示什么样的测试结果呢？

艾伦·德伯教授说："我们对测试棒进行了检测，已经对她唾液中褪黑激素的水平进行了测量，早晨3:40褪黑激素的水平比3:00时刻的水平下降了60%。"那是一个让人不可思议的结果。她仅只是在那盏灯前待了半小时而已。"我感觉更加清醒了，这并不是我的主观判断，而是摆在那里的事实。"艾伦·德伯教授认为："褪黑激素水平的下降能够让人更清醒、更活跃，甚至让人至有效率，因此这盏灯的效果是真实的。"凯特迎合说："是的，我应该去买一盏蓝光灯。"

蓝光灯对需要早起的人很管用，但是，如果你想早睡，就得把窗帘拉得严严实实，阻止灯光的照射。

我的朋友对这个话题非常不以为然，认为根本没有什么心理学的"味道"。作为具有准确辨别"专业味道"的人，我想说：本系列研究探寻到的六种方法真实可靠。解决了睡眠障碍这一天大的心事，会让一切由于睡眠引发的麻烦和问题不再困扰你，这是多么值得关注的心理宝藏。

理解我心

心存敬畏，学以致用

——人体生命节律对心理行为的影响

人体生命节律是一个多学科关注、各路专家共同参与的研究领域，本篇我们从人体生命节律对心理行为影响的角度，探讨这一对社会公众影响广泛的课题。

本话题的价值在于认识到人们的日常观念、常识、做法存在的形成机制。

经典探索与宝贵启示

历经了数百万年的进化，高度自主的生物钟无所不在地指导着我们每时每刻要做些什么。然而，现代社会的生活方式往往会打乱生物钟的运行节律。我们通常会无视这个精密的心理行为系统的存在，采取"凌驾其上，置之不理"的态度，这样做的后果非同小可。很多时候，我们面临两个选择：究竟是坦然顺应生物钟的安排？还是无奈承受违背生物钟的后果？

根据我们深入骨髓的科学理性，应该非常容易做出判断：如果用主观意愿对抗自然规律，那将会付出沉重的代价，有的甚至是难以承受之重。

从事人体生命节律对心理行为影响的心理专家已有的研究发现，我们身体的自然运作机制——一个全天候的人体生命节律对心理行为影响图谱的大致轮廓已然清晰地展现在面前。

一、早晨六点至八点

对大多数人来说，每日伊始的标志性事件是起床。经历了夜间的充分睡眠，美好的一天应该是充满期待的。然而，起床对一些人，尤其是青少年来说，可谓困难重重，眼帘如同舞台大幕难以开启，能够在温柔乡中拖延一会好像有着无法言说的幸福。通常人们会认为这是一种借助睡觉逃避现实的懒惰行为。其实问题并非如此简单，人体生物钟才是控制这种行为的魔法大师。

青少年赖床的秘密是由地质学家米歇尔·席佛瑞于1962年在一个地下洞穴进行的一系列开创性研究中发现的。他在没有时钟提示的地下洞穴连续生活、工作了几个月。他的详细生活作息记录表明：他的身体保持了定时睡觉、起床和其他身体机能的规律，恰好与日夜交替的时间相吻合。这是第一个证明人类有自己体内的时间维持机制——生物钟的直接证据。

我们许多最基本的本能，如睡觉、饮食的需求，不仅是因为困倦或饥肠辘辘在提醒我们，生物钟也会在告诉我们：现在是应该做这些事情的时候了。人与人之间存在广泛的个体差异，在作息时间上的节奏也不尽相同。平均而言，一个人的生物钟完整地走一圈大约为24小时，然而，有些人的时间要快一些，而有些人可能要慢一些，大多在22小时至25小时达3个小时的区间跨度上分布。由此不难理解百灵鸟（习惯于早起的人，就是生物钟快的人）和夜猫子（那些生物钟慢的人往往滞后于平均昼夜周期，其举止往往更像夜猫子）在作息时间上的差异。

影响我们早晨起床的时间早晚的还有年龄因素。以年龄分层，研究生物钟的探索者发现：在生命的开始是早起型，然而到了10岁以后，就会在青少年时期越来越滞后，直到20岁之后，我们起床时间会逐渐早一点，最后到了55岁，睡觉时间会回到10岁时的状态。

科学家弄不清楚为什么年龄与起床的时间有那么密切的关系，但是世界各地的证据均表现了这一点。在13到21岁之间，我们起床的时间通常晚于其他年龄阶段。其中有一些人是逃避现实的懒惰，但是确实存在生物钟让人趋于晚睡晚起的证据。于是，不免让科学家有兴趣探索：面对青少年赖床的生物节律，如果让他们必须一大早起床会产生什么不利影响。

根据我们的回顾和考察，世界各地的青少年群体都是"最辛苦的人"。紧张的课程安排以及各种课后培训，这种情况在东方国家普遍更为严重，尤其是在"惜时文化"盛行的国家和地区，"少壮不努力，老大徒伤悲""时光犹如东流水，只能流去不流回""一年之计在于春，一日之计在于晨"之类的惜时格言已经成为根深蒂固的文化理念，对社会和个人影响深远。也就是说，许多人是在并不适宜的时间从事生命中最重要的事情。

牛津大学神经心理学家拉塞尔·福斯特研究发现：大部分中小学生是夜猫子型，他们的学习成绩下午相对上午要好。最佳时间是上午11点到下午3点之间。

这一研究发现对学校调整作息时间以适应青少年的生物钟规律具有重大理论价值和实践意义。一些体制相对自由的、办学非常开明的学校，创新改革作息时间，将学生精神状态最好的时间安排给重点和难点课程，放在上午11点到下午3点之间；将一些无关紧要的课程放在两头。这无疑会让早晨起床困难的青少年从遵循生物钟的学校改革作息时间中获益。

二、早晨8点至10点

对大多数成年人而言，早晨8点至10点是开始工作的时间，但是要注意，不要在这时候投入太多的精力。因为在这个时段我们的生理节奏正在发生变化，这些变化所导致的脆弱超乎你的想象。心脏病发作的时间之所以高频出现于这个时段，由三大原因交汇而成。

首先血压升高到最大值是在醒来后三个小时内完成的，特别是对中老年人来说，血压升高可能导致血管里的脂肪堆积物在巨大的冲击之下脱离血管壁，成为堵塞血液正常流向心脏的诱因。

第二个麻烦制造者是血管弹性。血管的扩张情况在上午、下午和晚上是不一样的，早晨8点至10点是血管弹性相对脆弱的时段。因为血管不能富有弹性地扩张，心脏的供血力量就要加强，这加重了心脏的负担。

位居第三的是血液的黏稠度。因为一夜睡眠中，身体没有及时补水，清晨的血液要更黏稠一些，这自然会导致血液流动的阻力加大，这又是一项心脏必须承受的负担。

升高的血压、没有弹性的血管、粘稠的血液，这三个生物钟节律每天定时来临，让我们的心脏面临的危险与挑战在这个时段陡升。

对于心脏病人来说，清晨是危险时段，我们应该怎样规避这些风险呢？

格雷格·阿特金森和他的小组研究表明：如果每天选择正确而且适当的时间进行身体活动，会有助于身体健康。在他的实验中，健康的志愿者被要求进行严格控制的多回合运动——自行车运动器，志愿者的血压被监控。运动测试安排在清晨5∶00—6∶00和傍晚7∶00—8∶00。每次运动的血压读数有所不同：午后运动的血压读数会下降10%—11%，而上午的运动不但没有改善血压状况，事实上，还略微升高了血压。这肯定会让习惯于早起晨练的人非常难以接受。不过，科学发展的进程不就是修正和引领我们走向理性的过程吗？只是简单改变我们每天锻炼的时间，就有可能显著地降低我们的血压。对血压偏高的人而言，不要去做剧烈运动；对于血压已经升高的人来说，即使走路都会降低血压。所以在危险的清晨保持平静，晚饭后进行锻炼，这对我们许多人来说是不可不知的健康秘诀。

三、上午10点至12点

当时钟指向上午10∶00，我们就度过了当天最危险的时段。此后至中午12点，是我们一天中思考的最佳时段。

生物钟控制大脑的机敏灵活性的机制多种多样，其中之一就是通过控制可体松的产生。它对大脑有很强的提醒作用，受到生物钟的控制，它在上午产生量最大，然而不会持续很久。在午饭后不久，多数人的头脑清醒程度会呈现下降态势。

我们一天通常会有两次睡眠，一次是晚上，时间长一些。另一次则是在午后，就是午后小憩。我们通常会想当然地认为，午后小憩的需要是因为血液流动到胃部促进消化去了，大脑此时呈现缺血状态。其实午后小憩与午饭没什么关系，此时是我们生物钟的低迷期。如果晚上没有睡好的话，情况更糟，这种不自觉的犯困就是许多人办公效率降低的原因——午饭之后，如果我们强行工作，会感觉四肢沉重、浑身乏力、头脑呆滞、毫无激情，低级错误不经意之间就会发生，让自己都觉得不可思议。

虽然犯困在办公室里没太大危害，但是如果是开车出行就会招来灾祸。研究表明：25%的高速公路车祸是驾驶者犯困引发的。科学家提议：发现自己在高速公路上开车犯困，行之有效的避免昏睡的做法是就近在高速公路区间休息站停车休息，在保证安全的前提下，先打盹二十分钟，再喝杯咖啡，凉水洗脸漱口，就可以安全稳健、精神饱满地继续行程。

四、下午2点至4点

现在，我们安全度过了清晨的危险时刻以及午后的生命陷阱。随着身体进入下午时光，生命节律为了今天的后半程会再次发生变化。科学家发现了生物钟的客观存在："核心生物钟"是一束细胞集群，受生物钟基因的控制。它深藏在大脑里，仅仅相当于米粒大小。在一整天里，这些时钟基因有规律地自我开合，从而保持准时，并告诉身体的其他部分该做什么。科学家形象地将人体比喻为一个交响乐团。生物钟就像交响乐团的指挥家，通过指挥动作发出有规律的节拍信号，整个乐团完成浑然一体的演奏。

从临床治疗的角度看，了解我们体内的各个器官中的生物钟，能够让科学家更为有效地治疗疾病——根据每个器官的生物钟时间安排进行适时药物治疗，这有可能掌握了成功治疗某些疾病的关键。

医生对一位被确诊患上了结肠癌的中年女性用传统的化疗来治疗癌症。化疗的原理是利用有毒的药品来杀死癌细胞——以毒攻毒。然而，正如子弹不长眼睛一样，能够杀死癌细胞的药物同时也杀死了健康组织细胞，所以许多确诊之后的癌症患者选择不进行治疗，因为癌症本质上不过是一种慢性病，还可以活几年时间，反而是手术之后的化疗加速了生命结束的进程。

这位结肠癌中年女性能够容忍的化疗药物的剂量已经不足以控制她的疾病，癌细胞已经扩散到了她身体的其他部位。于是，医疗专家对她实验一种新的疗法：尝试顺应生物钟的自然节律，适时药物送达治疗部位——同样的具有毒性化疗药品输送给患者，但是仔细安排每天的给药时段，在她健康细胞最不活跃时段输液，因此药物对健康组织细胞的危害减到了最低程度。患者不用在医院里集中度过一个疗程五天的时间，只需要安装上一个特殊的"便携式给药泵"，每天集中在下午4点和早晨4点用药。血样检查结果表明：患者的第一次治疗效果非常鼓舞人心。根据医生弗朗西斯·列维的说法，每天在特定时间给药带来的好处是多方面的。定时给药，不仅使受伤害的健康细胞减少了五倍，同时杀死的癌细胞提高了一倍。这对传统的治疗方案是一个创新式的变革。

认识了生物钟如何影响疾病治疗，意味着我们能够开发出更智能、更有效的药物和治疗方法——借助生物钟，更有成效地攻击疾病所在的要害部位。

生物钟科学不仅对保持和促进身体健康有好处，在下午进入夜晚的这几个小时里，了解我们的生命节律有助于让我们尽情享受生活之美。不过，在这之前，还有一段值得关注的时光。

五、下午4点至6点

午后昏昏欲睡的时段已经彻底结束，此时，我们的体温以及机敏程度正在升高。前面我们已经知道，为了健康，早晨不宜锻炼。但是你知道锻炼安排在什么时间，能得到最佳效果吗？

运动心理学科学家格雷格·阿特金森认为，傍晚时段的身体对运动的适宜性体现在这个时段容易产生运动状态的良好的兴奋性和协调性。这是因为傍晚时段降低了生物钟引起的体温波动。体温在下午及晚间比上午高，这种体温的自然升高，起到了正式锻炼身体前的热身作用。因此下午4点至6点，是一天中不可错过的运动健身时间。

六、晚上7点至8点

随着日落西山，一天的学习、工作、健身就要鸣金收兵了。然而，体温依然居于高位，生物钟还处于兴奋状态。我们应该做些什么事情慰劳一下自己呢？

如果你是成年人，小酌一杯是不错的选择。你知道吗？如果在一天不同的时间里喝同样多的酒，血液中酒精的含量虽然一样，但对大脑的影响却不一样。酒精对大脑影响最大的时段是在生物钟让你处于最困乏的时候。如果你在午餐时喝上两杯酒，就会在午后昏昏欲睡；而在晚上七八点钟喝上同样多的酒，此时由于生物钟让你的身体处于活跃状态，你根本不觉得什么。所以喝醉的感觉不仅取决于你喝了多少，关键是喝酒时生物钟的状态——在低迷状态下，容易醉；在兴奋状态下，不易醉。可见，饮酒的最佳时段似乎是傍晚时分，那时我们就能够相对轻松地应付酒精，享受美酒给我们的快乐。

值得探讨的除了饮酒还有吃晚餐的问题。许多家庭坐下吃晚饭的时间在晚上八点左右。这真是饱餐一顿的适宜时间吗？

营养心理学家琳达·摩根的研究发现：我们的饮食习惯在过去的100年间发生了很大变化。一句话可以概括我们过去一日三餐的饮食方式——"早餐吃好，午餐吃饱，晚餐吃少"。这种状况现在已经倒过来了，我们大量的热量补充实际上是在晚餐时分。为了评估晚间饱餐对健康的影响，研究者设计实验对不同时间进餐对身体影响的影响进行了研究：给三组志愿者相同的食物总量，以三种分配方式让志愿者进餐——甲组将大部分食物放在早餐时间；乙组将大部分食物放在午餐时间；丙组将大部分食物放在晚餐时间。测量一周下来三组志愿者体内血糖量的差异。实验结果表明：虽然三组志愿者摄取的热量是相同的，但是晚餐组的血糖量最高，午餐组的血糖量居中；早餐组的血糖量最低。

血糖量是身体吸收并存储了糖分，以备身体运动消耗之用。对现代人营养丰富状态下的生活而言，在饭后血糖量很高的话，就表明将面对糖尿病的风险。研究者认为，血糖量升高可以通过荷尔蒙胰岛素的生物钟规律解释——荷尔蒙胰岛素的功能在于帮助我们的身体将糖分从血液中移走，储存在身体的其他部位。胰腺在晚间处于活动的低迷期，胰腺岛素分泌量降低，所以糖分只好滞留在血液中。

现代人罹患糖尿病呈现日益增长的趋势，这不是食物过度丰富之错，"早餐没时间，午餐不方便"，晚餐成为一饱口福的不二之选。这可能是不得已而为之的做法。但是，这明显与我们身体的生物钟节律背道而驰，从而导致"三高人士"（高血糖、高血脂、高血压）的增多。

七、晚上8点至12点

随着夜幕降临，我们的生物钟开始慢下来了。你可能会感觉有些累，开始想睡觉了。然而，情况不尽相同——就和早晨一样，我们中的个体会受到完全不同的时间表的支配。通过调节光线可以让你的生物钟与周围的人同步。光是对生物钟快慢唯一具有影响力的外部因素。光线之所以可以影响生物钟，在于光线透过眼睛进入眼底，然后通过眼神经进入大脑，光脉冲触发化学物质进入生物钟细胞，这样一来，时间周期就调整了，不是往前就是往后，不是快就是慢，调整到刚好24小时。

光线对生物钟最具影响力的特定时段是在清晨的日出时分和傍晚的日落时分。早晨把我们暴露在明亮的光线下，可以加快生物钟，帮助我们早起床；而晚上的明亮的光线让生物钟放慢，延迟我们感觉困倦的时间。有了这样的背景知识，就可以利用光线帮助我们调适生活方式——通常起床很晚的"夜猫子"，从中午就戴上墨镜，尽可能少地接受光线刺激，晚间睡意提早来临就是自然而然的事；对习惯于过早起床的人来说，晚间入睡前拉上遮光窗帘，早晨的光线进不来，可以让你有更为安静惬意的睡眠，上午戴上墨镜奔忙，午后尽可能多地接受明亮的光，这样的措施可以确保自己晚一点起床，做个与别人同步的人。

八、0点至凌晨3点

早已经过了就寝的时间，但是对于成年人来说，睡觉前还有事要做——性爱。什么时候做爱最佳？研究表明，做爱最常见的时间是在晚间11点到1点之间。若问这有什么道理，主要是此时对工作和家庭生活都方便。成年人做爱的时间，兼顾到忙碌的工作安排以及社交活动，只有这个时段可以相对适宜。然而，从生物钟的运行规律而言，有没有最佳的时间表呢？答案是：没有！

对于相爱的情侣而言，什么时间进入二人天地都是共度美好时光的吉日良辰。然而考虑到情感关系进入平淡期的夫妻生活，有必要寻求一条生理上促进性爱的便利之门。研究者观测发现：男性的睾丸激素水平在早晨达到高峰，此时做爱可能容易显现和保持雄风。矛盾的是，女性更容易达到高潮的时间，是晚上而不是早晨。对此，专家学者变得尴尬、忌讳，言词失措。因为性爱是心理学研究的传统雷区，著名心理学家、行为主义心理学的创始人华生的学术生涯几乎断送就是因为身陷"性爱研究门"。

九、凌晨3点至6点

进入后半夜，我们的生物钟达到了24小时周期的最低点。入夜之后，我们的体温、血压逐步下降，血黏度在增高，在休眠状态下新陈代谢。我们在凌晨4点左右会感觉睡眠深沉，这个时段对睡眠者而言可谓良宵一刻值千金。但是，社会分工和工作职责让许多人在这个时候起床上班。世界各地的研究表明：现代社会生活方式往往凌驾于自然规律之上，好像可以为所欲为，这种生活方式与生物钟的冲突，会让我们的身体承受巨大的压力。临床统计表明：上夜班的人癌症发病率显著高于正常作息的人群；在心理疾病、心血管疾病，还有其他一系列疾病，上夜班的群体都是高危人群。

在这样的生物钟周期的低点，还有另外的特别人群容易受到伤害——风烛残年的老人和气若游丝的病人，在2点到4点之间的夜深人静之时，此时身体活动减慢了，就可能会有人撒手人寰。但是，这个时段并不都是坏消息——凌晨3点到5点是婴儿自然分娩的高峰期。不过，由于越来越多的妇女在医院分娩，给了自然分娩越来越多的人为干预，凌晨宝贝的出生规律已经变得不那么明显了。

结　语

随着24小时行将结束，我们的生物钟快走完一圈了，这是完整的一天的结束，也是即将到来的明天的开始。

回顾与思考

1. 你感觉自己的模样在同事中处于什么排序（好看、一般或是难看）？你认为这样的评价对自己面对学生时有影响吗？

2. 你有睡眠困难的问题吗？从本篇的学习中，你是否学到一些有用的方法？

3. 从本篇中你学会了哪些自我情绪管理的方法？

扫码获取
· 图书随身听
· 心理测试题
· 心理学课堂
· 健康小手册

第四章

心有事业，正气傍身

——事业心的心理价值和动力功能

　　思想有多远，人就能走多远。在同一条起跑线上，态度决定一切；用美好的心情感受生活！你手头的小工作其实正是大事业的开始，能否意识到这一点意味着你能否成就一番大事业。成功的人总是目光远大，有理想，有自己的人生奋斗目标，不会只看到眼前的困境而碌碌无为。

　　我们偶尔会听到一些中小学教师，把自己的工作称之为养家糊口。如果这是一份调侃的表达，那没有什么。如果这是内心的真实体验和思想定位，这里面就有很大的问题。对一个老师而言，以做一份养家糊口的心态去做教书育人的工作，一定是消沉的、应付的、无奈的、烦恼的。久而久之，自己都会为这样的工作状态而厌倦，更不要期待会对学生有什么长远意义的教诲和指导。相比之下，一个将自己的定位于为实现教书育人的百年大计、定位为培养中华民族的伟大复兴的建设者，这样的格局就会让教师有升腾于心间的事业心。这一份事业心，既是对自我平时工作状态的心理唤醒，又可以在长远的未来实现对自身的生命意义的升华和超越。

　　从这一立意出发，本篇首先为你带来"主旨心理报告"，《心有远方，路遥可期——事业心对个人成长的激励作用》。随后是《美好人生，用心规划——走在自己想要走的路上才有感觉良好的心态》的中小学教师"现实话题关注"文章。本篇带来的"心理万花筒"是《为了什么，你在等待——个体拖延行为的心理解读和自我改变策略》。在"心理指南针"部分，为你带来一篇题为《站稳讲坛，志得意满——教师事业心的最为重要的体现之高水平的课堂教学》的心理美文。最后呈上本篇的两个"回顾与思考"的话题。

主旨心理报告

心有远方，路遥可期

——事业心对个人成长的激励作用

什么是事业？现代汉语词典的解释是：人所从事的，具有一定目标、规模和系统而对社会发展有影响的经常活动。这个词汇可以从《易经》坤卦中见到："美在其中，而畅於四支，发於事业，美之至也。"《易经》给出的解释："举而措之天下之民，谓之事业。"

对"事业"一词的含义纠错是非常必要的。"大与强"未必是事业。如同历代帝王，如果醉心于个人享乐的经营（建筑阿房宫，修建圆明园），他（她）所做的事不能称为事业；现代的人，即使行政权力巨大、掌管巨大财富，如果痴迷于权钱交易，以权谋私，以权享色，或者只是囤积财富，不知回报社会，根本不能称其所为是事业。

事业是什么？一言以蔽之，做自己喜欢的事并且胜任的事，既帮助了他人，有益于社会，这就可以称为事业。一个人心中向往和追求这样的事，为此选择目标、规划路径、积极准备、扎实实施，这样的人就具备事业心，无论他目前身份卑微，还是已经享誉世间；无论他尚未起步，还是已经功成名就。

1 事业成长规划的作用

一个人有没有事业心是大不相同的。我们尝试从如下几个方面进行阐述，以期带给读者直观感受。

1.1 目标引领，快速成长

一个有事业心的人从很小的时候起就会与众不同，一种引导自己向上的成长的本能在其心中涌动。他（她）会表现出良好的自我定位、自我激励、自我驾驭、自我修正的能力。所以，有事业心的人在学生时代就会在学业、特色活动中表现出专注、睿智、独立、自觉的成长状态，是同龄人中的佼佼者。步入社会之后，要么专心钻研专业技术，要么寻求机会求学拜师，在同龄人沉浸在恋爱、结婚、生儿育女过平凡人的快乐生活的时候，有事业心的人就悄然完成了技术顶尖人物、业务骨干分子的"破茧化蝶"的惊人转变。有事业心的人从此进入人生发展的快车道，展现出的锐气和活力。特别需要强调的是，有事业心的人未必都会在人生的早年就已经卓然不群、风华绝代，甚至可能逊色于同龄伙伴。但是，他们与众不同的是，不会悲观地认为自己就是"丑小鸭"，而是坚定地相信自己将会是"白天鹅"。

1.2　心有大我，情系黎民

有事业心的人具有"做人大气魄，做事大手笔"的境界和风格，没有个人得失、荣辱进退的过多考量。因为有事业心的人心中想的"不是小我是大我"——除了自己之外，还有许多与自己有特殊关联度的人，比如家人、同学、老师、朋友、同事、值得施以援手的人。这样的情怀，会让人有一种浩然正气、正义力量、强劲动力。会有很多人认同你、爱戴你、呵护你、支持你、追随你、成就你。做事业的时候，心中想的是如何有益于社会进步和百姓幸福；社会危难来临，能与国家共克时艰、与人民共度难关。

1.3　胜利不骄，失败不馁

有事业心的人注定要面临平常人不会想象和体验得到的困难、挑战、压力和失败。这或许对他（她）从来就不陌生——从很小的时候起，面对困难、挑战、压力和失败，他（她）少年英豪，不知畏惧，凭借兴趣、智慧、执着、锐气，竟然最后顺利通过考验，初尝追求卓越和梦想的快乐，这让有事业心的人懂得了一个真理：失败只是通达成功家门的路与桥，从而形成了宝贵的自信心、成就欲、乐观面对困难的个性品质、不达目的誓不罢休的意志风格。初步取得成功之后，他（她）没有平常人那样的"天上掉馅饼，幸运撞到腰"的大喜过望，会优雅得体地接受瓜熟蒂落、水到渠成的成功。所以，有事业心的人得意不忘形、失意不变形。

1.4　坐住板凳，成就气候

有事业心的人往往是耐得住寂寞的人，因为在"一朝成名天下闻"之前，需要经过"十年寒窗人未知"的艰难困苦的考验。一位心理学家说过：这个世界是很冷酷的，这个世界又是很多情的。说其冷酷——在你打响一场漂亮的成名战之前，谁的眼里也没有你，谁都可以关、卡、压你，你感觉世界一片黑暗，根本没有公理和法度；说其多情——在你完成了从丑小鸭到白天鹅的精彩转身之后，你会发现，"莫愁前路无知己，天下谁人不识君"真的不是安慰人的一句空话。无论对方了解不了解你，你对对方有没有帮助，人家都会对你极其礼遇，"鲜花铺路，掌声夹道"的感觉让你误以为所有人都把你当作贵宾和亲人。

1.5　神情专注，心理健康

"无事生非"是一句富有哲理的话，一个人无所事事，就会进入一种没有目标、没有方向、没有动力、没有激情的"静水状态"，出现心理健康问题就是非常自然的结局——所谓"流水不腐，户枢不蠹"（流动的水不会发臭，经常转动的门轴不会腐烂）。相反，"杂乱无章"又是另外一种生存状态：两眼一睁，忙到熄灯。所为何来？疲于奔命。每天忙于应付许多杂事、耽误很多正事。反观有事业心的人，因为专注于成长，不必也无暇面对平常人的困境与压力。一心只想着为自己的事业而积蓄力量，磨炼意志，提升技艺，等待时机，所以，内心世界单纯，不为外界困扰。这就像严冬来临，当别的动物在北风呼啸、漫天飞雪的恶劣天气中艰难觅食的时候，黑熊却在自己早就备好的安乐窝中要么优雅进食，要么呼呼大睡，在浑然不觉中平安过冬。

1.6　成就自己，泽被他人

有事业心的人的存在对其所在群体的影响，除了特殊时间点上"既生瑜，何生亮"的两雄相争的情境之外，"共生效应"是更为常态化的局面：其一，因为一个心怀事业斗志的人的存在，会影响、示范、带动、帮助一批同龄人和后来者，让他们结束安于现状的麻木、开始积极进取地成长。其二，所谓"下棋找高手，弄斧到班门"，对于竞争对手来说，有一个有事业心的竞争对手存在，你就不会轻易陷入夜郎自大的盲目乐观，你就懂得研究对手、追随对手，你就在与对手的竞争中让自己更进一步。

2　事业成长规划的理念

"人是自我观念的奴隶"是一句容易让人产生歧义的话，其正确含义是自我观念主导我们的心理和行为。一个仅有事业心的雏形而没有形成完整的自我观念的人，是难以在追求事业的道路上持续远行的。一个具有什么样的自我观念的人才会做出一番事业？

理念分高下，品位有优劣。笔者认为可以用"听从时代召唤，感受人民心声，按捺功利之心，融入社会洪流"24字概括有事业心并且能够成就自己的事业的人应该具备的人生理念。

2.1　听从时代召唤

每一个时代都以其自然的方式传承历史、书写现实和孕育未来。一个有事业心的人会以其独特的视角和敏感，寻求时代向其发出的召唤之音，并由此打开的机遇之窗。例如，国家动荡，民族危难来临，他（她）可能选择奔赴保家卫国、拯救黎民的烽火战场；或者投身唤醒民众、培育人才的救亡教育；或者步入经营商贸、实业救国的经济领域；或者以笔作枪、著书撰文，筑起一条文化战线。时光流转，国家中兴的时期，他（她）可能在科技创新、高等教育、尖端医学、文学艺术等领域做一个优秀的人，一个卓越的人，一个成就自我、回报社会的人。

2.2 感受人民心声

感受人民的心声，把握大众的脉搏，是一个走在人间正道上的追求事业的人的良知和智慧。做给人民带来机遇、创造福祉的事，事业一定会前景光明、功德无量。相反，即使取得世俗意义上的成功，历史终会将其淘汰出局。特别需要关注的是，一些投机取巧，看上去是搭上了时代的快车、顺应了社会的需求的人所做的事业，当事人自己、有社会责任感的人都应该审视和反思，这是人民的心声吗？

2.3 按捺功利之心

追求事业的人不是不食人间烟火的人，也要如同平常人一样为衣食住行而奋斗和努力。但是，有事业心的人与平常人的不同在于，平常人为衣食住行而奋斗和努力，并且将衣食住行的丰富多彩、高档奢华作为奋斗的目标和努力的动力。而有事业心的人在适度满足了自己的基本需要之后，会把"到达自己追求的领域的前沿"而求知、成长、有所作为当作自己的目标。于是，有事业心的人不图苟且偷安的便宜，不慕投机取巧的成功，看淡荣华富贵的享乐，蔑视高人一等的特权。更不会凭借专家学者、成功人士的光环巧取豪夺、坑蒙拐骗。

2.4 融入社会洪流

社会永远向前发展，无论我们热切向往还是消极逃避，都是不以人的意志为转移的大势所趋。一个有志做出一番事业的人必然关注社会走向、未来趋势，才能将自己的意愿与社会的发展相结合。在融入社会中理解社会、把握动态、寻找机会、抓住机遇。借助社会之水泛舟江河，又在成就自我中回报社会。相反，逆社会潮流而动，或者远离社会生活主题的人的生存方式，不但不会为社会所接纳，而且这样的自主边缘化的取向只能被社会洪流无情淹没。例如，在生产技术水平较低的条件下，主要依靠增加资金、人力、物力等生产要素的投入来提高产量或产值的那种粗放型经济增长方式，造成资源过度开采，生态严重恶化，发展难以持续，繁荣无以为继的问题，社会矛盾日益激化，心理问题广泛滋生。于是，在经济建设中，应该主要依靠科技进步和提高劳动者素质，实行现代化和科学化的经营管理，降低成本，提高劳动生产率的集约型经济增长方式，解决民生问题，保持可持续发展，以科学发展观统领社会发展，积极构建和谐社会，这就成为社会洪流。

3 事业成长规划的策略

在超前、高尚的理念下，追求事业的人要成就一番事业还是要有大格局、大气魄，这就是成就事业的策略。我们以"付出超常努力，不畏他人言论，借助科学力量，团体合作共赢"24字予以概括。

3.1 付出超常努力

做事业的人崇尚一个"实"字：关注事实真相，拥有真才实学，作风求真务实，踏踏实实做事，凭借实力成功。与"实"结缘的价值和意义尽人皆知，但是，很少有人做到这些，因为这需要付出超常的努力——练就一双慧眼，拥有一套学问，掌握一身本领，修得一份涵养，培育一项事业。其实，事业之所以可贵难得，在于宝贵的东西都会被自然的法则设置一个保护的屏障。否则人人随便可以拥有还有什么价值可言呢？突破事业屏障的秘籍其实就是"付出超常努力"，别人做不到，你能做得到。心理学研究揭示："付出超常努力"在外人看来是非常艰辛的炼狱之苦，其实当事人可不那么感觉，"开始的时候，资料匮乏、导师难觅、经济制约、无例可循之类的问题摆在面前，确实很有挑战性；深入进去之后，原创性发现的喜悦之情、无人能出其右的优越之感、犹若神助的灵感体验、初尝胜果的幸福滋味，这一切真是让人'再累不觉苦，苦也感觉甜'"。所以说：幸福在哪里？不在柳荫下，也不在温室里。而在辛勤的工作中，在艰苦的劳动里。

3.2 不畏他人言论

俗话说，人言可畏。对追求事业的人而言，成名之前，你忍受孤独，放弃享受，奋发求知，艰难成长，别人会嘲笑你的生活能力。稍微有一点名气之后，别人关注到你作为一个小有成就的人物的存在，人们开始关注你，不乏有质疑、批评之声，因为此时你还没有表现出让人感觉心服口服的水平。人言往往是肆无忌惮的，你目标远大，说你狂妄；你专注事业，说你目中无人；你大方，说你花钱如流水，奢侈；你节约，说你是铁公鸡，小气；你寻求领导支持，说你走上层路线；你潜心做事，说你书呆子气……不过，这一切你都可以通过故作不知，不予理会，其实是伤不到你的。你在意人言了，说明你自己的事业心动摇了，在追求事业的道路上想逃跑了。成名之后，背后的人言你已经听不到了；在你面前，已经没有人会对你不敬。所以，追求事业的人，不畏人言是让自己奋力前行的策略。聪明的人，只会关注和听取自己的榜样和表率人物的指导意见，那应该是你主动请教的人。

3.3 借助科学力量

做事业的人应该是一个坚定的科学主义者：相信任何现象无论多么不可思议，背后一定有科学的原因；相信科学可以解决很多问题，办法总比困难多，解决问题的失败可能是尚未找到最为针对性、科学性的方法，即使方法正确，还可能是时机不当。在追求事业的过程中，许多问题的解释和解决往往不是一个学科所能够涵盖的，需要进行学科之间的渗透、合作。复杂问题的解决更是需要多学科、多领域的联合攻关。

3.4 团体合作共赢

做事业的人应该有广博的专业知识和修养，但是任何一个人都不可能"包打天下"，组建合作团队是成就事业的必然选择。在这个合作团队中，领军人物必须是由有志于成就一番事业的人来担此大任。因为唯有这样的人，困难面前，他会吹响集结号；取得成功，他会与人分享成果；面对失败，他会主动承担过失；到达辉煌境界，他会规划新的目标；十字路口，他会找到正确的方向，带领自己的团队一起成长。

4 事业成长规划的技巧

追求事业的人没有平坦的道路可走。为什么挫折和失败不可避免？即使是经过高人指点和悟性很高的追求事业的人，往往还需要经过漫长的过程历练和丰富的经验积累，才能形成高水平技巧。我们将这种技巧总结为"内心高傲外表谦和，利导思维成败两得，自我激励耐住寂寞，借力好风直达云天"32字。

4.1 内心高傲外表谦和

我们每一个人都喜欢谦和的人，讨厌高傲的人，这是人的本性使然。但是，追求事业的人一定会有一种来自心灵深处的高度的自尊、自重、自爱、自强的凛然正气。于是，为了适应环境，追求事业的人要对自己进行公众形象设计：保持外表谦和，对领导、专家、长者，尊重、诚恳、虚心；对平级同事，要友好、合作、互助；对后来人，要关怀、体谅、提携。坚持内心高傲，是要让自己有勇气挑战权威观点和方法，坚持自己深思熟虑的思路和做法。

4.2 利导思维成败两得

乐观主义者之所以在任何情况下都能够保持乐观心态，调动积极情绪，是因为他有建设性地面对现实的思维方式，采用利导思维，即凡事都能够从好处想，向好处努力。在乐观主义者的人生词典里是没有"失败"一词的。取得成功，他会受到激励；

遭遇失败，他会得到启示。

4.3　自我激励耐住寂寞

"花开一春，孕育三季"，追求成功的人往往是耐得住寂寞的人。要做出一番事业来，没有长期的积累和艰辛的付出是不可想象的。所以，能够独处一隅而不至消沉、善于享受孤独而自得其乐，是能够做出一番事业的人必备的心理品质。在身份卑微的时候，激励自己：人都要经过"人后受罪"的磨砺，才能到达"人前显贵"的辉煌，从而耐住寂寞；在功成名遂的时候，激励自己：人生的规律是"生于忧患，死于安乐"。

4.4　借力好风直达云天

有事业心是一回事，真正做出一番事业是另外一回事。在追求事业的道路上，有良好的公众基础，让众人喜欢你其实非常简单，从"举手投足之间没有傲慢轻狂"到"尊重对方，友善相待"是一个可以获得公众认同和好评的正确走向。选择这样的做人准则会让我们获益。没有一个人会把群众基础不佳作为光彩的事情，但是，确实许多人公众评价不高。一般没有别的原因，大多是没有把别人放在眼里而已。我们的生命中特别需要贵人相助，但是，直接结识贵人的做法是冒险行为——人家不会给你太多功利性结识的机会。于是，平时将群众基础打好，你的口碑就出来了，自然会有贵人相助。同时，时机恰当的时候，传递积极进取的意愿、汇报创业奋斗的构想，任何组织、任何领导都需要出色的业绩、成功的典型。于是，你自然可以"借力好风直达云天"！

5　如何站到人生的制高点上

下面五个忠告，将助你梦想成真、事业有成。

5.1　投资梦想

你要花时间学习必要的知识技术、花金钱开发你的能力才华，需要购买图书器材，需要参加培训，需要听讲座。唯有这样做，你才能接近你的目标。

5.2　接受变化

改变现状经常令人恐惧，主要是因为改变意味着对现有舒适圈产生威胁。不过，拒绝改变会出现两个新的威胁：一个是失去开阔眼界的机会。发展机会有了，你能够学习新的知识，获得新的技能，转变新的观念。如果个人要发展，选择改变是前提，唯有改变才能发展。另一个是，拒绝改变意味着作茧自缚。不思改变，生活总是老样子。长此以往，人就会变得没有一点进取心。随着时间的推移，就会越发空虚无聊。我们可以回顾一下以往那些虽然安全、但是非常乏味的生活。这样的日子值得留恋吗？

5.3　不畏风险

如果我们回避风险，选择没有挑战、压力、痛苦和危险的"平凡"生活，那样一来，生活会在日复一日的重复中变得乏味，事业终究是水月镜花。追求事业成功的梦想的过程中，我们要接受这样一种理念：风险是追求过程的一部分，没有风险就不可能取得有价值的东西，"无限风光美，最是在险峰"。当然，你可能会失去已经拥有的东西，你也许投入了很长时间却依然看不到黎明之光，你也许会受到嘲笑、反对、拒绝、失败。但是，冒险追求心中理想的过程本身，就能够让人体验热血沸腾、畅快淋漓的激情。而选择克服困难、克服他人设置的障碍，我们会获得宝贵的成长体验、有价值的成果和千金难买的成就感。

5.4　直面失败

如果我们作茧自缚，为了安全而躲避生活，什么也不做，最后肯定会让事业梦想付诸东流。相反，如果摆脱束缚，一试身手，我们也许会经历失败。在人类的奋斗史上，鲜有人在取得成功之前不曾经历失败，甚至是一连串的失败。正是失败使我们获得了学习、历练、提高、卓越的机会。俗话说得好："只有退却才是失败。"不论是什么样的失败，你都可以从中学到东西。把每一个失败的经历当作实现最终目标的阶梯，失败将会成为前进的资本，而不是前进的负累。

5.5　选择勇敢

别人做什么，你做什么，你就不会拥有与众不同、富有成就、幸福快乐而又充满梦想的事业。你梦想中的事业在外人看来有多疯狂、危险、古怪都没关系，只要你不反社会、反正义、反科学、反人民，那就是正确的梦想，那就是你的事业。你，只有你，才能按照你的方式来生活。很多人都在做着相同的事情，那不适合你。如果你做着别人正在做的事情，你更像一只羊，而不是追寻事业的雄狮。在一张白纸上描绘出自己的人生画卷，为什么要跟别人一样呢？

美好人生，用心规划
——走在自己想要走的路上才有感觉良好的心态

许多人都有这样的心理体验：走过的昨天，不敢回首。因为昨天有虚度光阴的遗憾，误入歧途的悔恨。人生就是如此，拒绝规划，你要么在原地徘徊，要么随意游荡，过不多了少时间，你就会发现，自己已经处于被动尴尬的境地，而曾经起点相近的别人，只是因为追寻同样是自己想要的生活，此刻已经到达令人羡慕的远方。西方有句谚语："一个知道自己到哪里去的人，达到那个地方的可能性，比一个信步漫游的人达到那个地方的可能性要高得多。"

基于这样的认知理性，我们应该认同"美好人生，始于规划"的道理。你还在怀疑人生是否需要规划的问题吗？这正如"你走出家门，起码应该知道到什么地方去"是一样简单的道理。人生规划取决于理念和策略。

1 人生规划的价值与意义

1.1 保障全面社会化进程

中小学教师面临着特殊的社会化任务——我们的一言一行，一举一动都会传递并影响到学生。我们需要有感受时代变化的敏锐，热爱国家、奉献社会的格局，积极乐观、仁爱包容的修养。这要求我们必须保持拥有真正独立的头脑和眼睛对待和审视现实时代和社会的问题和挑战，没有什么捷径好走，唯有加速自身全面社会化进程。

我们必须清醒地认识到：即使是小学低年级的同学也有丰富复杂的心理世界，是典型的"矛盾体"——自尊心强，但自制力差；自信心强，但盲目性大；好胜心强，但坚持性差；探求欲强，但分析力弱；独立意识强，但行动力差。所以，没有谁敢于说做中小学教师这份工作是容易的。身处中小学教师的工作岗位，一定不会辜负了你的才华。在全面社会化的进程中，顺应现实社会和自身身心发展的规律，不断提高自身素质和综合能力。

1.2　培养自主生存能力

人是具有目的性的智慧生命，所进行的有价值的活动都是有目的、有意识的。而这种明确的目的性和意识性就体现在能预先设计好规划、蓝图、目标。中小学教师根据自己的生活实际、个性特点、综合素质并结合社会发展的趋势和规律制订人生规划，有利于我们有意识地按照预定的人生目标和轨道去把握成长路径，为实现自己想要的人生目标而执着追求、努力奋斗，在追求理想实现的进程中，成就自己向往的人生目标。没有经过精心规划的人生，回头一望就显现出蜿蜒和荒芜。

1.3　树立明确的目标意识

有理想、有追求的中小学教师必定有明确的价值追求和奋斗目标，懂得自己活着是为了什么。因而你的所有不懈努力都是朝着一个特定的方向的，这样可以减少甚至避免去做无用功，浪费宝贵的生命。鲜花和荣誉不会降临到没有准备的人头上，幸运和成功也不会垂怜一个没有目标的人。制订人生规划有助于我们树立明确的目标，强化方向意识，朝着梦想的方向前进。

1.4　全面开发自身潜质

制订人生规划，描绘一幅希望和进步的未来远景，会令中小学教师进入人生发展的快车道，内心产生让人充满积极力量的情绪状态，调动意志力量，启动内心潜能。人生规划可以帮助中小学教师充分有效地利用校园的环境资源优势，调动沉睡在心中的那些优异的品质、卓越的胆识、无限的创造力，从而锻炼成长，成就非凡的人生业绩。

2　人生规划的基本理念

认同人生规划的人在人生规划的基本理念上存在"三大路线"，每一种路线的人生的精神面貌、价值追求和理念缺点大致表述如下：

2.1　急进的理念——人生主题可以规划，前途命运自己主宰

如果一个人持有"人生主题可以规划，前途命运自己主宰"的理念，他会在关系个人前途命运的大是大非的问题上，头脑清醒，有所规划。因为他的头脑中有"可以有所作为，命运在我手中"的信念。信念的力量是可贵而强大的，引导人积极思考、把握时机。

他的急进的理念使其成为一个富有冒险精神和勇于进取的先行者。正是"我的人生我做主"的信念促使他坚定、自信地做"时机尚未来临，我就先行准备"的创与闯

的准备。由于在赛道上抢占先机，所以，他更容易成功；同样，先行者走的道路注定要自己开辟，付出沉重的代价和牺牲也是他的人生必修课。

他不太在意细节，可能是不经意之间的不当做法毁了他的大好前程。人生是我们生活在社会游戏规则之中的活动，由于抓大事的人往往不拘小节，他容易在小事上疏忽，从而引发别人心生芥蒂而自己却浑然不觉。

他容易以自我为中心，自负是先行者和成功者的心理特质，而过度自负的结果是难以听取别人有价值的意见和建议，认为自己可以凌驾于法律、常规之上，超然于科学、必然之外，所以会做出一些"闯红灯，越雷池"的行为。

改变自己太多，会以失败告终。所以一个人要保持自己的状态和风格。但是，建立这样一个保障机制——在自己的心中，无条件听从一位值得敬重的长者的忠告，有一位敬畏有加的情感伴侣，有浓厚的亲情，有一两位坦诚相见的挚友，让他们掌握着你的人生的"制动系统"，关键时刻能够帮你踩"刹车"，是你的智慧和幸运！

2.2 中庸的理念——行走在理性与法制的天地间，追求与社会同频共振的幸福感

许多人注定是对人生规划持"行走在理性与法制的天地间，追求与社会同频共振的幸福感"的价值理念的人，这是社会稳定和谐的天然保障。这些人中的三部分人值得特别关注。其一，曾经志在远方、遭受失败之后循规蹈矩的人；其二，天生有慧根、一直以平常心生存的人；其三，原来处于社会下层、曾经为争取基础生存状态做出卓越追求的人。这三种人选择常态化的生存方式，没有谁有权利对他们指手画脚。但是，他们有可能突然觉醒，开始向往辉煌的人生，并否定自己的中庸理念。

对于曾经志在远方、遭受失败之后循规蹈矩的人而言，在决定回归普通人的生存序列之前，确实应该想清楚之后再做出决定。因为多年的奋斗和追求在遭遇挫折之后放弃，存在"痛苦和绝望是黎明前的黑暗，坚持一下成功就在眼前"的可能性。但是，成功从来就是个哑巴美人，可能你触手可及，她却不会告诉你。感觉还有坚持的力量，就做出最后的坚持；觉得实在不行了，全身而退肯定是比精神崩溃更好。进退都是当时自己做出的正确的选择，不要时过境迁之后再后悔不迭。

天生有慧根、一直以平常心生存的人是非常幸运的。看到多少人"曾经是豪情万丈，归来却是空空的行囊"，更让人敬佩"无为者"的世事洞明的沉稳和智慧。但是，如此聪明的人有时也会后悔当初自己缺少的一点勇气，陷入到体味"假如如何一下就好了"的苦恼和无奈之中。将平常心延续下去，是一种智慧和理性。

原来处于弱势地位、为争取基础生存状态曾经做出卓越追求的人是令人遗憾的。他们往往具有非常好的智慧资源，吃苦耐劳更是他们的"绝对强项"。但是，"小胜即满，小富即安"的心理严重禁锢了他们的继续成长。一旦达成安稳状态，便裹足不

前根本不知道在满足自己的生活之需之后，还有什么奋斗的意义。如果他们能接触更为广阔的世界，人生可能就此改写。但是，成功总是寥若晨星，平凡却似暗夜繁星是永远的常态。就让他们在这种自我感觉良好的状态中保持一份身心满足的快乐心情和夜郎自大的良好感觉吧。

2.3 崇高的理念——探寻最富有建设性的人生目标，体验人与自然、社会的和谐状态

致力于"探寻最富有建设性的人生目标，体验人与自然、社会的和谐状态"的人是社会进步的精英和支柱。这种人注定是我们社会发展进步的稀有元素，他们的人生有什么值得关注的问题？主要来自于两个方面。

身体健康问题。我们耳闻目睹了太多天妒奇才的案例，因为担负着重要的责任压力，心怀强烈的事业心，没有精力顾及休养生息和劳逸结合的问题，所以他会过度透支生命力，严重损害身体健康，正当进入生命中的"鲜花盛开的夏日"，或者"硕果累累的金秋"的时候，突然化作一颗流星溘然长逝。这不仅是他自己的人生悲剧，也是国家社会的重大损失。"珍惜自我，拥抱健康"应该是我们的基本常识和生命底线。

名分利益伤害。现代社会存在这样一种现象，致力于科学研究、发明创造，肩负着技术攻关、生产一线的科技人员，没有时间精力与主要领导密切沟通，赢得充分了解和赏识。于是，"得意了溜须拍马的，伤害了当牛做马的"人与事从来都不是个别现象，如果你绝对以公平法则面对社会不公问题，必然会严重损伤追求事业的热情和动力。

3　人生规划的经典策略

如何规划我们的人生？存在不同的思想方法体系。大致可以归结为三大经典策略：科学化策略、经验性策略、感悟式策略。

3.1　科学化策略

应用心理学近年来最伟大的进步和成就，体现为关注公众日益觉醒的心理健康需要，开发和探索了体系众多、理论技术丰富、指导意义显著的心理科学方法。在人生规划领域，更是顺应现代人力资源管理的行业大势所趋和个人成长道路规划的迫切要求。程序化的心理测验和专家级的心理访谈是人生规划的两大科学化策略体系。

程序化的心理测验。运用已经具有百年成长史的心理测量技术，选择信度（可靠性，一个好的测量工具，对同一事物反复多次测量，或由不同的人使用，其测量结果

应该保持不变）、效度（有效性，一个测验总是为一定的测量目的而设计编制的，有参考价值的测量结果是一个量表的价值和生命力所在）都比较好的心理测量工具，例如，智力测验、成就测验、人格测验、态度测验、职业兴趣测验，已经有非常成熟的心理测量量表。计算机程序设计的发展和应用更是让心理测验具有人工智能色彩，做完一个测验，系统化的评价结果随后就呈现出来。这一方法如同流水线上生产的工艺品，不可以说不好，但难以展示个性化特点。

专家级的心理访谈。经历漫长的心理学专业浸润和职业化训练实际操作的洗礼，一个应用心理学者会成为专家级人物。如经济条件允许，专家级的心理访谈能让你受益匪浅。

3.2 经验策略

人生规划还有一条特别路径，这就是所谓经验策略。典型的做法是"阅读历史名人的人生传记"和"观察当代典型人物的人生轨迹"。这不必付出多少金钱，也不必面对泄露自己隐私的尴尬。

许多历史名人是我们人生成长的路标，通过阅读他们的人生传记，你可以洞察人生的奥秘，把握人生的关键点，学习宝贵的生存智慧，启发自己面对人生道路的选择的理性和智慧。但是，切勿将一个历史名人的传记作为人生宝典去实施。因为，时代在变化，名人的成功经验在你身上未必行得通。

当代典型人物是指我们现实生活中可闻可见的人，他们的人生轨迹通常没有历史的隔膜感而具有直接真实的启迪作用。典型人物可以是正面人物，也可以是反面教材。看待正面人物时，我们通常犯的错误是关注人家的传奇、机遇，而忽视人家为成功进行的漫长而艰苦的准备。看反面教材时，我们又难以真正结合自己的实际客观评价。

3.3　感悟策略

其实，我们最不应该忽视的是另外一种人生规划的经典策略——感悟策略。这是以自己为观察、剖析对象，通过"回顾自己的人生经历"和"反思典型的生活体验"的途径，获得昭示自己未来人生的正确方向和行动方案的自我人生规划方法体系。

"回顾自己的人生经历"的做法，主要是关注自己过去人生历程中的关键点和重要事件。这并不是很容易的事，因为我们出于自我价值保护的心理取向，容易夸大我们"过五关，斩六将"的人生风光，刻意掩饰我们"马失前蹄，败走麦城"的失意人生。这不利于从自己的历史中汲取教训获得成长。西方有句谚语："我们从一次失败中所获得的教育，比从一百次成功中所获得的成长都要多得多。"

"反思典型的生活体验"则需要我们选取自己生活史上有特殊意义的时间段，从不同的角度，认真审视究竟发生了什么事件，关涉到什么人物，自己当时的心态，自己当时的局限性或者优势所在，时机的把握、取得的效果等，我们会从过去自己的经历中学会面向未来的智慧。聪明的人，并不是手中永远握有一副好牌，能够不断地取得成功的秘籍是善于总结经验；聪明的人也不是总是不会摔跤，只是摔跤之后回头看清楚为什么倒下，从而避免因为同样的原因第二次摔倒。

4 规划人生，这样行动

4.1 自我评估

自我评估是对自己做出全面的分析，主要包括对个人的需求、能力、兴趣、性格、气质等的分析，以确定自己具备哪些能力和什么样的职业比较适合自己。

评估期望强度和付出成本。人人都想成功，但期望的强度是不一样的。期望强度为0，意味着根本就不想要，不想要的目标，当然就不会努力去实现；期望强度50%，可要可不要，常常会努力一下，一旦遇到困难就会退缩和放弃，渴望不怎么付出代价，就能得到，结果当然不会成功；期望强度99%，非常渴望实现目标，但是，到最关键的时刻，还会有一丝退却的念头，遇到难关的时候，往往就是那些期望强度99%的人，在最后一刻放弃；期望强度100%，100%代表一定要，代表不惜一切代价，不达目的，誓不罢休。

试着找到自己的目标。自问这个目标我到底有多想要，我对它的期望强度到底是百分之几？我的期望强度是否足以支撑我走到成功的终点？很多人的成功期望都在99%以下，这就是现实生活中人们不能成功的核心原因之一。成功是需要付出代价的，这个代价叫作"成功成本"。实现宏大的梦想，往往需要非凡的成本。一个人能有多大的成就，取决于他能付出多大的成功成本。

4.2 组织与社会环境分析

组织与社会环境分析是对自己所处的大、小环境的分析，以确定自己是否适应组织环境或者社会环境的变化以及怎样来调整自己以适应组织和社会的需要。短期的规划比较注重组织环境的分析，长期的规划要更多地注重社会环境的分析。我们传统文化中有"穷则独善其身，达则兼济天下"的顺应时局变化进行主动调整的智慧，对我们有一定的启示意义。

4.3 生涯机会的评估

生涯机会的评估包括对长期机会和短期机会的评估。通过对社会环境的分析，结合本人的具体情况，评估有哪些长期的发展机会；通过对组织环境的分析，评估组织内有哪些短期的发展机会。通过生涯机会的评估可以确定人生发展目标。

4.4　人生目标的确定

人生目标的确定包括终身目标、长期目标、中期目标与短期目标的确定，它们分别与终身规划、长期规划、中期规划和短期规划相对应。我们首先要根据个人的专业、性格、气质和价值观以及社会的发展趋势确定自己的终身目标和长期目标，然后再把终身目标和长期目标进行细化，根据个人的经历和所处的组织环境制订相应的中期目标和短期目标。

4.5　制订行动方案

在确定自己的人生目标后，就要制订相应的行动方案来实现它们，把目标转化成具体的方案和措施，有明确内容、完成时间、质量标准。对教师职业而言，最重要的行动方案就是职业生涯发展路线的选择和相应的教育和培训计划的制订。

4.6　评估与反馈

在人生的发展进程中，由于社会环境的巨大变化和一些不确定因素的存在，会使原来制订的人生目标出现计划与现实的偏差，这时需要对人生目标与规划进行评估并做出适当的调整，以更好地符合自身成长和社会变迁的需要。人生规划的评估与反馈过程是个人对自己的认识逐步深化过程，也是对社会的认识逐渐深刻的过程，是保障人生规划富有生命力的必然选择。

5　人生目标规划的方式

在做个人人生规划的过程当中，我们可以运用"剥洋葱"的方法完成。首先，找到自己的梦想，然后将梦想明确化，变成我们人生的终极目标。然后将终极目标演化成我们人生的总体目标。总体目标不要太多，最好只有一个，不要超过两个。然后，把总体目标，分解成几个五年至十年的长期目标。再继续分解下去，把每个长期目标，分解成若干个两到三年的中期目标。然后把两到三年的中期目标，分解成若干个六个月到一年的短期目标。然后将每个"短期目标"，分解成"月目标""周目标""日目标"，最后一直分解到现在该去做些什么。

6　达成目标的通用配方

（1）做出一个决定，目标指向成功；（2）写下已经量化的目标，并且给每个目标列出十条以上为何要实现它的充分理由；（3）拟定计划，设定内容、时间表；

（4）列出问题清单，注明解决方法；（5）改变自己，适应挑战；（6）利导思维，建设性作为；（7）立即行动，忘我付出；（8）每天检视，及时修正；（9）坚持到底，永不言弃！

7 人生规划的三大误区

7.1 保守思想禁锢

受保守思想禁锢的人常常将自己的目标建立在现实可能性上，而不是将它建立在自己的憧憬上。确立人生目标时，如果过分地强调现实可能性，而不是强调对未来的憧憬，确立的目标十有八九不会是什么鼓舞人心的目标。没有远大目标的牵引，人生不会有太大的发挥空间。

7.2 目光短浅限制

根据自己现有的能力来确立目标，而不是先确立目标，然后再逐一培养达成该目标所必备的能力。如果我们先确定目标，然后去培养能力的话，我们会发现能力提升的速度非常明显。根据自己能力来订立目标的人，他的能力似乎总是不见长进。因为没有大目标的牵引，个人能力也不会有太大的提升，当然也就不会达成太大的目标。先订立目标，后准备能力。确立一个有挑战性的目标，你的能力一定会在挑战中迅速提升。

7.3 目标模糊不清

如果一个目标能用数字来描述的话，一定要学会量化目标。如果一个目标，不能用一个数字来描述，而是用某种形态的话，那么这个形态一定要指标化。生活当中，常常听到这样的目标：找一份好工作，成为有钱人，有一个幸福的家庭，尽最大的努力做好这件事情，平平淡淡过一生等。这都是一些想法，而不是真正的目标。它们的共同特征，就是模糊，没有量化。

任何目标都必须限定什么时候完成。如果不限定自己什么时候完成，我们会发现目标的实现会变得遥遥无期。时间限制可以具体到某年某月某日某时某分。任何目标如果无法量化、不设定时限，这些目标都是无效的。模糊的目标，就像打靶一样，靶子都看不清楚，命中是偶然的，打不中是必然的。

心理万花筒

为了什么，你在等待

——个体拖延行为的心理解读和自我改变策略

从哲学家维特根斯坦的语言分析哲学的视角看，逻辑不明、概念混乱的问题远远超出哲学范畴——现实生活中存在大量的"含义似乎人人皆知、各有所指相去甚远"的话题，拖延就是其中的一个突出范例。

1 视角各异的拖延

拖延是一个复杂的个体心理行为现象，有的学者根据拖延的性质将拖延分为个性化拖延和情境性拖延。个性化拖延是个体的习惯化态度和稳定的行为倾向。情境性拖延是由个体所处的情境导致的认知迷失、行为停滞和结果延迟，主观不想拖延，实为迫不得已。

有的学者根据拖延者面对的心态将拖延定性为乐观拖延和悲观拖延。乐观拖延者对任务持有乐观偏好，相信轻松可以完成，无需现在行动；悲观拖延者对任务的评价是悲观的，一因困难不知从何入手，二怕失败没有动力行动。

大多数研究者将拖延定性为消极行为，它往往与消极结果相联系；也有的研究者认为，并不是所有拖延都是消极的，它有时也会与积极后果联系起来。由此可以理解，为什么会有一系列纷繁的关于拖延的分类称谓和认知歧义。

2 经典展现

基于经验性认知关注和研究拖延，作为一项科学理念指导下的心理探索，我们首先要完成对"拖延"的定义。

拖延现象普遍存在于现实社会生活中，从世界政治、经济、文化、科技等横向领域，到国际组织、国家机构、地方政府、公司团队等纵向实体，目标落空、计划推迟、预期未果的拖延问题比比皆是。这样的"复杂问题"涉及的层次范围较广。本研究关注的拖延锁定于个体的拖延行为。

即使做出这样的限定，依然难以中止对拖延的认知歧义。目前国内外尚无一个统

一、公认、标准的定义。根据已有的研究发现，我们将个体的拖延设置在"后果、性质、时机、理性"的多维评价模式中，借此给拖延一个语义明确的定位。

2.1　从拖延的"终极结果"的维度看

拖延在"好的结局"与"坏的结果"区间呈两极分布。个体的拖延行为有时会产生"好的结局"，无论看似多么不应该发生的拖延，如果最后的结局反而因"拖"得福，根据人类行为的基本法则，"笑到最后的人是胜利者，而胜利者是不受指责的"。但是，"错过一时，耽误一世"的个体拖延行为注定是"坏的结果"，这是心理研究应该予以关注的。

2.2　从拖延的"正当与否"的维度看

拖延在"必要性"与"问题性"区间呈两极分布。有的个体的拖延行为是客观规律制约下的不可抗拒的必然，具有正当性——思想的成熟、认知的推进、情感的发展、行动的时机都使拖延有了正当的理由，这个意义上的拖延不但不可避免，而且相当必要。与之形成对比的，"事不宜迟"，却依然"能拖则拖"的个体拖延行为是问题性的拖延。

2.3　从拖延的"主观客观"的维度看

拖延在"主观性"与"客观性"区间呈两极分布。有的个体的拖延行为是因为观念束缚、重视不够、缺乏努力等"主观性"因素导致的，调动主观性，拖延不再是问题。有的个体的拖延行为属于问题严重、条件匮乏、方法技术尚不具备等"客观性"因素决定的，个体的拖延行为确实是身不由己。

2.4　从拖延的"认知理性"的维度看

拖延在"策略性"与"无厘头"区间呈两极分布。有的个体的拖延行为是"策略化"的选择——认识到贸然出手结果可能事与愿违，于是选择待机而发、以拖待变。个体的拖延行为的"无厘头"体现为不能够给自己的拖延以"说服自己，取信他人"的理由。拖延的这种非理性问题是心理研究需要关注的问题。

至此，我们给应用心理学研究的拖延一个定义：拖延是个体的后果不良、问题性、主观性、非理性地回避现实、无所作为的行为。这正是拖延成为公众普遍关注的心理问题的根本原因所在。

3　个体拖延行为心理揭秘

研究拖延问题的权威人士，《拖延心理学》的作者简·博克和莱诺拉·袁认为，拖延从根本上来说并不是一个时间管理方面的问题，也不是一个道德问题，而是一个复杂的心理行为问题。没有人不曾有过拖延行为。于是，顺应心理科学日益"重视现实社会问题，关注公众心理需求"的发展趋势，探究个体为什么会发生拖延行为是心理学研究的重要课题。我们运用心理访谈技术，对代表性的临床案例细分个体的拖延行为，揭示个体拖延行为的心理密码。

3.1 自我概念束缚

个体行为的一个基本心理原理是"追求目标达成，避免无果而终"。无论个体是否意识到，在开始行动之前，个体对自己的行动是否会达成预期结果会进行心理推演。在这一心理运算机制中，自我效能感是一个重要的观测指标，自我效能感是个体对自己能否取得预期结果的一种信念，自我效能感以自我概念为心理启动源。许多拖延是由于低自尊和低自我效能导致的一种自我妨碍行为。班杜拉认为低自我效能会降低个体对成功的期望、损害动机，最终妨碍任务的启动（即拖延）及坚持性。有研究表明，自我效能与拖延之间呈显著的负相关，自我效能的缺失是产生拖延的主要原因之一，持有消极自我概念的人倾向于相信"不是我不想，而是我不行"。相反，持有积极自我概念的人倾向于坚信"世上无难事，只要肯登攀"。

现实生活中的行为存在"注定的失败"与"可能的成功"的区间分布。个体面对"注定的失败"的情境时，自我概念积极的人会遭遇必然挫败，自我概念消极的人选择拖延，这种"歪打正着"的行为反而成为具有自知之明的心理行动。然而，成功的机遇天平总是倾向于自我概念积极的人，因为个体的一份自信、坚持、努力，让"可能的成功"转化为"现实的成功"；对自我概念消极的人而言，恰是个体的一丝自弃、松懈、迟疑，让"可能的成功"幻化为"现实的泡影"。自我概念积极的人存在对失败的"痛感不敏"和对成功的"乐观偏好"，所以个体会持续表现出更多的积极进取行为。相反地，自我概念消极的人存在对成功的"胆怯排斥"和对失败的"平静接纳"，所以个体会持续表现出更多的消极拖延行为。

3.2 目标评价否定

关注和评价个体行为的心理平台通常建立在一系列基础价值理念之上，"没有意义，何必去做"就是符合人性的基础价值理念之一。在通常情况下，可能成为个体行为目标选择的对象不是唯一的，个体会基于自己的"心理运算系统"对意识范围内的多个行为目标做出从直觉层面到理智水平的目标评价。个体行为目标的选择倾向于从目标评价肯定的选项中做出选择，而不会将目标评价否定的对象纳入视野中来。

并不是所有的拖延者都热衷于无所事事，而是个体在众多可供选择的任务或活动中，中止了某一项而选择了其他活动，尽管这种选择最终会带来不利后果。个体为什么选择拖延这项活动而不是其他呢？一方面，拖延与任务价值有关。人们对任务的抱怨越多，越易拖延；从完成任务中获得的乐趣越少，越易拖延。对那些给人带来不愉快的刺激——厌恶性任务，个体倾向于回避；如果不能回避，就会尽量延迟去做。另一方面，任务奖惩的时间安排也是影响拖延的重要因素。在价值较小但奖赏及时的任务和价值很大但奖赏延迟的任务之间，拖延者更愿意选择前者。

现实社会生活的复杂性在于，个体会被外部强加一个或多个行为目标（任务），或者别无选择地将一个或多个行为目标（任务）纳入自己的行为体系中来。于是，"必须去做"的外部目标监督、促动力量和"情非所愿"的内心理智、情感之间产生心理冲突，这表现在行动过程中，拖延成为最为正常的方式。值得关注的是，个体的"心理运算"对行为目标做出的目标评价，无论是直觉层面的还是理智水平的都具有主观、经验色彩——可能是经得起现实检验的独立判断，也可能是非理性的认知偏差。根据时间折扣理论，人们每天实际上都需要对可能带来不同奖赏的活动进行评估，人们有一种严重低估未来事件的先天倾向。拖延正是我们这种天性的体现——因为低估了长远目标的价值导致对这类任务的推迟，随着时间的推移，未来事件离我们越来越近，其价值也被我们看清楚时，后悔也为时已晚。

根据我们考察的个体的拖延行为个案，基于独立、理性判断的个体拖延行为会产生但不会持续存在，因为理性会引领个体尽快结束拖延状态下的心理冲突，要么借助认知重建修正原有的目标评价，要么果断中止目标行为。如此一来，拖延问题将不复存在。正是非理性的认知偏差让个体持续陷入进退两难的境地，持续的处于"必须去做"的外部目标促动和"情非所愿"的内心理智纠结之中，拖延将会未有穷期。

3.3 心态惰性消极

拖延有情境性拖延和习惯化拖延之分。情境性拖延的个体具有明显的焦虑体验，一旦时过境迁，拖延问题就不复存在。习惯化拖延的个体没有明显的焦虑体验。习惯化拖延与个性有关，个性心理学的研究发现：B型人格的个体在具有合作性好、忍耐力强、心态平稳等正面社会评价的同时，存在时间观念不强、质量意识不强、责任心不足的问题。"不求出类拔萃，但求与世无争"是B型人格的形象写照，具有B型人格的个体容易表现出习惯化拖延行为。具有习惯化拖延问题的个体承认，自己心态的惰性、消极抑制了个人潜能的开发，降低了个体的社会评价，妨碍了个体生涯的发展。

考察个体毕生发展的历程，中国传统文化揭示的"人生前半程，积极入世；人生后半程，超脱出世"的规律对现代人具有很好的启示意义。青年时代的个体，营造和保持积极的心态，通过积极奋斗、建功立业，成就人生的梦想，这是生命的天然取向。尽管最后的结局往往会是现实与梦想依然相距遥远，但是，个体就是在追求人生梦想的过程中，全面地提升了自己、成就了自己，同时也奉献社会、服务他人。所以说，青年时代，拖延对个人成长而言确实"伤不起"。步入中年之后，社会生活中的自我会更为角色多元化，时间紧迫感日益严重。于是，自我保护的超限预警机制以"身心疲惫，不堪重负""船到码头，车到站点"等心理体验的方式，让个体淡化功名利禄、保存生命活力。主动减少分担别人事务，尽量拒绝参加会让自己无力应对的活动是中年时代的生存智慧。否则，拖延就会成为常态，难免会让他人产生"廉颇老矣，尚能饭否"的质疑。

3.4 挫折防御反应

许多拖延行为者以个性作为拖延原因的"遮羞布"和改变拖延的"挡箭牌"。低自尊的人表现出更多的拖延行为，自尊对拖延的影响类似于自我效能。低自尊的个体对自己缺乏信心，认为投入超出自己能力水平的任务注定会让外界对自身价值做出负面的"鉴定结论"。因此低自尊的个体会回避困难的任务并避免一切可以对其能力做出现场推断的活动。在这种情况下，如果能够找到一个因为拖延而导致表现不佳的"好理由"，他人就会对其表现不佳做出归因于努力不够而不是能力不足，这是拖延者乐于接受的。我们运用回溯式追踪法探寻15例个体拖延行为者的个人成长史，11例可以自主回忆早期成长经历中的关键事件（重要人物的影响、特殊环境的制约）对原来活泼、主动心理活力的损伤导致的个性转变。由此可见，拖延并非与生俱来，个体总是在生命历程的某一个时期，"我想做的都不成功，只好选择放弃努力"，这是典型的习得性无助的现实版的形成过程。

个体拖延行为的深层心理机制是自我心理保护——根据以往的经验，如果将一个行动进行下去的最可能的结局是失败，这是自己无法面对和接受的。于是，以拖延的方式让挫败的局面推迟到来不失为自我心理保护的"可以接受"的行为选项。个体拖延行为的非理性由此显露无遗：其一，如果一个行动进行下去的最可能的结局真的是失败，果断中止行动或者创造性探寻新的行动策略才是明智的选择，相比于因为能力、经验、失误而导致的失败，拖延更容易被定性为态度问题而不容易获得别人的谅解；其二，以习得性无助的心理行为方式面对现实问题或任务，问题的难度被无限放大，任务的达成会难以企及。个体的拖延行为最终见证的是"自我实现的预言"——"我是一个无能的人""我注定会失败"。于是，本意在于自我心理保护的个体的拖延行为让个体遭遇新的现实否定和自尊伤害。

3.5 目的性颤抖

在个体的拖延行为中，最令人费解的是积极期待和热切向往某一目标达成却选择拖延的情况，我们可以用目的性颤抖来解读这一行为。当个体动机强烈地面对某种现实目标或情境时，会出现一系列心理行为反应：其一，意识范围狭窄，心智水平降低；其二，情绪波动加剧，内分泌功能紊乱；其三，行为技能退化，低级失误增加；

其四，独立自主性降低，环境依赖性增强。

我们时常对个体的拖延行为表示不解和不满——"如此重要（或值得）的事情为什么还迟迟不动？"我们的不解和不满的心理逻辑是个体认识不到目标行动的价值意义。其实，我们理解别人的屏障是我们凭想当然定位的对方的"应然心理"。你认识到的有价值、有意义的行动目标别人也会认识到，甚至往往会比我们认识得更深入、更全面。但是，由此引发的一系列心理行为反应降低了个体心理行为的水平，想要尽快解决问题达成目标的紧张和冲动让个体的行为出现功能性紊乱，表现出来的就是不能达成预期目标的拖延。

3.6　过度追求完美

完美主义是指个体追求"好到极致"的个性倾向。一个完美主义者通常会对自己提出过高的要求，希望把事情做得无可挑剔，达到无与伦比的境界。为了一次性做好，所以不愿意匆忙开始，等待万事俱备才能够行动。由于个体制定了过高的目标，在没有完全有把握完美地完成某项任务之前，会迟迟不开始行动，拖延行为由此产生。

具有完美主义个性特质的个体具有自我责备、对知觉到的失败过分概括化、害怕消极评价、强烈地期待社会认同等心理特点，这会让个体对自己提出苛刻要求并高度期待将任务做得无可挑剔，由此导致个体处于压力之下。当个体觉察到这些压力或威胁时，会强烈体验到焦虑，为了释缓焦虑，选择回避问题情境和目标任务。可见，某些拖延行为并非拖延者缺乏能力或不够努力，而是某种形式的完美主义或求全观念的反映。拖延行为者往往会以"多给一些时间，我会做得更好"为自己的拖延表达惋惜或者自我解嘲。

3.7　自我管理失控

自我管理是指个体的自我控制水平，是体现个体是否有定位、有规划地调配自己的时间和精力做事的理念、智慧和策略。个体因为缺乏理性认知定位拖延的理念，因而倾向于把事情向后一拖再拖，结果在拖延过程中把自己拖进了"错失良机""一事无成的"尴尬境地。我们对高成就动机者与低成就动机者作对比：高自我管理的人往往给自己设定富有挑战性的目标，由于他们对活动本身积极关注、努力奋斗，在这种内在动机的驱动下，任务带给个体的感觉是积极愉快的，所以一般不会拖延。而低自我管理的人，没有自主设定目标，只是被动接受别人的要求和任务，内心会产生排斥和厌恶的情绪。

在策略的层面上，由于大部分拖延者不是按事件的轻重缓急来决定做事的顺序，往往先做容易、有趣的事情，从而造成对重要或紧急任务的拖延。自我管理的失败还体现在个体容易被外部诱惑所吸引，缺乏自我控制的能力。临时出现情况，"有别的事情需要做"就会成为拖延者最为通常的借口。

此外，自我管理的失控意味着缺乏对任务分解的能力，一些拖延者往往认为要完成的任务巨大并且不可分割，因此产生了畏难情绪，从而导致痛苦绝望的拖延行为。

3.8　身心健康警讯

几乎可以肯定地说，没有人会从拖延行为中获得心理愉悦体验和现实物质收益。但是，为什么个体的拖延行为会是现实生活中常见和多发的现象呢？我们运用个体的拖延行为与生理疾病、心理问题相关分析技术，对35例个体拖延行为的研究发现：个体的拖延行为与中年期个体的生理问题（内脏系统病变、重度更年期反应、神经功能障碍）的相关率是0.69，与中年期个体的心理问题（子女成长压力、个人职业停滞、婚姻家庭问题）的相关率是0.73；个体的拖延行为与青年期个体的生理问题（受伤、感冒、过度疲劳）的相关率是0.47，与青年期个体的心理问题（个人成长停滞、情感问题、人际关系冲突、经济困境）的相关率是0.89。

基于这样的发现，我们指出，拖延因其与身心健康的高相关成为个体身心健康问题的警讯。两者的内在关联机制在于：拖延作为个体行为活动机能下降的直接后果，根本原因是个体的行为活动机能出现了器质性或者功能性障碍。身心问题是个体的拖延行为最为概括的原因表述。

4　精华凝练

一旦通晓了拖延的心理机制，个体拖延行为的自我心理干预策略之门已然洞开，基于此，我们提出了基于临床验证的系统完整的自我改变拖延问题的策略。

4.1　坦然之心面对拖延

个体的拖延行为容易被当事人所觉察，由此会引发从内心羞耻感到自我否定感的一系列消极心理体验，拖延对自身造成的消极社会评价和机会丧失也显而易见，由此让当事人产生很大的心理压力。德国明斯特大学心理治疗研究所弗雷德·里斯特博士在接受《生命时报》记者采访时说，拖延行为其实是每个人都有的，只是一些人比较严重。在一般人群中，拖延问题影响到了25%的成年人，超过95%的拖延者希望改变他们的拖延习惯。认识到过分的心理压力会给个体的拖延行为的自我改变带来不利影响。作为一种自我心理干预策略，个体必须清楚地告诉自己："人人不乏拖延经历，前有古人后有来者。"从而产生"释缓羞耻之心，降低自责压力"的效果，为个体的自我改变拖延行为构建心理平台。

4.2 自觉之心认清拖延

毕竟个体的拖延行为实实在在地对个体的公众形象、个人角色、现实处境、未来前程构成损害，认识带来的这一系列拖延后果，才能产生持续、强劲地战胜拖延的心理力量。一次偶尔为之的拖延无足轻重，但拖延成为个体的行为常态，就累及了自信、自尊、学业、前程。马坎托尼等人研究结果表明：拖延与一系列的心理病理现象之间存在着显著相关，包括焦虑、消沉以及更高程度知觉到压力等。拖延虽然可以暂时使人们从压力中解脱出来，短期内对人们的心理健康有利，但是从长远看来，拖延者将会面临拖延引起的一系列后果，如错失很多机会、学业失败、事业不成功等，这些因素都会引发人们更多的压力和焦虑。个体要保持对自己拖延问题的自主觉察，汇聚自我改变拖延行为的力量。这种力量不是源于外部的胁迫，而是由衷而发的内在动力。

4.3 理智之心锁定拖延

自我改变的心理研究表明，自我改变的失败往往出现在个体寻求全面自我改变所导致的心理能量过度损耗之中。成功的自我改变是理智的自我改变：不重要的，拖就拖吧，但拖无妨；很重要的，绝不拖延，明确底线。这种"有所为有所不为"的策略更容易取得拖延问题的突破。特别是自感拖延行为问题严重的个体，"不图全面解决，只求重点突破"是理智之选。

4.4 智慧之心攻克拖延

"成功一定有方法"是一句至理名言，这对个体解决拖延行为问题同样适用。攻克拖延的智慧首先体现在通晓自己为什么拖延。将拖延的内部心理逻辑明朗化，让自己的拖延借口变得荒诞、无法立足，而无法成为拖延的理由。然后运用"任务日程表"（时间进度，内容要求）技术，不给拖延以可乘之机，甚至可以高调公布自己的完成时限，借助外部监督力量防止拖延。

4.5 宽容之心善待拖延

即使是自称从不拖延的人也未必没有拖延记录。许多事情不是个体主观意愿所能控制的。所以，不要与偶尔的个体拖延行为过不去。临床病理学研究显示：恶性疾病的致病机理中，个体心理行为的自我强迫会导致个体持续处于紧张、焦虑之中，免疫机能因此削减，使身体修补DNA的能力下降，罹患恶性疾病概率明显提高。所以说，有时也应以宽容之心善待拖延是善待自己的生存智慧。

心理指南针

站稳讲坛，志得意满
——教师事业心最为重要的体现之高水平的课堂教学

教师的本分是完成教学工作，许多教师工作一段时间之后，往往会陷入教学生涯的瓶颈期——已经达到相当高的水平了，而向更高水平进发却不得门径。你有这样的困惑吗？

抱持一份对教育工作的事业心，追求教学的更高要求：对自己，在教学的全程自我满足、精彩呈现；对学生，循循善诱、答疑解惑。这样的要求是不是太高？

没有关系，沿着清晰的路径，拾级而上，我们完全可以做到。

1 课堂教学中的"三种声"

课堂是教师工作、学生学习的主阵地，怎样构建高效课堂，提高课堂教学质量，是每一名教师所追求的基本目标。有一次，我问一位很优秀的教师："你上课成功的最大秘诀是什么？"那位教师告诉我："课堂教学中，当我的心与学生的心'融'在了一起，教学肯定成功！"这位教师的话对我们很有启发，课堂教学的效率，实际上就表现在教师"用心"教和学生"用心"学上。师生之心相融，才能实实在在地获得教学的成功。

在课堂教学中，怎样做到师生心心相容呢？笔者认同一种说法，即课堂教学要有"三声"。

1.1 课堂教学中要有笑声

有些教师上课，严肃有余，活泼不够。课堂"火药"味太浓。教师老绷着脸，想用严厉来镇住学生。这样的课堂，会出现斥责声、挖苦声。

好的课堂教学要有笑声，课堂的欢笑声能活跃课堂气氛，激发师生教学的积极心态，形成和谐的教学氛围。让自己的课堂有教学内容引发的笑声，有教学情境设置引发的笑声，有教师幽默语言引发的笑声，有学生机敏语言动作引发的笑声……有笑声的课堂，师生关系和谐，学生注意力集中，学生学习参与度高。每一节课，教师至少要让学生笑一次。人在快乐中学习，学习更主动，接受知识更快。有笑声的课堂教学，教学效率会更高。这种笑声，应该是源于教学内容，是一种会心的笑，豁然的笑。

1.2 课堂教学中要有赞美之声

教师要改变教学中一味批评纠错的方式，用激励、赞扬之声来促使师生进入教学的积极兴奋状态。课堂教学中要有"赞美声"，它包含学生对教学内容的赞美，教师对学生学习进步和取得成绩的赞美，学生对教师精湛教学技艺的赞美，学生对学习创新的赞美……这样的"赞美"，催发师生的进取精神，激活师生沉淀的潜力，提高师生的美感品位，使教学的内涵更加丰富，师生教学互动更为融洽，提高教学的有效性。

1.3 课堂教学中要有惊讶之声

有些教师上课，比较注重教学任务按部就班地完成，但教学没有特点，少有亮点。有的教师只强调学生的机械记忆（对某些知识是必需的），容易使学生产生学习上的"枯燥感"，学习缺乏激情。因此，教学内容必须要有令学生"惊讶之处"。这考验教师是否能够挖掘教学内容并巧妙设置情景。教师本身也能呈现"惊讶之举"，这要看教师是否具有较高的素质并拿出教学绝活。"好奇"是孩子们的天性，激发学生的惊奇感，引发学生的惊讶声。这样的教学，能够培养学生学习的自觉性，培养学生的探索精神，启迪学生的创新意识。有惊讶声的课堂，教学质量一定很高。

课堂教学中的"三声"，能够拉近教师与学生的距离，使教师与学生心心相通、心心相容。这样的教学定能迸发出成功的火花！

2 课堂教学要体现"六个度"

教学怎样面向全体学生、促进学生学习质量的全面提高，已成为教育管理者评价课堂教学质量的重要指标。有教师对我说："现在的课越来越难教、教师越来越不会教了！"作为教师，我们应该学会用现代教学理念来构建高效课堂。一节课上得好不好，课堂教学质量高不高，就看课堂教学中是否体现出来六个"度"。

2.1 学生主体的参与度

教师上课面向全体学生，教学要以学生为本，以全体学生为本，应提高学生的课堂参与度。

这要求教师要学会调动全体学生的学习积极性，用符合学生特点的、受学生欢迎的教学方法来吸引全体学生集中注意力学习，而不是只领着少数几个"优"生围着教师的教学"转"的参与广度，课上得好不好，先要看参与动手、动口、动脑的学生多不多，有没有被遗忘的"角落"，有没有"差生"发言和参与教学活动。

2.2 学生心理的调适度

教学中，有时会出现"教师精心准备的课，教下来效果不好"的现象。有的教师常找的原因是"学生不配合"。其实，任何一次教学的不成功，教师都应先从自身找问题。教师备课，要"备学生"，怎样对学生课堂学习进行心理调适，是教师备课的内容之一。课堂上，教师是否激发学生饱满的情绪、是否引领学生形成积极紧张的心境、是否帮助学生消除心理的干扰因素等，是教师教学能力高低的重要标志。当一名学生回答问题错误，如果教师说一句"你怎么这么笨！"那么这名学生这节课的学习便会就此停滞。相反，如果教师引导、激励学生，学生心境会出现积极兴奋的状态，这时，学生学习的主动性、实效性都会增强。

2.3 学生思维的有效度

教师根据一定的学习目标，精心设计问题，适时提出问题，以激活学生的思维。教学中，教师要少提"是什么"的问题（许多事物一见便知，用不着去探讨它的概念）；要多提"为什么"的问题，引起学生的积极思考；要精提"如何做"的问题，通过学生学习实践活动，引领学生把思维过程转化为智能的积淀和学习方法的运用。这样的思维才有效度。

2.4 学生情感的内化度

课堂教学不仅是知识技能的传授，不能忽视学生情感的培植和内化，"情感、态度、价值观"是新课程标准要求的教学三维目标。教学中，学生热爱学习，对学习知识的迷恋、被教学内容所感动、为探索真知而追求……这是学生情感内化的表现。教师在教学的过程中，要积极采用创设情境、启迪心智等方式，不失时机地促进学生情感的迸发和内化。没有情感推动认知的教学、不是真情实感的教学、不能引起师生心灵共鸣的教学，是不成功的教学。

2.5 学生语言的鲜活度

语言是思维的外壳，课堂教学的智能信息的传递，主要是通过语言来进行的。因此，培养学生语言表达的鲜活度，是评价教学质量的重要内容。课堂上，有的教师只注意学生答问的对、错，而不太注意学生答问语言的流畅性和表达方式的鲜活性。这样的教学，是"应试"的教学方式，是不完整的教学。教学中，教师不仅要评价学生答问知识的正确性，而且要评价学生语言表达的逻辑性、规范性、流畅性，鼓励学生的个性化语言，倡导学生课堂发言要大声、大方、敢说、敢问、敢争。中小学正是学生语言发展的最佳时期，课堂教学千万不能忽视学生语言训练这一重要内容。

2.6 学生能力的形成度

教学的最终目的在于让学生形成学习能力，学生能力形成的程度是教学检测的终极指标。学生学习能力的形成是教师长期科学施教、求实训练、充分落实上述五个"度"的结果。教学中，教师能够紧扣知识点，抓住重点、突破难点、看准疑点、突出特点、展示亮点，把知识技能的学习训练有机地转换成学生能持续学习的能力。要努力消除学生只能"纸上谈兵""高分低能"，成为"考试机器"的现象。我们不反对学生考试能力的培养，如学生考试心理素质、记忆能力，分析解决问题的能力、抓住要点言简意赅表达的能力、书写规范卷面整洁的习惯等，但更重要的是要把应试能力的培养与学生终生发展能力的培养有机地结合起来，学生终生发展能力的培养，是教育的根本目标。

学校课堂是落实教育内容、落实教育思想、落实教育目标的主阵地。教育内容的落实主要体现在课堂内容充分体现出其知识性、科学性的特点；落实教育思想体现在教学内容和过程要三观正确，具有人文情怀；落实教育目标是指教育要以培养合格的国家建设者和合格公民为目标。

回顾与思考

1．你认同"做自己喜欢的事并且胜任的事，既帮助了他人，有益于社会，这就可以称为事业"的事业观吗？

2．想想十年之后的自己，如果那时依然认同今天你选择的职业和成长道路，你今天对未来的设想就是对的。从本篇中你可以获得什么启示？

第五章

温润心灵，生命长久

——率先做一名休闲娱乐的获益者
和倡导者

中小学教师常常被局外人羡慕有法定的星期天、节假日之外的寒假和暑假。然而我们会发现，在中小学教师中，许多人的生活除了正常工作之外，并不太会安排休闲娱乐活动。

诚然，教师的"长假"只是看起来长而已，真正休息的时间并没有那么长。据调查，我国中小学教师的周工作时间平均达到了54.5小时，超过法定工作时间的25%，身为教师，"早来晚走"已经成为了一种常态，更何况教师还有很多无形的加班，家访、课后辅导就不一一细算了，即使学期结束，学生考完放假，教师还要阅卷、开会。才会有教师说"不要羡慕老师的寒暑假，这都是老师9个月超负荷运转换来的"。教师的寒暑假和休闲时间更显珍贵。

出于以上对中小学教师现实生存状况的充分认知，本篇推出《劳逸结合，方得长久——教师休闲娱乐的心理价值与心理策略》这一"主旨心理报告"。紧随其后的是"现实话题关注"：《深知之后，依然真爱——深度还原教师累的真正原因和自主调整的心理策略》，启发和引领你从现实工作的负重和压力中获得心理解脱。最后的"心理检测包"是一个检测你过自己想要的生活的能力的《人生规划心理测试》，你会生发出以学习者的心态追寻自己幸福人生的崭新姿态。最后，在"回顾与思考"环节，预留了三个问题。

主旨心理报告

劳逸结合，方得长久
——教师休闲娱乐的心理价值与心理策略

休闲娱乐在许多国人的生活中是没有一席之地的，这是由我们这个国家和民族源远流长的文化传统和价值导向决定的。由此引发了两方面的可悲而又可笑的问题：其一，思想观念上否定休闲娱乐。许多人认为，休闲娱乐的近义词就是玩物丧志、虚度光阴；其二，现实行动中排斥休闲娱乐。从事休闲娱乐的人甚至会背负沉重的自我谴责和社会舆论压力。

修正和发掘国人从事休闲娱乐活动的心理动力，探讨如何从事休闲娱乐的规则成为本文的使命和价值所在。教师作为传承我国优秀文化传统，传播正确健康价值观的重要桥梁，其作用和任务尤显重要。

1 休闲娱乐的心理价值和实施策略

有这样一位被尊为学界泰斗的先生，遍布全国各地的弟子们济济一堂，为他庆祝95岁华诞。大家盛赞先生在学术探索生涯中取得的里程碑式的成就和教书育人桃李满天下的美誉。先生淡然一笑，示意大家去庭院外呼吸一下新鲜空气。

先生的寓所位于华南第一学府的校园一隅，弟子们簇拥他来到别墅外，大学校园的远景近况尽入眼帘——大榕树下，一群少儿在玩弹子游戏，一会蹲，一会趴，时而凝神屏息，时而爆发欢笑；一对青年学生模样的男女在池塘边的石凳上落座，男孩神采飞扬，女孩含笑依偎；一对年轻的夫妇追随在脚踩踏板车的顽童的身后，爸爸开心地喊加油，妈妈担心地叫小心……先生投入地看着，两行浊泪从深陷的眼眶里流淌出来。弟子们莫名惊恐：先生这是怎么了？

先生是被眼前看到的一幕幕场景深深吸引了，这是多么美好的生命画卷呀！而自己的一生好像从来就不曾经历过。先生返回房间，写下一首题为《耄耋心语》的十四行诗：

童年功名教育，远离玩耍游戏；

少年追求卓越，一心出国留洋；

青年异国打拼，爱情寂寞花开；

中年报国酬志，没有温馨时节；

老年盛誉加身，鲜花掌声淹没；

不觉油尽灯息，何时安闲片刻；

期待一生如梦，一切从头来过。

在生命即将走到终点的时候，先生感悟到了什么？

在人生的大舞台上，休闲娱乐是色彩明快的一幅画、富有乐感的一首歌。没有色彩和歌声的生活是了无意义的寂寥人生。审视我们自己和所熟知的人的生活质量，休闲娱乐在公众生活中的普遍缺失和扭曲的现象普遍存在。人生的意义，就其终极价值和最真实的意义而言，是我们内心的真实感受。

由于我们社会的主流价值理念和文化传统倡导创造、奋斗的取向，回避和压抑人的本性对轻松、愉悦的偏爱。这直接导致了休闲娱乐在我们的生活中"没有正当价值认同，缺乏应有存在时空"的局面。于是，修正国人关于休闲娱乐的价值理念和行为取向成为一项非常有意义的工作。

2 休闲娱乐的心理动力学

休闲娱乐的价值和功能至少可以体现在如下十个方面，这正是我们热衷其间的心理动力所在。

2.1 突破生存困境

日常生活的单调、学习工作的辛劳、有形无形的制约、身心和谐的缺失、状态低迷的困境、前途无"亮"的痛苦……是我们每个人都难以幸免的生存困境。我们在现实生活中遭遇挫折、面对无奈是在所难免的。心理学研究表明：专注于对某种令人愤怒、悲痛、焦虑、无奈的对象或情境中，个体会出现意识范围狭窄、智力水平下降、意志努力消亡、非建设性行为上升的恶性循环效应。如果个体的注意力转换到无关的活动中去，个体可以有效地实现"换一个视角看问题、重拾信心与智慧"的自我升级。根据这一原理，我们采取注意转移策略，借助适当的休闲娱乐活动，达到调节生活作息、弥补身心匮乏、恢复充沛体力、维持健康身心的目的。

2.2 宣泄负面情绪

与积极的情绪是一种宝贵的建设性活动能量相反，消极的情绪是一种破坏性的能量。这种能量的产生和积蓄，会以两种方式释放出来：一是消极面对现实生活、冲动处理具体问题的外部攻击取向，致使自己的处境更为糟糕、问题更难解决；二是表现为自责、内疚、自卑、自我惩罚的自我攻击取向，各种身心问题由此产生。根据情绪管理的"全方位激发和维持积极情绪，为建设性的人生目标助推加油；多渠道监控和释放消极情绪，为内心和谐的生活状态调校保障"的健康心理新理念，个体主动将休闲娱乐活动纳入自己的生活日程中来，在放松身心的休闲娱乐中，可以摆脱沉重的精神压抑、缓解负情情绪、释放非理性冲动，获得休养生息与从头再来的理智和勇气。

2.3 提升个人价值

自尊心理的研究表明：自尊是一个动态的自我总体评价过程。"维持自尊的动机"要求个体经常性地在"参照性活动"和"展示性活动"中寻找和证明自身的价值感与优越感。当主流的学习、工作、事业、社会地位等个人价值的心理支撑点已成定局，休闲娱乐活动就成为更具机遇和变数的新的个人价值的心理支撑点。在根据自己的兴趣、专长等优势资源配置的休闲娱乐活动中，个体更有可能借助在活动中的积极表现、优秀展示，取得补偿个人缺陷、修正自卑感、满足潜意识需求的多方获益。即使我们是一个身份卑微的人，如果在休闲娱乐活动中有过人之处、独门绝技，在原有社会角色隐形（职场中"我是干什么的"角色定位自己放下了，对"你是干什么的"角色认知别人忽视了的情境）状态下，能够产生羡慕、欣赏、敬佩等一系列观众心理效应。这无疑可以对个体良好的自我效能体验的形成、自我价值感的获得具有积极的催化作用。

2.4 促进人际关系

竞争心理的研究发现：正式的诸如学习、工作之类的活动往往要求参与者遵循严格的规则，活动的结果也具有"区分高下，决定输赢"的效果而使每一个参与者不得不以"竞争过度，合作不足"的状态投入其中。由此导致在正常的学习、工作中，普遍存在社交圈狭窄、人际互助非常有限的问题。与此构成对比和补充的是，在休闲娱乐活动中，结果已经不再重要，过程的意义凸显出来。竞争色彩明显淡化，合作氛围显著提升。通过休闲娱乐活动，我们可以增加与他人互助的机会，不但可以认识和结交更多志趣相同的朋友，而且能够扩大视野、更新观念、满足归属感。更因为我们从中真切体会到的人际交往与合作的宝贵经验，从而有益地促进个人成熟的社会化历程。

2.5 学习新知新能

现代社会正发生着日新月异的变化，我们应该让毕生学习和成长成为生活的基本理念和生活常态。运用休闲娱乐的便利方式，个体可以在轻松愉悦的自然过程中，从同伴那里获得新的信息、通晓新的技能，这已经成为个体寻求知识更新和技能提升的重要方式和途径。

2.6　避免角色呆板

社会角色心理理论揭示：每一个人进入正式的社会活动领域之后，都会经由社会活动的规则或潜规则的指导与暗示进入适当的社会坐标点。这是稳定的社会和有序活动的必然要求。但是，社会坐标点的相对稳定性对每一个个体个性的自由和活动的自主造成必然的妨碍和束缚。社会角色扮演会让一个人逐渐形成一种固定的面孔、不变的心态、刻板的行为方式。作为个性解放和活动自由的自主地带，在休闲活动中，我们进行角色的重新定位，人人都会为投入角色扮演而做出自主调整。这是对职场角色的重新洗牌，非常有利于解放自我。可使我们有较多机会扮演与体验我们不曾经历过的多样化的角色，转变习以为常的刻板角色扮演方式。

2.7　获取社会参照

生活的意义与质量的评估和体验是在社会比较过程中产生的。正常情况下，我们的学习、工作范围是局限于一个相对封闭的环境之中的，平日较少接触社会的其他层面。久而久之，会对现有的学习、工作、生活状况习以为常，优越者感受不到最初的幸福，也逃避了应该担当的社会责任和义务；中间者麻木于当下的生存状况，体验不到更为优越的生存状态，也因缺乏对其他圈层人士生存状况的比较而没有基本的满足感和感恩的心。借助休闲娱乐活动的机会，我们可以深入社会的其他层面，了解各种社会现象与民众意愿，对社会各阶层有更为真实的了解和比较，积极感受生活给予的幸福，乐于担当社会责任和义务。

2.8　拓展职业空间

生涯方向的探索是人生成长的过程，为此我们可能会付出漫长的努力和沉重的代价。然而，在轻松而无后顾之忧的休闲娱乐氛围下，借助朋友的启发和帮助，我们可以发现以前不为自己所知的优势和潜能，为新的职业生涯的探寻和拓展创造条件，实现职业生涯的困境突围和华丽转身，达成自我实现的目标。

2.9　和谐家人关系

我们可以安排家人一起从事休闲娱乐活动，在自然而无拘无束的非正式情境下，不但能有效实现真实坦诚地沟通、消除彼此的误会，亦可增进对彼此的了解，有助于家人之间建立和增进和谐的亲情关系。

2.10　广播关怀爱心

休闲娱乐是远离功名利禄的特别时空，我们都会在休闲娱乐的情境中，表现出乐观开朗、利他助人、富有爱心、良性互动的人性中真、善、美的品质。这对他人是有益的，对我们自己也是人性的新体验、再升华。考察个体在休闲娱乐的氛围中的心理行为方式，我们会发现：无论在正式的生活工作中，一个人的心理行为风格是多么自私、冷漠、狭隘，一旦进入休闲娱乐情境模式中，都会表现出对常规心理行为方式的积极转换倾向——表现出更多的利他、热情、宽容的心理行为。个人社会形象管理的心理研究揭示：正常的个体普遍存在正向修正自己在他人和公众面前形象的动机。无疑，休闲娱乐活动的宽松、自由氛围，激发了个体修正良好个人形象的最佳时机。

3 提升你的休闲娱乐水平的心理策略

如果你已经认同休闲娱乐的心理价值，一定会寻求对休闲娱乐的指导。下面的内容正是为你设计的。

3.1 量身定做，适合为佳

关注自己的真实需要，由衷生发的心理动力是最为宝贵的。我们可以从"自己平时最为关注什么休闲娱乐活动、最为羡慕什么人所具有的文艺体育专长、最为遗憾自己在某个方面的业余才能未被开发、最为便利可以从事什么休闲娱乐活动"四个方面锁定自己的休闲娱乐活动项目。

3.2 潜心钻研，提升品位

任何一种休闲娱乐活动都有其原理、技法和技巧。在从事某种休闲娱乐活动的过程中，借助自己比较便利的途径学习入门之道、操练常规之法、体悟精妙之术，这本身就具有将注意力从令人倦怠的职场、平淡如水的生活中完成大转移、实现大投入的重要作用，加之技艺的与日俱进给人带来的自我价值体验，更会使人产生如沐春风之感。

3.3 解除心结，积极投入

只有打开精神的枷锁，才能放飞自由的心灵。许多人不给自己的休闲娱乐以应有的时空，是因为在他们的头脑中存在一个"因果倒置、循环论证"的荒谬逻辑——"因为工作生活压力大，所以没有机会和心情去休闲娱乐"。其实，不是等待有机会和心情的时候才去休闲娱乐，而是没有正常的休闲娱乐导致心情不佳，因而感觉工作生活压力大。理顺了"工作生活压力、心理体验、休闲娱乐"之间的关系，就会给休闲娱乐以应有的生活位置，并且体验到相得益彰的境界。

3.4 遵守规则，量力而行

休闲娱乐自有其"尽人可以求教，随处能够查阅"的显规则，也有"唯有自己体察，没有人会告知"的潜规则。无论是显规则还是潜规则，多一些通晓的洞明，少一些无知的违禁，都是让休闲娱乐给人以持久、愉悦的精神享受的前提和保障。

现实话题关注

深知之后，依然真爱

——深度还原教师累的真正原因和自主调整的心理策略

1 工作时间超常地长

不了解教师行业的人，常常误以为老师一天只上2～3节课，还有双休日和寒暑假，休息时间很多，实际情况却并非如此。

我国中小学教师每周的实际工作时间平均值为54.5小时。其中教师每天在校平均工作时间为9个小时，工作日每天晚上工作时间为1.5小时，每个周末用于工作的时间为2个小时。许多教师每天早上6点半就起床，上课、坐班、上晚自习，一直要忙到晚上10点钟才回家，还要备课2小时，直到凌晨才能进入梦乡。

如此长时间超负荷运转，使教师身心都处于极度疲劳和衰竭的状态，生活质量受到了影响，职业幸福感自然也不会高。教师很累！这既是很多中小学教师共同的感受，也是很多教师不愿意让自己孩子当老师的重要原因。

【自主调整的心理策略】

关注一下你现在的心态，是否真诚地期待找到一个能够解决你工作负担太重的心理策略。如果回答是肯定的，那你就继续向下看。

（1）唤醒初心

告诉自己：做一名中小学教师，是我独立自主的选择。当初我能够获得这样一个职位，是经过艰苦努力赢得的。许多人想要，然而是我幸运地得到。这是一个唤醒你的中小学教师职业初心的过程。"不忘初心"时常被我们挂在嘴上，然而会经常被忘记。

（2）工作分析

做一个24小时记录表。完整记录全天的时间分配和活动内容。在这个记录表中一天24个小时的时间分配和活动内容就一目了然了。你会发现：日常生活事务、正常睡眠休息、教学工作时段、其他必要活动几乎是平均分配了自己的24个小时。这样的分析有三个作用：其一，我用在教学工作上的时间，其实并不是特别多；其二，每一个时间板块上都可以做得更有效率，从而节余出一些可以用于休闲娱乐的时间；其三，如果我以更加积极乐观的心态从事教学工作，我可以做得更加轻松、更有创造性。

2 非教学任务重

课堂教学是中小学教师的本职工作，但现实中教师往往还承担着大量的非教学任务。调查显示，中小学教师用于课堂教学的时间不足总工作时间的四分之一。

这些非教学任务，一些是与教学相关的支持性工作，例如教学计划与备课、教学评价、教学反思、课后辅导、学生和班级管理、组织学生课外活动、教研活动、听评课、参加各种学习培训和竞赛等。另一些则是各类行政和辅助性工作，例如参加各类事务性会议、参与常规学校事务、各项文案工作、协调师生和家校关系、组织家长会、为应对上级的各项检查验收做准备等。

【自主调整的心理策略】

如此繁杂的事务，使教师承担着难以想象的压力和负担，教师的职业幸福感受到很大影响。

许多中小学老师在面临日益增多的非正常教学事务的时候所表现出来内心的排斥。为此，笔者建议中小学教师可以这样做。

（1）调整心态

我们反感和排斥做正常教学工作之外的事务的心态，必须认真正视和调整。在改革发展的路上，永远不变的规律就是"变"。在教育变革过程中，中小学教师的角色定位、岗位职责、衍生职能，都会因需作出调整，坦然接受这些变化，感觉会更好。

（2）胜任挑战

审视一下我们感觉特别累、特别烦的工作，就会发现：这种累和烦的感觉，其实是因为我们不熟悉新的工作的工作性质、工作能力，因不能胜任工作进而产生焦虑感和挫败感。我们不妨谦虚地学习、扎实地努力，当我们能够胜任工作挑战的时候，就没有排斥和反感的感觉了。

3 学生越来越不好管

教师平时事务繁多，特别希望班级的学生能让自己省心一点，然而往往事与愿违。学生迟到、不遵守课堂纪律、不做作业、逃学、打架、化妆、早恋、跟别的老师闹矛盾……学生的各类问题让教师大呼头疼。如今教师管教学生的手段有限，不能体罚学生，即使批评学生，也得拿捏分寸，久而久之会使教师束手无策、愈发烦躁。

如今大班教学仍是主流，班级秩序很难维持，个别学生的问题，教师往往无暇顾及。现在的孩子从小娇生惯养对教师的管教行为不仅不服从，有时还会对抗，让教师备受挫折。

【自主调整的心理策略】

走进学生的内心世界，是一名合格的教师的基本能力。一名教师感慨学生难管的时候，自己要反思这样说话的正当合理性，我是否已经尽到自己的努力，面对新挑战我是否有新的方法去应对，那些受学生欢迎的同行有哪些值得借鉴的地方。

4 家长很任性不配合

虽说教师和家长是学生成长路上的合作者和同路人，但确实存在部分缺乏责任心的家长，把孩子送到学校后，认为孩子的一切都应该由老师来负责，除了学习成绩，还有人品、习惯、安全……将本属于家庭教育的责任都转嫁到教师身上。

这种类型的家长，虽然平时不管孩子，但一旦对孩子的期待没有实现，就对教师各种指责和非议，不反省自己的问题，反而将责任全部归咎于教师，丝毫不顾教师在超负荷的工作之中，根本不可能将太多的精力分给每一个单独的学生。家长制造的校闹事件屡见报端，有的事件甚至让教师备受屈辱，感到寒心，职业幸福感荡然无存。

【自主调整的心理策略】

由于部分家长本身受教育水平较低或是当下的工作生活状况不尽如人意，往往会心态失衡，许多思想观念、行为方式存在问题。认识到这一点，我们不应该愤怒和反感，而是要激发起一份职业的责任心和使命感。从教师的角度给家长们如何做家长提供观念更新、知识传递和方法指导，对家长的理解和包容是我们做教师的人应有的姿态。定位于此，你会平和很多。

5 安全责任利剑高悬

保障学生安全是学校的基本义务，这一点本无可非议。但在学生安全方面，面对全社会的高关注和严厉究责的态势，基层教育系统特别是学校管理者无不战战兢兢、如履薄冰，安全工作占据了教师相当一部分的工作精力。

学校和教师的安全责任边界不清晰，一切都以"不要出事"为重，让教师成了保姆和保安，在学生课间也不敢休息，轮流值班，唯恐学生出现安全问题。"圈养式"教育模式愈发盛行，对抗性的体育运动、外出活动等被竭力避免，立德树人、教书育人变成了"戴着镣铐跳舞"。背负着过于沉重的安全责任压力，让教师在育人工作中噤若寒蝉，职业幸福感也受到了影响。

【自主调整的心理策略】

每一个鲜活的生命都值得保护，从这个意义上讲，教师管理学生的安全责任是不可洞穿的底线。但是也没有必要每天都提心吊胆，诚惶诚恐。我们要坚定的相信，绝大多数学生的心理状况是很健康的，中小学生心理健康基本上是稳固可靠的。极少数学生的心理健康问题可以理解、辨识、控制的，我们只需要在极个别学生的心理健康问题上给予重点关注和关心。及时发现发现哪些学生状态不太对，感觉自己能够影响他，就去关心和帮助他，如果自己无能为力，就转介给专业的心理老师。

6 付出那么多，所得那么少

教师归根结底是一项职业，教师也是劳动者，也需要养家糊口、孝顺父母、教育子女、购车买房。教师渴望更高的收入待遇，也是人之常情。但现实中，教师的收入与心理预期往往差距较大。

随着教育事业的发展，人们对教师的社会期望和要求越来越高，但教师待遇的提高速度并未达到多数教师的预期。"付出多，回报少"的感受让许多一线教师心理不平衡，对他们的工作积极性和职业幸福感产生了较大影响。

健全教师工资保障长效机制、实现稳步增长、确保不低于或高于当地公务员工资水平，是教育改革的工作重点之一。通过健全符合教师职业特点的工资分配激励约束机制，充分发挥绩效工资的激励导向作用，让教师工作更体面、更有尊严，才能切实提高广大教师的职业幸福感。

【自主调整的心理策略】

首先，深刻理解教师这一职业的高尚性，明确政府、社会对教师的职业的尊重和对教师的精神和物质支持。平和心态，不急功近利。其次，将眼界放宽，充分了解那些高收入人群的付出，明白各行各业没有艰苦的付出，很难轻易获取与之匹配的财富。

8 社会关注，压力山大

人们常说，教师是太阳底下最崇高的职业。教师工作是传播知识、传播思想、传播真理的工作，是塑造灵魂、塑造生命、塑造人的工作，理应受到尊敬。但老师们经常感受到的，并不是与教师的职业责任相匹配的社会地位，而是对教师不切实际的要求。

百年大计，教育为本。教育大计，教师为本。教师在学生成长过程中所扮演的重要性不言而喻，但并不意味着教师就应该是无所不能的。社会赋予教师众多的光环，固然是对教师职业价值的肯定，但也导致了社会大众常以圣人的标准要求教师，不允许教师的思想和行为有一点瑕疵。对教师的负面报道，往往引来铺天盖地的社会舆论指责。

这种苛刻的态度，漠视了教师的人性，不仅不利于提高教师的工作热情，反而给教师造成了很大的心理压力。教师的行为被放在放大镜下审视，让许多教师在工作中谨小慎微，明哲保身，失去了热情与活力，职业幸福感自然不高。

【自主调整的心理策略】

其一，正视社会关注的积极正面意义。让自己成为更为符合社会对中小学教师合理期待的人民教师。以积极心态面对社会的期待，会发现自己有许多成为更好的自己的成长空间，就有了主动适应社会的要求和期待的发展定位。这是一种很好的人生状态：个人在思想境界、人生格局、知识视野、工作能力、品德修养各个方面，始终保持一个不断学习、不断成长的状态。

其二，工作之余进行角色灵活转换。角色固着的状态，让我们会活得很累。这提醒我们不要总是想着"我是一名教师"，正常工作之余，学会转换其他与环境、场合、人物、对象相匹配的角色，扮演购物活动中的消费者、休闲娱乐活动中的爱好者、观影听歌活动中的发烧友等。

心理检测包

人生规划心理测试

温馨提示

人与人之间是存在差别的，这是客观事实，我们应该承认这一点；同时，人与人之间的差别是可以改变的，这也是可能的，我们应该相信这一点。如实进行下面的符合你的内心实际的选择，你会清楚你的人生规划潜能如何；认真阅读所有选项，你会找到提升自己的人生规划能力的方向和途径。

1. 我由衷向往和热切追求当家作主、幸福美满的生活。从来不习惯于听天由命，任凭命运的摆布 （　　　）
   A．非常符合我　　　　　　B．基本符合我　　　　　　C．不清楚
   D．不太符合我　　　　　　E．根本不符合我

2. 我从小就不能容忍身边的人超越自己，总是积极寻求尝试反越位成功的方法和时机 （　　　）
   A．非常符合我　　　　　　B．基本符合我　　　　　　C．不清楚
   D．不太符合我　　　　　　E．根本不符合我

3. 我不太相信等待机遇和幸运的悄然降临，我认为自己的努力和奋斗才是最可靠地取得人生成功的法宝 （　　　）
   A．非常符合我　　　　　　B．基本符合我　　　　　　C．不清楚
   D．不太符合我　　　　　　E．根本不符合我

4. 我不是一个容易随波逐流的人，凡事有自己的主见和判断 （　　　）
   A．非常符合我　　　　　　B．基本符合我　　　　　　C．不清楚
   D．不太符合我　　　　　　E．根本不符合我

5. 我有比较强的时间观念和效率意识，感觉让时光虚度是非常无聊和对自己不负责任的行为 （　　　）
   A．非常符合我　　　　　　B．基本符合我　　　　　　C．不清楚
   D．不太符合我　　　　　　E．根本不符合我

6. 我与别人在一起，经常感觉自己与众不同，总是有让人觉得新颖的想法和主意。我从小就是同龄人中当然的核心人物 （　　　）
   A．非常符合我　　　　　　B．基本符合我　　　　　　C．不清楚

D．不太符合我　　　　　　　E．根本不符合我

7．我做一件事比较注重做事的方法和策略，追求效率的显著和结果的完美。我很享受"想到才会做到，付出总有回报"的生活掌控感　　　　　　（　　）

A．非常符合我　　　　　B．基本符合我　　　　　C．不清楚

D．不太符合我　　　　　　　E．根本不符合我

8．我经常思考如何赢得身边长者和同伴的信任，我很清楚有事情需要别人施以援手时，他们是我的同路人和支持者　　　　　　　　　　　　（　　）

A．非常符合我　　　　　B．基本符合我　　　　　C．不清楚

D．不太符合我　　　　　　　E．根本不符合我

操作手册

从结构看，这份人生规划潜能测试关注了一个人在现实生活中是否具有规划的内心意愿、动力、策略、方法的四个探测点。A、B、C、D、E各选项的得分依次是：5分、4分、3分、2分、1分。满分是40分。

如果你的得分在8—12分，说明你非常缺乏人生规划潜能，长此以往，你的人生会非常被动；如果你的得分在13—20分，说明你不太有人生规划潜能，你必须注意提升人生规划的意识和动力；如果你的得分在21—28分，说明你的人生规划潜能不足，有待全面提升；如果你的得分在29—34分，说明你有比较好的人生规划潜能，还有人生规划能力成长空间；如果你的得分在35—40分，说明你有非常好的人生规划潜能，美好的人生在召唤着你。

如果你的得分比较不满意，你重新选择感觉"得分高"的选项，按照那样的选项调整和改变自己，你也会轻盈转身，成为一个人生规划的高手。

回顾与思考

1．你自己有相对稳定的休闲娱乐活动吗？你怎样评价身边那些会玩的人？

2．你会为自己的教师职业中的什么事项感觉累？你认为主要原因是什么？

3．面对工作中的压力和挑战，你的心态如何？回顾一次比较成功的自主调整的做法。

第六章

世事何难，有心可为

——直面中小学生管理问题，寻求
构建师生关系良策

2019年，某地一中学教师提水桶在校门口给学生卸妆的视频在网上引发热议。视频显示，一群提着行李的女生排着队，一名男教师在擦完一个之后，把毛巾放进身边的水桶里投一下，再继续擦拭下一个女学生的脸。后涉事学校称，初中生禁止化妆，此前曾多次引导，收效不佳，才会采用这种办法。学校这次这么做，是希望能改掉学生的不良习惯。此案例属于一起自媒体时代的舆情事件，曾在网络引发争议。批评者认为校方做法"简单粗暴"，严重伤害了学生的自尊。赞同者认为学校和老师有权对学生进行管束，纠正其不当行为。在常规性的劝诫教育无效时，学校和教师有必要采取更有力度的管理举措。

许多中小学教师感叹，今天的教师难做了——学生难管，家长任性。但是，也有教师投入学生管理之中，非常有成就感。人与人之间的差异真大呀！既然那么多的教师感觉难，自然不可回避，让我们一起探索中小学学生管理问题。

开篇送来的"主旨心理报告"是《学生问题，我有良方——剖析中学生常见心理，解决班级管理问题》。本篇的"现实话题关注"是《做一个温暖善良的人——深度关注和思考网红兰会云老师学生管理工作的心路历程》的真实事迹，他的努力会让我们许多人蒙羞——人家做的，我却不行。最后，在"回顾与思考"环节，预留了三个问题。

主旨心理报告

学生问题，我有良方
——剖析中学生常见心理，解决班级管理问题

过去我们经常可以发现一些对学生管理信心满满的中小学教师，他们往往是管理经验丰富的资深教师，或是有"独门绝学"的传奇老师，总能让学生乖乖听话。

笔者回忆自己学生时代深受学生爱戴的老师——初中时的班主任陈老师，同学们后来开玩笑说：老师的声音像播音员，形象如大明星，眼睛的余光都是放电的，你还什么都没说他似乎已经知道你想要说啥。你只有敬重他、热爱他、遵从他、效仿他。那年冬天，笔者患了腮腺炎，疼肿得吞咽一口水都显得困难。考虑到还会传染其他同学，身为学校校长的父亲让我就不要去了，等病好了再去上学。我坚决不同意，给出的理由是今天陈老师安排我带同学们晨读。我父亲显然是被我对老师安排的"重要任务"的忠实态度震动到了，一字一顿地说："班主任让你去上学，你遵守，很好。现在，我以校长的名义命令你，你已经无法发声领读了，在家休息。"下面我的表现"燃爆"了，那是我记忆中是第一次对威严的父亲大声回敬："校长管不到我，我听班主任的。"我父亲静默了许久，转而带上我去学校。让我先留在他的宿舍里，让陈老师亲自过来摸着我的滚烫的脸和红肿的腮。老师赞赏了我热爱上学的态度，让我安心养病。我至今记得父亲对陈老师明显的赞赏中夹杂的羡慕嫉妒的复杂表情。不过，可能就是我的原因，全班一半以上的同学都得了腮腺炎，父亲罚我让我用家里所有的鸡蛋（用一种植物草药煮过，有治疗腮腺炎功效）带给班上生病的同学，代价是后面全家一个月没有吃鸡蛋。

我们注意到关注中小学生管理的话语体系非常杂乱，相对高认可度的《中小学生五项管理》也只是从教育行政的立场出发关注中小学生管理的五个方面，并没有给予一线教师以具有实际意义的工作引领。于是，我们运用中小学一线教师访谈模式，整理出10个中小学生管理的教师（尤其是班主任）关注度高并且具有挑战力的问题。我们按照与中小学生关涉程度高低进行了排序。

1 心理闭锁，懂他靠猜

这是在中小学生中存在的一类"小小年纪，故作老成"的现象，早早失去青少年

应有的天真活泼、阳光灿烂的"心理透明"的状态，故作深沉地表达"我的开心，我的烦恼，你全都不知道"的处世态度。这种"面无表情、没有笑脸、问话不应、点头摇头"的常态化、普遍化表现，让教师感觉带不出中小学生"好好学习，天天向上"的状态，上课讲不动、谈话不入心。

青少年心理健康教育专家对这一现象归因为以下几个方面。（1）家庭结构：家庭小型、同伴缺乏；（2）家教方式：亲子交流低频、电子产品依赖度高；（3）幼教问题：过早课程化幼教、运动安全禁忌多；（4）学校教育：文化课程太多、文艺体育教育太少、管理过多过细、缺乏自由氛围。

2 目中无人，狂妄自大

这是在中小学生中存在的一类"个性强势，百无禁忌"的现象，其中"冒犯老师、攻击同学、随意违纪、没有禁忌"是最让人头痛的问题。

青少年心理健康教育专家对这一现象归因为以下几个方面。（1）家庭教养方式：溺爱无底线，驹大不立威；（2）长辈主导抚养：老人没有觉得是问题，不想管，父母觉得确实是问题，管不到；（3）教师重学轻教：教师普遍存在侧重文化知识教学，忽视乃至放弃品德教化职责；（4）班级氛围冷散：班级内部缺乏凝聚力和积极向上的氛围，对学生产生负面影响。

3 没有教养，我行我素

这是在中小学生中存在的一类"行为没有边界，只求自己开心"的现象，表现在言行的修养、内心的廉耻都没有基本的心理行为约束。自己怎么做都可以，只要我乐意；别人怎么反感都无所谓，只要不正面冲突。

青少年心理健康教育专家对这一现象的解读是：（1）家庭影响：家庭中个人公众心理形象意识薄弱；（2）家长指导：纵容子女在家庭中的任性；（3）学校教育：良好心理行为习惯养成教育没有成为学校重点教育内容；（4）教师失责：老师忙于或者懒得关注一些同学自然表现出的粗俗、猥琐、贪婪、损人的心理行为。

4 草莓人格，触碰不得

这是在中小学生中存在的一类"容易受伤，容易激惹"的现象，别人不经意、不小心地冒犯、妨碍，就夸大事实、大呼小叫、找老师哭诉、向家长求援。

青少年心理健康教育对这一现象成因归结为以下几个方面。（1）家庭宠爱过分：在家里一点小受伤就全家关注；（2）家长传递错误观念：在学校绝对不要吃亏。万一你吃了亏，爸爸妈妈给你讨还公道；（3）心理素质脆弱：源于遗传基因、生理健康、过往成长史多种因素导致的内心的脆弱感；（4）适应学校生活困难：学生不能很好地适应学校生活，处于劣势心理位置。

5 自私任性，格局狭小

这是在中小学生中存在的一类"个人边界过于清晰，个人利益追求心重"的现象。心理活动为任何人不可以让他付出任何东西（做事、履责），自己应该得到的又必须得到，一丝一毫也不能少。

青少年心理健康教育专家对这一现象成因归结为以下几个方面。（1）家庭环境：整个家庭就是与社会亲属老死不相往来的家风，家庭成员内部也是个人物品边界过分清晰；（2）一家之主：家庭中最有影响力的家长的"过度自私狭隘"对家庭中的青少年影响至深；（3）学校教育：学校在宿舍文化、教室文化、公共生活空间设计中没有引领青少年突破原生家庭影响的成长蜕变氛围；（4）教师教化：教师视学生的个性阴暗为已然天成、无可改变，或者教师根本就没有意识到这其实是学生个性的严重缺陷而无心无力施加影响。

6 嫉妒心重，攻击性强

这是在中小学生中存在的一类"竞争意识狭隘，竞争观念极端"的现象，心理活动为任何人都不能超过他，任何人也不能有超越他的机会和可能。

青少年心理健康教育专家对这一现象的解读是：（1）家风家教：通常是父辈的过度竞争作法影响了儿童青少年；（2）家长影响：家长向孩子传递了一些注重个人在集体中的优势地位的极端思想；（3）学校文化：重视学习成绩、考试分数、获奖名次，轻视品德教化、阳光心态、君子风范；（4）教师示范：一些教师作业点评、考试反馈中，不恰当的言辞引发一些同学对比自己优秀的同学产生不良心理反应。

7 竞争心盛，不会合作

这是在中小学生中存在的一类"竞争观念太重，合作意识太弱"的现象，任何事情都争高下、论输赢。为了取得竞争优势不择手段，为了达到竞争目的不惜鱼死网破。

青少年心理健康教育专家对这一现象的成因归结为以下几个方面。（1）既往社会风气：过分强调竞争，忘记竞争后果；（2）家长观念蛊惑：家长在学生时代、职场生涯、爱情竞争等诸多方面对孩子传递了许多已经滞后的思想观念；（3）学校文化传导：学校将学生个人评价方法视作圭臬法宝，个人评价无所不在，一切表现量化分数；（4）教师推波助澜：许多教师的思想观念中缺乏对集体主义的由衷认同。

8　发育超前，头脑复杂

这是在中小学生中日益明显的现象，表现在小小年纪就掺杂了世俗的价值取向，尤其热衷社会八卦等。

青少年心理健康教育专家对这一现象的成因归结为以下几个方面。（1）低俗社会文化误导：一些非常低级的文化糟粕通过影视作品、自媒体平台给儿童青少年带来负面的市侩气影响；（2）家庭八卦纷争浸染：家长讲话不注意场合，无视子女存在，谈职场争斗，讲社会奇闻；（3）学校文化教育阵地失守：学校不注意通过文化平台、活动设计，以风清正气、主流价值的文化清流去涤荡和对冲社会家庭世俗文化的影响；（4）教师言传身教影响：个别教师不够自律，传达错误价值观。

9　智力超常，反受其害

这是在中小学生中存在的一类学生自身比较聪明，掌握知识很快，但就是不好好学习，学习态度不端正的现象。这样的学生的存在，每天都在重复着龟兔赛跑的寓言故事。

青少年心理健康教育专家对这一现象的成因归结为以下几个方面。（1）家庭文化熏陶：家里经常开麻将桌、搞酒友会，不重视家庭正面教育的氛围形成。（2）学校培养机制：儿童青少年是国家的未来和希望，他们的智力是国家未来科技、管理、文化、教育的重要智力资源。对智力超常的优质资源，应该进行富有责任心和使命感的勘探保护、优化培育。

10　智力落后，个性受损

这是在中小学生中存在的一类"难以胜任正常学习任务，导致自我概念遭到破坏"的现象，这类学生在学校学习的整个经历就是找不到开心快乐的理由，要么自卑到怀疑人生——消极抑郁，要么自我解嘲地认命——我不是读书的料。

青少年心理健康教育专家对这一现象的成因归结为以下几个方面。（1）家庭回避或者忽视问题：智力落后，早期培育补偿的黄金时期错失；（2）家长放任或者偏执对待：无视子女不能胜任正常学习任务的事实，做出适当的调整；（3）学校智力分级教育：许多人认为这是歧视智力落后学生，其实这是一份真实的爱的保护；（4）教师差别实施教育教学：许多教师认为差别化教学，对教师的要求太高，其实，就像一个钢琴师弹钢琴一样：恰好是每一个键盘都具有各自的音阶、音质、音色，才会弹奏出宛若天籁之音的作品。

确保教师自身的思想觉悟、综合素养与时代同步、与国家同频、与政府同心，从而有底气、有格局、有办法将风清气正的时代主旋律传递给同事（让同事做你教育工作的得力合作者）、家长（尊重、理解和配合教师的教育工作）、学生（主动接受老师的引领和教育）。教师平时全力以赴在做的知识传授固然重要，但是，教师唤醒学生"大写的自己"——有家国情怀、有人生抱负、有昂扬斗志、有扎实品质，必将让学生受益一生。

做一个温暖善良的人

——深度关注和思考网红兰会云老师学生管理工作的心路历程

今天我们如何做教师？许多中小学教师感觉很迷茫，即便是从全国各地方优秀教师活动评选出来的典型代表也未必能将这个话题解答清楚。本文的初衷是选择一个可以令人信服的教师偶像人物，经由作者进行点评。搜集完文稿，心灵几度被深深触动，两度泪目。十分笃定地认为：要原汁原味地将兰会云老师的事迹报道编辑排列出来，其他的任何努力都是狗尾续貂。

山西省朔州市朔城区一中的兰会云老师2019年成为年度网红人物。因为他"带着全班学生通宵玩游戏""带着毕业生骑行半个中国"而走红网络。他独特的教育理念和与学生相处的方式，被很多学生羡慕地称为"别人家的班主任"。

兰会云现象完全不同于我们熟悉的先进教师、优秀班主任。我们回望各大媒体的报道，寻找一份属于中小学教师"真实可信，能学可仿"的感动。

2019年6月12日到6月28日，历经24次爆胎和17天的艰苦跋涉，途经五省，全程1800余千米，兰会云和11名高中毕业生从山西朔州骑行抵达上海。这不是他第一次组织毕业骑行，三年前，兰会云带第一届学生高中毕业时，他就带着7名学生从朔州出发，骑自行车到满洲里。那次骑行历时21天，全长2600多千米，兰会云把它命名为"一路向北，野蛮生长"。

面对记者的采访，兰会云坦言："我是一个比较理想化的人，六七年前我刚大学毕业，觉得自己从事教育行业要带给学生一些真正的东西，不能停留在课本层面。高中结束后是漫长的假期，很多同学没有合理的规划，我想通过这次远行让他们意识到人生可以有别样的精彩"。后来，参与第一次骑行的学生向兰会云反馈，那次艰难的骑行带给自己很多力量。之后，每当遇到伤心困难的事情，回头想想那次骑行，会觉得没有过不去的坎。兰会云感谢当年的那帮青涩少年，正是他们的果敢集结，让他在长途骑行的路上积攒了足够的经验和勇气，也坚定了他继续带学生骑行的想法。

本来不过是一次重复过往的骑行，竟然让自己成了网红，而这并不是传说中的"特别策划"。就在出发前，兰会云刚干了一件出格的事——为了兑现之前给学生的承诺，他在高考结束后，花3000多元包下整个网吧，带领两个班100多名学生通宵玩游戏。这件事一不留神在网络上曝光，相关话题网上阅读量达3.7亿次。很多媒体开始联系兰会云，发现他正在骑行路上，这次骑行开始被曝光。

1 当教师老干"出格"事，感恩校长的信任和鼓励

三年前那次骑行，兰会云并没有向学校报备，也没有媒体进行报道，很多人甚至包括学校领导并不知道。但这一次，因为"包网吧"被意外关注，骑行的计划自然就纸里包不住火，兰会云主动将前期的准备、骑行计划、保险事项等情况向校领导做了汇报。

记者：你这么做，学校的态度是什么？

兰会云：大部分领导是反对的，认为完全没必要，你把他们（高三学生）带完了，这届工作已经完成了，你干嘛给自己没事找事？但我们的校长是特别支持的。校长说，教育就应该多元探索。他支持我的探索，但是不建议其他人效仿。因为我在学校里面老干一些比较出格的事情。第一场春雨，我会停下所有的课程，组织学生到雨里跑步。冬季下雪了，我会组织学生打雪仗。

2 同为教师的妻子是"幕后英雄"，鼓励他"所有的遗憾都是成全"

兰会云的这一系列举动，同样在朔城区一中担任教师的妻子李丹妮都看在眼里，也给予他很大的支持和鼓励。兰会云和李丹妮是大学同学。李丹妮一直都知道兰会云心里想要什么，他的很多关于施教的小想法就是在跟李丹妮沟通之后才实施的。

高考体检完，兰会云想带孩子们随便简单吃点东西，李丹妮不同意。她说既然要请就吃顿好的，班里一些农村孩子可能长这么大还没进过火锅店。于是，夫妻俩花了5000多块钱，包了一家很不错的火锅店，请他们带的两个班的孩子吃火锅。

本次骑行的11名同学中有4名来自李丹妮的班。她在为学生购买保险和线路的选择上有更为细致的想法和规划，比如要求为孩子们购买三份保险而不是一份保险。一路骑行的线路，也是她和兰会云事先利用休息时间，一个一个节点亲自考察确定的。

在出发的前一天晚上，兰会云接到一个本来准备参加骑行同学的家长的电话：不让自己的孩子参加骑行了。这个孩子能力很强，兰会云本来拟定这位同学做此次骑行的副队长。他的突然退出，对兰会云的心理冲击很大。李丹妮看到了兰会云的郁闷，安慰他说："没事，所有的遗憾都是成全。"

3 拒绝保障车和企业赞助，初心源于母亲的榜样示范

为了防范骑行中可能出现的意外，校长曾提出，可以给他们配备一辆保障车，兰会云深表感谢并干脆拒绝了好意。因为他不希望学生有依赖心理。临行前，朔州两家企业提出要给他们几万块钱的广告赞助，直播平台建议他们开直播赚打赏，都被兰会云一一拒绝。兰会云同样是考虑：如果拿了别人的钱，这个活动就会变味儿，最起码在孩子们心里可能会变味儿。孩子们会不会考虑，赞助了五万，给他们花了一万，我自己拿了四万。我活动的初衷是什么？是为了赚钱吗？

兰会云讲述了自己身为教师的母亲的一个故事：兰会云的弟弟高考成绩位列当年山西省第四名，朔州市第一。好多企业想让他的弟弟给做广告。比如，想让他的弟弟拿着号称能够增强记忆力的保健品假装喝一下，就给一万块钱。但兰会云的母亲严词拒绝了这样的厂家。

兰会云深情地回忆：我妈说没有喝过你们的产品，我们就不能给你做这个广告。当时我特别不能理解，我感觉这笔钱是我们家特别急需的，我母亲竟然拒绝了。但是后来当我步入教师岗位，我明白了：作为教师，有些钱你能拿，有些钱不能拿，这是很重要的职业操守问题。

4 曾经深受困难自卑之苦，如今心生奇巧帮助学生

这次出行，兰会云要求每位队员最多只能带两千块钱，家长不能私自给孩子打钱，所有队员吃住标准一样：早饭5元，午饭晚饭不超过40元，住宿最多50元，每人每天不超过100元，所有人一起吃住，实行AA制。兰会云说，这样做是为了尽可能节省学生的开支，毕竟学生的家境各不相同。

兰会云这样的考虑与他的个人经历有很大关系。兰会云姐弟三个，父母都是农村的初中老师。为了让三个孩子接受更好的教育，父母在朔州城里租了一间20多平的房子，一家五口曾经挤在一个炕上睡通铺，日子过得相当艰难。高中的时候，同学请客吃饭，兰会云从来不去，因为担心自己没经济能力回请。高中毕业后，为了减轻家里的负担，他选择读免费师范生。所有的费用都不用出，每个月学校还给600块钱。

学生时代的困难自卑的经历和感受一直敏感地深藏在兰会云的心底，也影响到后来他如何对待学生。当老师后，他发现有的同学家庭极度困难，怕孩子们缺乏基本的营养保障，他偷偷给个别家庭条件太差的学生充饭卡。兰会云想出了切实帮助经济困难的学生，又想出照顾他们的自尊的救助方法——他在教室的讲桌上放了一本词典，词典里夹了300块钱。他告诉学生们，谁缺钱了，就可以拿出里面的一张或两张，谁

也不用告诉，等到手头宽裕了，再把钱还上。

记者：钱流动了吗？

兰会云：一定流动了，有时候自己翻开看一下，里面一张也没了，过两天又变成一张、变成两张、变成三张，就这样循环下来。

记者：三百块钱背后的故事？

兰会云：我不想知道，可能将来有的人自信了，他们会跟我说，我愿意去聆听。

5 带着最差的班实现"逆袭"，班训是"做一个温暖善良的人"

兰会云说学生时代的自己不是优等生，第一次高考成绩不理想，离二本线差70分。为了让他到更好的学校和班级复读，父母带着他四处求人。他受不了父母求人的样子，努力学了一年，第二次高考超一本线40分，最终读了西南大学地理专业的免费师范生。

6月24日，高考成绩公布，11个参与骑行的学生中，一个过了一本线，三个过了二本线。而兰会云担任班主任的班级中有13个学生过了一本线、34个学生过了二本线。这样的成绩，对这个入学成绩年级排名垫底的班级来说，可以说实现了"逆袭"。

当年入学时，根据入学成绩，学校把三千多名学生分成好几种班型：有望冲击北大清华的，叫实验班；能够冲击985、211大学的，叫火箭班；感觉能上二本以上的，叫重点班；其他的学生则被分到普通班。

因为年纪轻、教学资历浅，兰会云所带的班是普通班中入学成绩最差的班。无论是校方还是学生家长，对这个班的孩子都没有太高的期许，只要能够安安全全把高中三年度过就行，但兰会云不甘心用这样的目标要求自己，也不希望自己的学生就这样在没有希望的青春里躺平。

兰会云：我当然不甘心的，他们不一定非得上什么大学，最起码他们进入社会是一个善良正直的人。六年来我带的两个班的班训都是"努力做一个温暖善良的人"，我觉得有比成绩更重要的东西。

记者：比成绩更重要的是什么？

兰会云：学生有一个健康的价值观，健康的灵魂。

兰会云一直在同学们的三观上下功夫，鼓励他们树立理想，努力学习。他和妻子一起为同学补课，尽量提高同学们原来薄弱的学习基础。

6 表露自己的亲身经历，为孩子成长煞费苦心

自己曾经自卑、复读、网瘾的经历，兰会云都毫不避讳地分享给学生们，他想让孩子们相信：认真读书能改变命运。为了让同学们戒除网瘾，他自己也注册网络游戏，这样跟一些网瘾同学有共同语言，便于引导。甚至在学生高考结束后，他仍然选择通过千里骑行这样的方式，再送他们一程。

兰会云：我从来没有觉得老师的任务只是教课本上的东西。老师的一个任务是影响学生对待生活的态度。私底下所有学生都叫我兰哥，我得对得起"哥哥"这个称呼，我把自己看作他们的家长。

7 抱持教师是最高尚的职业，心存一份"大私"在心中

"教育的本质意味着：一棵树呼应另一棵树，一朵云催动另一朵云，一个灵魂唤醒另一个灵魂"，这是兰会云的座右铭。

兰会云选择教师这个职业，受到了做教师的父母的影响。小时候，他经常自己半夜醒来，看到母亲还在伏案批改作业。他希望自己能够做一个像父母那样正直对得起这份职业的教师。

兰会云：我自己对教师职业的定位比较高，我觉得教师是整个社会里面最高尚的一个职业，所以我对自己要求也比较高。

兰会云把教育比作投资。他喜欢教育，喜欢投资，希望在学生身上所有的投资都能够有很棒的回报。

记者：为什么要用"投资"这个词？

兰会云：有些人努力投资就是为了赚大钱、住高楼别墅，而我努力地爱学生，我希望得到更多精神上面的回馈。

记者：你期待的回报是什么呢？

兰会云：我期待的就是，当我临近暮年、生命即将结束的时候，回顾这一生，每一年都是值得回味的，每一天都是精彩的。我想人的价值在于，你死了之后有多少人记得你，多少人愿意去想你。我希望自己是一个精神上富足的人。

回顾与思考

1. 请回顾一下自己做学生的经历，有没有一件老师对待学生的事迹，让你至今难忘？正面反面不限。

2. 兰会云老师的学生管理工作的心路历程，简单而又质朴——做一个温暖善良的人。然而，有人觉得"世间仅有一个兰会云"。你对此有何感想？

3. 与身边优秀教师相比，你的优势是什么？劣势是什么？请结合自己的经历分析其中的原因。

扫码获取
· 图书随身听
· 心理测试题
· 心理学课堂
· 健康小手册

第七章

从容淡定，行走正途

——你应该通晓的人际关系的心理
玄机和智慧策略

本章导读

许多人感慨"事好干，人难处"。教师这个群体，总体是受教育程度高的人，工作的性质又基本都是"独当一面"的，相处起来，确实有一定难度。但是，教师是学生成长的全方位的导师和表率，人际关系这一关，必须过而且要潇洒地过。

人际关系心理研究表明：智慧水平太高的人，人际关系一般不会太好。原因在于两个方面的叠加——"眼太毒：啥事也逃不过你的法眼，能一眼看透事情的本质；心太硬：什么都不会感动你，别耍心计"。做教师，无非就是处理好四大关系："有实力，认真做"——哪个领导不喜欢你？"很自尊，很牛气"——哪个同事不敬你三分？"用真情，下功夫"——什么学生教不好？"公平心在线，责任心到位"——哪个家长不尊重你？

但是，我们还是想要说，对人际关系，我们可以更有内涵一些。开篇送来的"主旨心理报告"是《与人交往，自有妙法——解读中小学教师人际关系的处置》。在"现实话题关注"部分，我们关注《职场人生，本色出演——工作情境中中小学教师如何处理人际关系》。本篇的"心理万花筒"是一篇《无所不在的江湖——心理学者这样借助实验技术打开职场人际关系心理奥秘之门》，借助一项研究实验，带给我们一些启迪。本篇的"心理检测包"是一份超级有趣的《经典人际关系心理测试》。最后，在"回顾与思考"环节，预留了三个问题。

与人交往，自有妙法
——解读中小学教师人际关系的处置

当你开心的时候，你会告诉谁？当你痛苦的时候，谁会来安慰？为什么有人选择独来独往？为什么有人不能忍受寂寞时光？围绕诸如此类的问题，我们会产生许多困惑和期待。这就是"剪不断，理还乱"的人与人之间的关系。

人际关系是指人与人之间通过直接交往形成的相互之间的认知、情感和行为的联系。这种联系是交往所产生的认知的熟悉度、情感认同度和行为的关联度的综合积淀，是人与人之间相对稳定的关系纽带。

你是否需要有一个好朋友，能和他或她分享自己的隐私与秘密、期望与梦想、悲伤和喜悦呢？答案多半是肯定的。我们每个人都需要心灵相通的知己，和一些交情深厚的社会关系。这一方面是因为人需要人际关系网来实现各种需求，信息交流、情感沟通、疑难求证、伸手相助。另一方面，人也需要与一个或多个特定的人建立深层的、相互关心的关系，唯赖于此，尽管我们有这样那样的缺点，仍有同伴会接纳我们。与这样一些能理解自己的同伴分享最深层的心理感受和情感体验，是人生中最令人惬意和幸福的经历与体验。相反地，缺乏亲密关系的人，尽管也具有自己的社会关系网，却经常感到情感的孤独。尤其是夜深人静的时候，想想"迎来送往的人是那么多，心灵相通的人却没有几个"，还是不免会让人伤感。

1 我们为什么需要与人交往

你关注和思考过你是怎样结识你的朋友的和人为什么要与他人交往的问题吗？在人与人交往的基础上建立的人际关系，之所以成为人所共有的内心需要，是因为其具有一系列重要的心理功能。择要而述，可以归结为以下几个方面：

安全保障——你有这样的经历吗？一个人在一个特别的时间（清晨或者傍晚）进入一个没有人迹的旷野，初始你会觉得得意而享受这种"独享世界"的快乐，可是，慢慢地这种感觉在变味，你会莫名担心某种突然出现的危险，坏人的出现、猛兽来袭。你会由此草草结束这样的旅行或者漫步。但如果有人结伴同行，或是旁边有许多熟悉的人家，你就会安心享受出行的快乐。同样的道理，初生的生命来到世间的第一次发声是哭喊，刚刚有辨识熟悉与陌生的面孔模样能力的婴儿会因为"认生"而拒绝陌生人的接近，初入幼儿园、小学的儿童会非常不情愿"背着书包上学堂"，这种对新生活的恐惧其实一生相随。你往往会对新的工作生活环境心存"忐忑的期待"，你出行去外地会有未知风险的担忧，风险来自"万一出现什么情况，连个认识的人都没有"，告别职业生涯的人往往会快速衰老，最可能的原因是寂寞，告别好友、远走他乡时，最想唱又最怕听的歌往往是那些表达"离愁别绪"的歌曲，而触动心弦的恰是"独自远行"的孤单与担忧。凡此种种，我们都有对与人交往的底线期待，都有降低所处环境的不确定性和潜在危险的需要，这叫"安全的需要"。

1.1　心灵取暖

人的本质属性是人的社会性，这是有久远的人类进化史根源的。人成为地球的主人，凭借的就是人的智慧，而智慧的最核心的体现是人的合作，有赖于此，战胜猛禽烈兽，度过灾难劫波。人从"人与人"合作的获益中产生对人际关系的依赖感，已经融入人类的血脉骨髓。如果不能满足这种依赖感，做一个非常不恰当却又传神的比喻，人就会如同吸毒者戒断反应一样，无聊、痛苦、绝望、颓废。独自远行的人不是输给了艰苦的跋涉，而是输给了难以忍受的孤独。相伴而行的人，相互之间的关照、交谈，因为心灵不寂寞而可以远走天涯。裘皮加身，没有知心朋友和同行伙伴，依然郁郁寡欢；一贫如洗，与懂你的人相伴而行，也会心中温暖。在分别的时候，我们期盼重逢；在相聚的时候，我们感受快乐；在意外相遇的时候，我们体验惊喜；在生离死别的时候，我们伤感至极。这一切，都是因为我们需要与别人心灵取暖。

1.2　目标参照

如果让你评价自我："你这个人怎么样"，你可能非常肯定地说："我很棒"。也可能有点谦卑地说："一般"。或许还会有人反问："你问我哪方面怎么样？让我与谁比？"人总是在与别人的交往中，通过与别人比较而形成"我是一个这样的人"的自我概念的。别人成了我们自己认识自己的镜子，衡量自己的长度与质量的工具。自信满满的人，可能是因为自己是"打遍天下无敌手"的杰出人才，也可能是因为自己不过是"山中无老虎，猴子称大王"的小人得志。自我感觉平凡的人，可能是明星荟萃、大腕云集中相比之下的"等而下之"，其实绝对也是实力雄厚的一流高手，当然也可能确实是"先天有缺陷，后天无条件"情况之下，真的是一无所长的人。这样的自我感觉必须在人际交往中获得准确结论。

1.3　共生效应

丛林中的树木，为了争得阳光沐浴、风吹洗礼，奋力向高处生长，这是大自然中的共生效应；一个组织中，有非常杰出的人物存在，会带动许多人快速、高水平地成长，这是人类社会中的共生效应。一个人只有与别人交往共处，才能在与别人的比较中获得成长的自信力量或者危机意识。"下棋找高手，弄斧到班门"往往只被理解为对处于低水平的人的成长提高有益，这种观点是片面狭隘的。其实，对高手和鲁班而言，有人来到门前，无论是切磋技艺，还是虔诚拜师，都会让他们激发起一种自觉之心："胜要让人心服口服，教要让人确有收获"，同样会让人在这样的自觉之心地促进下，提升水平增长才干。这其实是更有意义的共生效应。

1.4 危机救助

"人无远虑，必有近忧"，人类正是在这规律和理性思想的指导下，学会了春风得意时，懂得低调，别让他人心生妒忌；别人有难时，及时救助，这是营造人际关系的绝佳时机。在你这样做的时候，请不要在高尚、优秀、道德、良心的层面上定位。在心理学者看来，你会是你如此做法的受益者，不仅会使内心自我评价获得极大提升，体会到被别人需要是自我价值的真正体现，赢得的社会评价既积极又正面，继发性获益持续叠加。尤其重要的是，心理研究表明：平时发自内心地及时向别人施以援手的人，在自己面临危机情景，需要他人救助时，会更真实、及时、明确地向别人求助。相比之下，别人处境困难时，以事不关己的看客心态冷漠以对的人，自己处境堪忧时，往往更倾向于选择暗自消受、被动等待、悲观求助，也许是因为他（她）认为别人都与自己一样是"冷血动物"吧。

1.5 机缘平台

没有良好的人际关系，一个人等于闭塞了视听、困守在孤岛。正是在人与人的交往中，我们才能获得许多许多的机缘——得到长辈、领导的关心指导，有幸聆听顶级大师的教诲；得到朋辈同行的认可与好评，从而有机会与别人合作共赢。心理学研究发现：当你在别人的"心理字典"上是高频语汇的话，会有更多被别人想起的可能，机遇之神的垂青自然也是水到渠成的结果。

2 谁会成为你的朋友

人际吸引，是人与人之间认知上相互认同、情感上相互悦纳、行动上相互支持的现象。影响人际吸引的因素非常多，有的很现实，未必那么不可跨越；有的很主观，其实应该充分考虑；有的很世俗，必须遵循潜规则；有的很唯美，让人如沐春风。

2.1 时空接近

回顾一下自己的朋友圈子，往往是同学、战友、同事、邻居成为了朋友，生活在同一个屋檐下，经常碰面的人也很容易拉近关系。这表明时空接近性是导致人际吸引的重要因素之一。时空上的接近性会使人们有更多机会接触，有助于双方发现共同的经验、话题，从而建立起密切的人际关系。

2.2 彼此相似

相似性是指人们倾向于喜欢那些跟自己在态度、兴趣、价值观、背景以及人格方面相似的人。相似性之所以能导致人际吸引，一是在许多方面相似的人那里可以得到更多的赞同和支持；二是人们总是为别人的优点所吸引，但如果对方的条件太好，被对方拒绝交往的可能性也越大，所以跟自己相似的人往往是理想与现实的最佳结合点。当然，相似性的作用是有一定范围的，如当人们得知与自己相似的人社会评价不高时，会担心别人觉得自己"鱼找鱼，虾找虾"，形成对自己不利的社会评价，因此拒绝和他们来往。

2.3 优势互补

个体间的差异是差异双方存在优势互补的可能。如果一方所表现出来的行为或品质正好能满足另一方的心理需求，则很可能彼此产生强烈的吸引力，让人际关系变得密切。双方认识到彼此各具优势，无可替代，会有持久合作的真诚意向和维护关系的重要性认识。

2.4 个性魅力

魅力是人际吸引的一个重要因素，性格开朗的人总是比性格内向的人更容易交到朋友，而能力高的人也常成为别人接近的对象。个性中哪些因素才是人际关系中最重要的呢？一项心理学研究非常有影响力：研究者向一群大学生呈现若干个描述人性格的形容词，并让其评价"当另一个人拥有这些形容词所描述的特质时，你对这个人的喜欢程度"。结果发现：与信任有关的词受欢迎的程度最高，如真诚、诚实、忠诚、坦率、可靠，而得分最低的则是不诚实和弄虚作假。

2.5 外表吸引

虽然以貌取人往往是不正确的，但事实上我们无法否认带给对方第一印象时外表所起的巨大作用。外表引力既包括相貌、身材这些生理因素，也包括穿着、仪态等非生理因素。人们不但会对别人的外表进行评价，而且会根据外表来评价别人的内在品质。长得好看的人往往会被看作同时拥有其他一些优秀的品质，如心理健康、有支配力、聪明等，虽然这些品质实质上跟外表毫无关系。外表吸引力还有一个重要的作用是：人们认为拥有一个漂亮的朋友会有助于提高自己的公众形象，因此从中受益。但外表吸引力存在很多局限，不同文化、时代甚至不同的个人对美的评判标准是不一样的。例如，一个追求时尚的人可能会得到大多数年轻人的喜爱，但也可能受到年长者的排斥。更重要的是，外表吸引力对人们判断力的影响会随时间而减弱，在交往时间延长后，人们更多地依据个人的特质来对其进行评价。

2.6 自身质量

自身质量才是影响人际吸引的最为重要的因素。其中，自身的能力和修养最为关键。能力体现在个体独当一面的本领，"有实力，有魅力"；与人合作的胸怀和智慧。修养体现在宽容，待人温和、友好；宽厚，在人际交往中接纳对方、表示友爱。一个苛求他人、对别人缺点和错误都耿耿于怀的人，在人际交往中是难以被别人接受的。

3 人际关系的理念与策略

3.1 做好你自己

提升自己在人际交往中的质量。当你是个小人物的时候，特别期望别人注意到自己的存在，关心你，帮助你，让幸运之光照耀你的人生。可是，凭什么人家要对你那么好呢？这其实取决于你自己：一颗石子，没有人会关注它；一粒钻石，情形则大不相同。做人的质量是一个内含非常微妙的表述，相对于知识、能力、技术、经验，忠诚、信义、扎实、谦和这些品质更为重要。当你已经是一个"有型有款"的人物的时候，你期望"上面有人重视你，下面有人尊重你"，但能否如你所愿，这还是取决于你自己：独当一面、干事创业的能力，"一盘棋"的大局意识。向上汇报、领会，横向并肩合作，向下引领成长的修养与才干。当你已经成为"至尊王者"，是令自己处于孤家寡人的境地，还是营造"和衷共济"的盛景？这完全取决于你自己：开拓事业江山不止步，倾听公众心声不闭塞，包容别人过失不苛责，自律自己言行不放肆。

3.2 定位自己

在人与人的交往中，自我准确定位非常重要。自己的身份、角色定位清楚了，应该怎么做就非常容易了。对"小角色"而言身段柔软、姿态放低、谦和待人是有"人缘"的不二法宝，许多人是"上有老，下有小"（注：此处借用中年人在家庭中的身份表达社会组织中的人）的角色，有的人会"反上、抗上"，这是人际关系解体的特殊时期的特别行为。尊重、服从应该是人际关系和谐的基本策略；申辩、说服如果要达到建设性效果，必须首先赢得充分信任、积极接纳。有的人会曲意迎奉，讨好巴结，这是典型的不自重的做法，因为会损伤自尊且功利性强，所以难以持久。有的人爱发牢骚，"见到上司躲起来"，这是常见的"自主边缘化"的做法，是扭曲的自尊心和非理性行为的表达。有的人进入"至高无上"（注：对大佬级人物的幽默称谓）

的行列，少一点霸气，多一些亲和，人际关系自然会好，在心理换位中知道如何与别人相处。

3.3　懂得自己

不同个体对人际关系的需求差异悬殊，有的人期望整天处于丰富而多彩的交际活动氛围里，片刻的安静都会感觉不习惯、很无聊。有的人恰恰相反，一进入热闹的地方就无所适从、心智过荷。不同个体会处于不同的人际关系之中，懂得自己意味着根据自己对人际关系的需求设计自己的交往活动模式。对大多数正常人而言，适度满足为佳，过度依赖无益。这话表述的力度似乎是不够有震撼力，换一种表达："过度的社交会让人浅薄放纵""离群索居会让人痴呆疯狂"。

3.4　检视自己

检视自己是非常有挑战力的自我管理的功课，许多人的人际关系出现问题往往与缺乏或者根本不曾进行自我检视有关。人的自尊心让我们不太容易清醒准确地认知评价自己在人际交往中的角色行为，往往会对个人评价过高，而对别人存在贬低。其实，真实的情况是"自己未必真的那么好，别人肯定不会那么糟"。在自我检视中，我们多一分刻客观冷静，就多一些认识到自己内修外炼的问题与出路，也就会多一些对别人的理解和包容。人际关系冷漠的时候，要懂得安慰自己："无人理睬时要自尊，这是自我潜心修炼的最佳时期。"人际关系热络的时候，更需要自己清醒："得意的时光中容易轻狂，这是一切闹剧、悲剧的源起。

许多话题纵然长篇大论也不过是刚刚开始，许多知识在鲜活的应用面前都显得苍白至极。期待拥有美好的人际关系的人们会用行动写就自己人际关系的精彩篇章。

现实话题关注

职场人生，本色出演

——工作情境中中小学教师如何处理人际关系

许多人感慨处理人际关系需要超级智慧，这在官场、在商界也许是非常真实的。然而做教师这样一个职业，有这样一个规律，你发现了没有？人际关系的人精，很难在学校有好的公众形象和发展前景；人际关系的愚人，往往会受到同学、家长、同事、领导的积极认同和美好评价。我们在此特别强调"人精""愚人"的称谓，绝无贬义和蔑视的意味，而是形象地描述人际交往中的两种典型的反差比较大的心理行为风格。

1 真心守住内心的那一份纯真

在学校，教师面临的人际关系主要有四类：教师与领导的关系、教师与同事的关系、教师与学生的关系、教师与家长的关系。这些关系有一个非常一致的特点：相处时间长、角色很稳定。

在这样的人际关系中，做"人精"的技法无处施展——演技很好，让人怀疑是否足够真诚可靠；演技不佳，让人猜想或许是居心不良。感觉怎么样都是不对的。笔者有一位大学同学，那是一个让人感觉"超级人精"的存在，可是，多年之后的同学聚会，呈现在同学面前的是一位诚恳稳重、言辞温婉的人，同学们都觉得他的变化太大了。这应该就是职业环境对人的个性重塑吧！

相比之下，做一个真诚待人、认真做事的"愚人"，很容易获得领导的信任、同事的接纳、学生的喜欢、家长的认可。这样的教师，会专心地研究教学，真诚地关心学生，友好地与同事合作共事，假以时日，一定会成为学校的中坚力量。

"大智若愚，大巧若拙"，应该就是一名中小学老师人际交往的生存智慧的传神描写。

2 建立和维护人际关系的策略

2.1 自我概念积极，获得广泛接纳

有的人身上仿佛有一种魔力，周围人都乐于聚在其身边，这类人往往能在短时

间内结识许多人。心理学研究表明，这类人大都具有良好的自我概念："我是一个受人欢迎的人，我喜欢与人交往。"这样的心态使人以开放的方式走向人群，他们心地坦然，很少有先入为主的心理防御，因而言谈举止轻松自在，挥洒自如。在这种人面前，很少有人会感到紧张或不自在，即使一些防御心理较强的人也会受其感染而变得轻松、开放起来。校长看见这样的教师，一定会满心欢喜：好教师，能出彩；同事见到这样的老师：好同事，可合作；学生遇到这样的老师：好老师，我喜欢；家长见到这样的老师：好老师，我放心！

2.2　塑造个人形象，增进个人魅力

个体的知识水平与涵养直接影响着交往的效果。良好的个人形象应从点滴开始，从善如流，"勿以善小而不为，勿以恶小而为之"。优化个人的社交形象，提高心理素质。人与人的交往，是思想、能力与知识以及心理的整体作用，哪一方面的欠缺都会影响人际关系的质量。有的人在交往中存在社交恐惧、胆怯、羞怯、自卑、冷漠、孤独、封闭、猜疑、自傲、嫉妒等不良心理，都不易建立良好的人际关系。加强自我训练，提高自身的心理素质，以积极的态度进行交往。

提高自身的人际魅力。每个个体都有其内在的人际魅力，他是一个人综合素质在社交生活中的体现——丰富自己的内心世界，从仪表到谈吐，从形象到学识，多方位提高自己。心理学研究表明，初次交往良好的社交形象会给对方留下深刻的印象，而随着交往的深入，学识会逐渐占据主导地位。

2.3　学会善待自己，散发自信乐观

一个人如何对待自己以及如何对待别人，别人也会以相应的态度和方式对待自己。所以改善人际关系首先是改变自己，通过改变自己来改变别人。

许多人与别人开展交往活动动力不足，这大致源于两方面：一是缺乏自信，担心遭到拒绝。担心别人不会像自己期望的那样理解、应答，从而使自己处于窘迫的局面，伤害了自己的自尊。事实上，问题远没有我们想象得那么严重，因为人际关系中，双方都需要适应，需要人际关系支持陌生情境。二是解读方式消极。有人认为先同别人打招呼，在别人看来会低人一等；"那些善于交往的人左右逢源，都有些世故，有些圆滑""我如此麻烦别人，别人会认为我无能，会讨厌我"等。

2.4　主动优雅交往，自信热情大方

主动交往特别是当面临人际危机时，主动解释，消除误解，重新建立良好的人际关系非常重要。人际和谐的表现之一是乐于与人交往，然而有的人由于种种原因形成不同程度的封闭心理，阻碍其正常人际关系的形成；有的人是因为性格内向，被人误认为封闭；有的人是整天忙忙碌碌，始终处于疲倦状态，自然也就很少有高涨的热

情，只要紧张气氛松弛了，他们的热情一般能很快调动起来；有的人是因为心灵上的创伤所致，如过去曾赤诚待人，结果却遭致欺骗、暗算，因此对人渐存戒心，不轻易暴露自己的思想感情；有的人因学业、情感屡屡受挫，世界在其眼中被蒙上了一层灰暗的色彩，自己对自立失去了信心，失去了对生活的追求。

心理学研究发现，热情是最能打动人、对人最具吸引力的特质之一。一个充满热情的人很容易把自己的良性情绪传染给别人。一个面带微笑的人很容易被他人接纳。每个人在生活中都会遇到许多烦恼的事，但我们不应被它们所奴役。学会愉快地面对生活，可以从行动入手让自己高兴地去做事，以微笑去待人。

要热情待人还须从心里对他人感兴趣，真心喜欢他人。对别人不感兴趣的人，他的一生中困难最多，对别人的伤害也最大。所有人类的失败都出自这种人。

2.5　待人朴实真诚，富有合作精神

真诚待人是人际交往得以延续和发展的保证，人与人之间以诚相待，才能相互理解、接纳、信任，才能和谐相处、精诚合作。在人生的大舞台上，独舞和个唱式的行动注定难以支撑起一台精彩纷呈的大戏。于是，采取真诚待人、实事求是、胸怀坦荡、言行一致的策略，做出相互信任、尊重别人、谦虚谨慎、文明礼貌的行动，才能建立良好的人际关系。心理学家们发现，以帮助与相互帮助开端的人际关系，不仅良好的第一印象容易确立，而且人与人之间的心理距离可以迅速缩短，良好的人际关系能够迅速建立起来。日常生活中的患难之交正说明这一点。与雪中送炭相比锦上添花就不是很重要。能容人者，为人所容。互相尊重、彼此理解、宽宏大度、礼让相待，才能建立起良好的人际关系。人际情感交流之间存在互动关系——良性发展和恶性循环。"眼里看到、心中想到、口上说到、手下做到"这"四到"，让友爱成为平淡生活中的"调味品"、尴尬难耐时刻的"遮羞布"、艰难前行中的助手、成功花开之时的绿叶。

2.6　充分尊重他人，由衷赞美赏识

人与人之间社会地位高低、能力大小、职业差别、经济状况不同是不争的事实，这种情况在人类可以预知的未来都将持续存在。但是，人人都在处于自己的人生低位时，追求享有平等的政治、法律权利、人格的尊严。因此，人与人之间的交往要力求做到平等相待、一视同仁、相互尊重、不亢不卑；尊重别人的爱好、习惯、风俗；只有尊重别人，才能赢得别人的尊重。

每个人都有其不足，每个人也都有其所长。人类天性中最深切的动力是做个重要人物的欲望；人性中最深切的品质，是被人赏识的渴望。赞扬能释放一个人身上的能量，调动人的积极性。赞扬能使羸弱的身体变得强壮，能给恐怖的内心以平静与依赖，能让受伤的神经得到休息和力量，能给身处逆境的人以务求成功的决心。由衷且

适时适度地表达你对别人的赞扬，能够增进彼此的吸引力。

总有一些人由于家境、容貌、见识等原因而深藏一种自卑感，他们多么需要得到认同和鼓励！一句由衷的赞赏很可能会使他们的生活洒满阳光，甚至改变他们的命运。

3 学会从独处中获得积极体验

"人在江湖，身不由己"，你是否时常有一种找不到自己的感觉？忙碌的现代生活赋予了人们很多高难度的技能——社交、决策、应变……却偷走了人们独自安静思考的能力。

环顾我们周围，你会发现有不少人大多数时间虽是一个人，但他们并没有做到真正意义上的独处，不是电话不断，就是玩手机、打游戏……有媒体曾针对"时间都去哪了"的话题做过一项调查，在受访的1万多人中，约70%的人总感觉"不知干了什么，时间就过去了"。其中42%的人虽然对工作生活有安排，但总不能照章执行，几乎没有人专门留出时间独处；而在安排了独处时间的人当中，34%的人也会把它留给手机、电视、网络。

与社交一样，独处也是一种能力。一般人认为独处就是离开人群、脱离社会的孤独。其实，孤独与独处在本质上存在不同。孤独是因为内心感受不到来自他人的关爱，缺乏温暖的一种痛苦，是被动接受的情绪；独处则是一种主动的选择，让自己有充分思考的时间和空间。

学会独处可以如下几个方面进行。

学习专注。学习古人超然物外的独处方式并不现实，这样反而会加重焦虑感，我们可以用忙碌的方式来替代，但前提是专注地做一件事，比如专心地看本书，或者跳舞、画画，把心里想说的话写下来等。但千万不要用游戏、电视来消耗独处的时间。

练习独处。如果你已经习惯了和别人在一起，那刚开始练习一个人独处时可能会觉得不舒服。此时你就要探测自己的感觉，问自己几个问题，比如你为什么一直盼望电话铃响，你是否担心自己和某人的关系……如果是这样，你可以找点事做，比如整理衣柜、书柜，喝杯茶，以克服独处时的恐惧。

学会说"不"。如果你的社交生活正在消耗精力，那么你就有必要进行一些调整，并学会说"不"。

找到快乐之所。对有的人来说，在酒吧、游乐场能获得愉悦，但这些场所并不适合独处。你应该找到让自己最放松的地方，比如家里、咖啡厅、公园一角，甚至是厕所内，只要能让你的内心得到平静，都可以将其当成适宜独处的地方。

心理万花筒

无所不在的江湖

——心理学者这样借助实验技术打开心理奥秘之门

有道是"雄鸡一唱天下白"，几千年来，鸡鸣声都一直是黎明破晓的标志。闻鸡起舞的你，又是否知道那率先开唱的，是哪只雄鸡呢？本文意在以一个实验，带给读者一些关于人际关系中的启示。

1 问题的提出

日本名古屋大学动物生理学实验室的新村毅和吉村崇，曾做过"雄鸡报晓和生物钟关系的研究"。在这个过程中，需要频繁地观察雄鸡们的鸣叫情况。在重复的观察中，在机缘巧合之下，研究者发现：其中的一只雄鸡每天早上都是率先打鸣的，而其他雄鸡则会依照固定的顺序跟随。

2 研究假设

研究者觉得这是一个很有意思的现象，值得深入研究。他们假设：雄鸡打鸣的顺序可能与他们的社会等级有关——在鸡群中占据最高地位的雄鸡扮演着率先鸣叫的领导角色，而其他鸡则会严格按照社会地位的递减而依次鸣叫应和。于是，一项"社会地位对雄鸡叫早的影响研究"就此正式启动。

鸡是一类具有高度社会习性的动物。当鸡群的规模较小（不足10只）时，每只鸡能够互相彼此识别。研究者运用观察法获得研究线索，发现：在这样的情况下，它们会像梁山好汉一样排定座次，形成严格的社会等级。位居至尊的鸡王，拥有交配、食物及住房资源的绝对优先权，打鸣"第一嗓"是重要话语权的体现。其他成员的行为也与其在"鸡的江湖"社会中的等级相符。

3 研究设计一

研究者将雄鸡以四只为一组，放在与外界隔离处理良好的鸡笼舍内，每天给予12小时亮光＋12小时弱光的"模拟日常生活情境"。

当雄鸡们被养在同一个笼舍里时，它们会开始互啄打斗，通过侵略性的行为来确认自身所处的地位——"不是一决雌雄，而是一决高下"。"实力为王"的江湖法则在此大显神威——无需多日，笼舍里的公鸡们都已经彼此清楚各自的排名，打斗就此结束。

研究发现之江湖地位：雄鸡们似乎会通过听觉（叫声）和视觉两方面的线索来判断另一只鸡的社会地位。这些信息看起来能让公鸡们保持既定的排位。一段时间之后，每组的四只鸡形成了森严的等级地位。几乎在每一天（>95%）都是每组的领头鸡率先起鸣，接下来二当家、老三和排名最尾的弱鸡依次跟随。

研究发现之绝对领导：因为生物钟存在广泛的个体差异：每只公鸡每天的"起鸣时间"会有不同，所以，在"应该鸣叫"的时间点的前后，各个公鸡会有一个属于自己的"最佳打鸣点"。但是，个"鸡"服从组织，全"鸡"听从鸡王的"组织纪律"是不可违抗的。

研究发现之行动一致：尽管大家对鸡王"有时早，有时迟"的"第一声" 会感觉"有点不对劲"，但是却严格贯彻着"让领导先叫"的个"鸡"崇拜主义路线——跟着老大！"对的要听从号令，立即执行，没有什么好迟疑的；错的要立即执行，理解错误，老大错了？相信它错得一定有道理。"所以，它们的起鸣时间永远都是跟随在鸡王的"一声吼"之后。

另外，鸣叫次数似乎也是权力、地位的一个象征——领头鸡会比它的下属们进行更多次数的打鸣。

4 研究设计二

鸡的世界里一样精彩无限，研究者想要知道：没有老大还打不打鸣呢？于是，把每一组的领头鸡取出，让剩下的三只鸡继续处于前期实验的笼舍。很快，有意思的现象出现了。原来等级序列中的"二当家"，无需再一次"华山论剑"，会"体面"接过"鸡王"的权杖，占据小组中的领导地位，像一个真正的鸡王一样"言谈举止"。

而另外两只鸡也自然而然"晋升"为老二和老三，对它们来说，生活继续重复着老样子——只是领导换了新鸡王而已。

研究还发现，把鸡王取出之后，此时原来的老二"一朝权在手，便把令来行"，它打鸣的时间会与之前不同。

这一结果与研究者起初的设想不同——原来他们曾以为下属鸡的生物钟会在长期被领导的情况下，与领导鸡的生物钟逐渐趋于一致。事实上，这些下属鸡依然保持着它们自己的生物节律。

解读"意外发现"　这一结果意味着，当每天清晨，鸡王大喊一声"起来嗨"的时候，它的下属们其实可能还没有到达自己打鸣的最佳时间点，但是在森严的等级制度下，它们还是要追随领导的脚步。同样地，即使下属们在领导开嗓之前就想要鸣叫，它们依然会耐心地等待领头鸡先"表态"。

但是，有朝一日咱也成为王者，终于有机会听从自己内心的召唤，这个"不忘初心，按照自己的节奏，号令群雄"的时刻，会表现出压抑已久的本能力量——"我想唱歌我就唱！"

5　研究结论

俗话说得好："有鸡的地方，就有江湖。"鸡群中的武林盟主可以笑傲江湖，随心所欲；而弱鸡们却只能屈居人下，低眉顺眼。究竟是什么驱使雄鸡们服从如此森严的等级，我们还不得而知；但是江湖的故事还会继续。从今以后，当你听到清晨的第一声鸡鸣时，你便知道，那是最强健而自由的呐喊。

扫码获取
• 图书随身听
• 心理测试题
• 心理学课堂
• 健康小手册

心理检测包

经典的人际关系心理测试

【问题】

你接近一个熟睡的婴儿，婴儿忽然睁开眼睛。你认为婴儿接着会有什么反应？

【选项】

A．哭

B．笑

C．闭上眼睛继续睡

D．咳嗽

【参考答案】

1．选A：你是一个相当没有自信的人，因此害怕与大家相处，唯恐泄露自己的缺点，因此经常躲避在自己的保护壳中裹足不前。如果你能再自信一点，积极与他人接触，相信你会发现外面的世界很美好。

2．选B：你是一个自信满满的人，交际技法和实效相当不错，很容易和他人打成一片。需要注意的是，不要过度自信地陶醉在自己的世界中而忽视他人的想法和感受。

3．选C：你是一个孤僻的人，内心的逻辑是：与其和别人在一起，还不如一个人过得快乐自在。根本不愿意、也觉得没有必要进入别人的世界。最好放松一下自己，以平常心态来面对人际交往。

4．选D：你是一个有点神经质的人，非常在乎人际关系，也小心翼翼地去维护，但太过在意别人的感情和想法，会弄得自己筋疲力尽。最好放松一下自己，以平常心态面对人际关系。

回顾与思考

1．假设你走进办公室，原来相谈正欢的三五个同事突然若无其事地停止交谈。请问：你会有什么觉察和猜想？

2．你的人际关系是主动的多，还是被动的多？根据本篇的学习收获，进行你的"人际关系模式"心理分析。

3．假设你知道对你而言很重要的一个谈话正在进行的时候，你是很乐观地相信别人会对你多多美言，还是担心别人背后恶意诋毁你？分析这样的想法的依据。

第八章

神圣正视，世俗面对

——我们一起穿越性与爱的生理
和心理认知隧道

　　儒家文化是我们中国的主流文化，关于性与爱的话题往往以"无师自通"的敷衍、回避的心态对待，由此引发普遍存在于公众中的性无知、性神秘和性冲动。爱的生理学原理、爱的心理价值则被认为是不入流的旁门左道。仅仅从一个普通人的角色定位出发，性与爱的无知都是可悲、可笑乃至可怕的。更不要说我们是中小学教师，已经或者将会有许多学生会受到来自于他们的老师的关于性与爱的影响，这也是学生科学、理性的性与爱的理念、知识获得的最自然的途径、最适宜的年龄。所以，关注性与爱成为入列中小学教师心理健康促进的主题。

　　开篇送来的"主旨心理报告"是《破除禁忌，科学正视——透过心理学探索两情相悦的基本逻辑》，在这里，你会全面刷新关于性与爱的知识和观念。许多中小学教师面临恋爱和婚姻的挑战，所以，本篇的"现实话题关注"为你带来《心，浪漫一点，行，务实一点——让我们在现实生活中以平民思维认知和对待爱情》的话题。本篇的"心理万花筒"是一个触动心灵的心理实验：《男女配对的真相——从一个别致的实验中直观感受男女爱情心理的奥秘》，阅读之后，会修正你的爱情与婚姻观念。最后，在"回顾与思考"环节，预留了三个问题。

主旨心理报告

破除禁忌，科学正视

——透过心理学探索两情相悦的基本逻辑

今天的社会公众生活中，性与爱的话题已然成为越来越宽松的个人隐私话题。性与爱的生活，被划归为个人私德而受到尊重和保护。然而，由于教师是一个特殊职业，选择从事这个职业的中小学老师，对儿童青少年具有无所不在、润物无声的影响力。我们要学会穿越性与爱的生理和心理的认知隧道，做个人感情生活的主动掌控者。

偶尔见诸新闻媒体报道的教师的性与爱的案例，尤其是那些影响恶劣的、对未成年学生实施性侵害行为，往往是因为在性与爱的认知观念、心理取向、行为掌控方面出现了问题。我们为此做的关注和努力就是引领中小学教师穿越的性与爱的生理和心理的认知隧道。

古今中外，汗牛充栋的文学艺术作品、哲学社会科学，对爱给予了极大的关注和宣扬。相比之下，性就没有那么幸运了。现实社会基本选择了"集体失声"，显示了公众普遍的对性的忌讳和忐忑。除了特殊历史阶段，例如，欧洲文艺复兴时期的正面展示"性之美"，是对漫长黑暗的中世纪对性的压抑与扭曲的强力反叛之外，性往往被简约归为"不教即会，不学而能"的不便言说的东西而予以回避。

这样的社会公众心理取向导致的后果是：性的发生学原理和心理行为机制，在社会公众层面上，呈现为知识的荒原、观念的盲区和行为的幼稚状态。爱情则被涂抹了厚重的粉脂、披戴华彩的礼服给予讴歌和赞美，因而，爱的本来面目和世俗做派受到遮蔽隐身。这样的后果是：现实生活中的性，让我们感觉因为应该隐秘而被隐忍和漠视，因为没有奥秘而无知对待，因为冲动的不可遏制而进行道德鞭笞。现实生活中的爱，让我们感觉因为应该神圣而被排斥和虚化，因为应该超凡脱俗而觉得遥不可及，因为瞬间显现的激情跃动而排斥常态之下的真实平淡。

考察验证人类由来已久的对性与爱的态度，我们未必会惊奇，却不得不承认的是：定位反了，取向偏了，过程错了。

何以见得？让科学和实证说话。

1 揭开性与爱的神秘面纱的心理探索与发现

性是人类最强烈的本能——没有经过谁的教化，我们从世世代代的父辈那里，遗传了"性"这个寻找伴侣、生儿育女的强烈欲望，在文化、道德、理性的引导下，称其为"爱"。无论是在学术研究还是在公众观念中，性与爱的心理学、社会学显得庄重而深奥——理性至上、责任担当、理想追求、文化修养。审视我们的内心，如果你有足够的真诚和智慧就会发现：关于性与爱的发生学原理，其实说出口来的东西都是苍白乏力的。

男人和女人对性的态度差异主要是因为生理原因，男女天然的"性与爱的角色分工"差异决定了在性态度上女性必须更为慎重。

在人类的性行为的男女对比观察中，"角色分工"是一个不容忽视的事实，怀孕产子的任务是由女性承担的。

从理论上来说，在女性生育一个孩子的"十月怀胎，一朝分娩"的时间跨度里，男性已经可以完成做几百个孩子的父亲的"耕田浇水、插秧播种"的业务，这并非玩笑。男女在生育孩子方面的巨大差异有其深刻的生理学依据。

从男女生育资源对比而言，卵子是女性体内一种最大的细胞。在女性一生中，能且仅能排出大约400枚卵子。相反，精子是男性体内最小的细胞，正常发育成熟的男性在一次射精时可排出大约三亿颗精子。

从男女生育过程投入而言，女性平均怀孕期为40周，在这段时间内，她要为孕育新生命燃烧80000卡的能量，相等于跑30次马拉松。对男性而言，投入于创造新生命的时间，可以比"煮一只鸡蛋"的时间都要短。至于为此消耗的能量，也仅仅相当于踢一场足球赛，而且通常是"注重体验踢球的快乐，根本不考虑是否赢球"的良好心态。

两性的生育方面的投入差异如此巨大，所以我们应该不难理解面对性，女性慎重有加，男性比较放纵的原因了。

2 性与爱的吸引元素

女性本能要求对男性精挑细选，谨慎对待。是什么构成性与爱的吸引呢？已有的发现表明：性吸引是不同元素的综合权衡与结合的结果。

2.1 外观形象

首先进入研究者视野的是在性与爱的吸引中率先发力的外观形象。男人和女人注重和追求的关注点很不相同——男性往往表现为"性欲驱动之下，大脑一片空白"地不加选择，所以有"男人用下半身思考"之说；女性则表现出"头脑特别冷静，理智驾驭情感"的谨慎从事，所以有"女人用上半身思考"之说。

"伟大的母亲"的理智主导本能的表现，来自于女性要为婴儿选择和准备最好的"生存资本"——"最优秀的基因"。

女性是怎样分辨"最优秀的基因"的呢？她们有一种本能智慧，根据身体呈现的几何图形选择适宜的男性。科学研究显示，从男性的体型可预计他将来的孩子的健康状况和可爱程度，肚腩肥大、四肢松软的"鸭梨型男士"，让女士觉得不可能雄风强劲，所以根本没有什么魅力可言；但如果男士向女性展示的是经典肌肉男的"倒三角身型"，女性的反应是眼睛为之一亮，心跳加速，面色红润。

构成男性身材吸引的重要因素绝非巧合，这标志着强壮的身体及良好的免疫系统。在人类进化的早期，倒三角身型代表有良好基因，成为传宗接代的"优良品种"。所以，女性在面对男性身体时，她的本能似乎在评估他的基因，以及最终她会生出怎样的婴儿。

这种本能在青春期一开始就显现出来。研究者设计了一个现场观测实验：让刚刚进入青春期的男女各十人分为两排远远地向对方走来，相互对视之后分开。然后让男女分组讨论：具有什么身体特征的异性有吸引力？

女孩子清楚地知道自己喜欢一个怎样的男人——强壮有力、六块腹肌、王者气概、英俊潇洒……

其实，男孩子在性的鉴别力上的表现也相当令人称奇。不论什么文化背景的男性，都钟情女性的沙漏型身材。为什么这种身材会如此招人青睐？因为这意味着："我能生育。"

在青春期来临之前，女孩的臀部、胸部尚未发育，身型瘦长。进入青春期，女孩的臀部变宽，胸部开始发育，这表明月经周期已经启动，开始具备怀孕能力。男性对女孩的"漂亮多情的脸蛋、丰满耸立的乳房、玲珑曼妙的曲线、肥瘦适中的身材"等身体特征表现出极大的兴趣。男性对钟情女性身体特征的心理取向"知其然"，但"不知其所以然"。基于大样本统计数据建立的"理想女性身体特征模型"表明：这样的女性确实具有良好的遗传基因和生育能力。

2.2 体味

另一个受到现代人忽视但为科学家关注的性与爱的神秘元素是我们身体的味道。相比于对外观形象吸引眼球的易于理解，身体的味道会影响性与爱是不是令人费解呢？

你肯定对雌雄两只小狗相遇之后的"会面礼仪"并不陌生——它们相互嗅一下彼此的体味，然后有两种行为选择：平静地离开或者欢快地游戏。这样做的生理学意义在于它们通过体味检验做出"对方是不是我的那盘菜"的鉴定。

已经进入现代文明社会的人类男女也有"气味相投"决定性与爱一说？回答是肯定的。

现实社会中，并没有太多人能够符合择偶的理想体型，而且，选对象"眼睛不一定靠得住"，看走眼是经常发生的，以貌取人往往出错；相信鼻子可能更靠谱，我们习惯于说两个人关系好叫"气味相投"。科学研究为打开体味决定性与爱的神秘之门进行了富有创造性的探索。

体味决定性与爱的科学依据非常考验我们的想象力。这竟然源于男性和女性都希望生育拥有强健免疫系统、可抵御疾病的婴儿。实现这一意愿的方法和途径是通过基因传递，把能抵抗某些疾病的基因传递给孩子。本能的神奇之处在于为我们做好准备，凭借鼻子对体味的好恶，寻找与我们自己拥有很不一样免疫系统的伴侣，这样我们的孩子就会拥有抵抗疾病的最佳基因组合。

从事基因研究的科学家发现，人类的免疫系统是由六个基因决定的，一个人会对与自己免疫系统基因差异最多的异性身体的气味最感兴趣，因而会成为最可能吸引你的人。从六个基因中，可反映我们拥有什么样的免疫系统，如果一个男士的六个基因跟一个女士的完全吻合，那就不好了，男士会觉得她的气味难闻。如果这两个人生小孩的话，孩子多数会因为免疫功能不佳而健康状况堪忧；如果这两个人只有一两个基因吻合，那是一件好事，男士会觉得她的气味令人销魂，那意味着这两个人生小孩的话，孩子会免疫功能良好而健康无忧。

测试过程如下：

第一步，对参加测试的一位男性和六位女性进行采血化验，取得决定他们每个人的免疫系统特征的六个基因的检测资料，将这位男性的六个基因分别与六位女性的免疫系统的六个基因进行对比，做出差异情况对比——从完全不同到可能完全相同。将对比结果标签打印成卡片，秘密封存，相应编号A、B、C、D、E、F备用。例如，A：0 ／ 6，表示这位男子与女士A的免疫系统的六个基因没有一个相同；E：4 ／ 6，表示这位男子与女士F的免疫系统的六个基因有四个相同。

第二步，请参加测试的六位女性沐浴清洁之后，穿着相同的纯棉内衣，在两天的时间里运动、睡眠都不离身。然后，收集她们的内衣装进六只宽口瓶中冷藏封存，做出相应的序号编号A、B、C、D、E、F卡片，将第一步做的免疫系统基因检测对比卡片贴在底下，上面用序号编号卡片覆盖。

第三步，让那位男性依次对宽口瓶上面的锡纸封开一个小口子，用鼻子嗅从宽口瓶中散发出来的女性内衣的气味，做出从"味道好极了，我喜欢"到"气味太难闻，我讨厌"的判断，完成对A、B、C、D、E、F六支宽口瓶中散发出来的女性内衣气味从好到恶的排序，结果是从好到恶呈现A、E、C、B、D、F排列。

第四步，将从好到恶排序A、E、C、B、D、F六只宽口瓶的标签撕开，露出下面的免疫系统基因检测对比卡片，令人惊叹的对比结果出现了：最喜欢的内衣气味A瓶，六个基因没有一个基因相匹配；最不喜欢的内衣气味F瓶，六个基因中有五个相匹配。

这一观测结果表明：我们的本能非常发达，能够从隐含的讯号中找寻最合得来的伴侣。这可以让那些"在外人看来非常般配的男女为什么擦不出性与爱的火花"的疑惑解开了，也多了一条理解"男女为什么可以一见如故、上演激情燃烧的情感大戏"的心理通道。

2.3　身体反应

当男女共处一个空间时，通过"第六感官"（注：未知明确从什么感官通道获得的信息的模糊称谓）觉得被异性吸引时，身体会呈现明显反应。这种身体反应在男性方面尤为明显——纵使自己并不知道，好像男性随时为可能出现的性与爱的伴侣作好准备一样，那是由于睾丸素不断向血管里释放引发的澎湃激情。这虽然让男性感觉难为情，但并不可以随意做道德层面的定位。

借助现代科学技术，我们可以清晰地观测到男女相遇的瞬间发生的一系列微妙身心反应——看见意中人就足以使瞳孔扩张，如果对方也报以款款情深地一瞥，就可以触发一连串身心变化。男性和女性的大脑内会释放出大量的多巴胺，一种令人感觉良好的神经化学物质。性激素也会通过汗水向体外传播性激素，令异性觉得对方魅力不可阻挡。在体内传播的肾上腺素，加速了血液流动，血液从胃部大量输走，由此引发身体的紧张感和兴奋感。血液还会"说时迟，那里快"地奔流到双唇、面颊、脖颈、手心及性器官。顷刻之间，本能让我们做好了全身心的准备和动员。并不是谁对谁都产生这种身体反应，这是值得关注的神秘信息。

2.4　身份

身份在性与爱中扮演的角色是非常微妙的，世俗社会中的人将身份视为唯一或至尊之选——门当户对，和谐美满；追求浪漫人生的人则视身份为爱情的无情杀手——门户之见，禁锢爱情。科学研究表明，吸引并非只凭外观或气味，成功的男士身份亦可令人刮目相看。

让我们先看看地球上人类的伙伴的情形——在动物王国里，有势力的雄性通常是非常吸引异性的。如果你观察企鹅的性与爱的活动，会发现非常有意思的现象。对企鹅来说，石块是一种财富，因为石块关乎幼雏的生死，它们用石块层层堆积起巢穴，石块堆占据的地盘大、数量多，意味着能保护幼雏抵御严寒，鸟蛋孵化成健康的小企鹅的机会就越大。雌性动物需要雄性有能力保护幼雏，对一只雄性企鹅而言，如果自己在企鹅部落中有一堆最多的鹅卵石，这会让它的魅力无法抗拒。

男性利用自己的身份展示自己的魅力，就像孔雀利用它的尾巴开屏示美一样。我们可以通过下面的情境实验，品味财富象征对提升男性吸引力的神奇效果。

由一位中年科学家罗博特·温斯顿亲自扮演角色。情境实验由两部分组成：

首先是"穷困潦倒版"的低魅力水平设计：中年科学家穿上破旧衣服，开一辆此时最便宜的小汽车，前往一家咖啡馆。正冲着咖啡馆的大门的适宜观察门外进入者的桌台，坐着四位"资深美女"——很美丽、很挑剔，她们是应邀参加本次情境实验的"魅力观测员"，事先经过培训，要对进来的男性做男性魅力评价，以1-10的等级进行评分。

当"流浪无产者"身份的中年科学家出场时，在经过四位资深美女时，送上了礼貌的问候："女士们，早上好"。非但没有得到任何回应，还让她们有被骚扰和冒犯的反感"你这身份与我们搭讪是不是不太合适？"资深美女们还完全不顾及"流浪无产者"可以清楚听到她们的交谈的感受，评头论足起来："噢！那可怜的家伙，看他那一身衣服，就知道他应该是住在汽车里，或者是一名洗碗工。"

她们会对他做出什么样的评价呢？一位毫不客气地给出了0分，这是在提示"在1-10之间评分，最低分是1分"之后依然给出的分数，可见评判者对这位"流浪无产者"是多么失望至极。最高分是3分，评判者对自己给出了最高分所表现出来的宽容竟然有难为情的意思，给出了"他至少是一个善良的人"的自我解嘲式的说明。看来这一造型似乎难有什么男性魅力可言。

然后是"无限风光版"的高魅力水平设计：实验者卸下"流浪无产者"的全套寒酸着装，进入高级消费区进行"无限风光版"全面升级——做面膜美容、理发，从头到脚全身名牌服装饰品，呈现举止尊贵、奢华非凡的富豪气派，驾驶的小车也换成了豪华跑车。此时此刻，完全是"孔雀开屏"一般的雍容华贵。

当"无限风光版"的实验者再次来到咖啡馆，"魅力观测员"们的注意力全部聚焦到豪华轿车的驾临，已经心潮涌动。进入咖啡馆之后，实验者表现出目中无人般的高傲，根本不理睬那四位已经看得目瞪口呆的资深美女站立送来的注目礼。

现在四位评判会给出怎样的评分呢？最低分9.9分，而且说不出为掉0.1分的理由。其他三位评判员都给出了10分的满分。这样的结果真的是令人感慨——实验者从一身破烂装束变成名贵穿戴，吸引力完成了不可思议的大逆转。

现实话题关注

心，浪漫一点；行，务实一点
——让我们在现实生活中以平民思维认知和对待爱情

1 爱情竟然成了问题

关注中小学教师的爱情婚姻状况，有一个值得我们警惕和深思的发现：相当高比例的教师，尤其是女教师，已经错过恋爱和结婚的花季，却依然婚姻机缘天窗紧闭。

下面这几位接受采访的老师的苦恼，你经历过吗？

女教师A：我现在最大的焦虑就是，没有谈过恋爱，对恋爱还是有幻想的吧，不想只是为了结婚而结婚，但相亲基本都是这样，靠自己圈子又太小。

男教师B：相亲相了几回了，都是吃顿饭看个电影就没后续了，见面的时候也聊不上几句，感觉上都是我在找话题。

女教师C：经人介绍，认识过几个，自己感觉还不错的男青年，不知道对方怎么想的，感觉不出对方有没有好感，对方好像只是想找个结婚对象。

男教师D：感觉一些女同事对我这样的男同事没有兴趣。认为一个男人当中小学老师一辈子没出息。或者是彼此都是教师，太熟悉了没有爱的感觉。

女教师E：我只有在高中的时候有一段短暂的不受祝福的感情经历。从此之后再也没有让我有心动感觉的男生。

2 成年人爱情的心理误区

2.1 从爱的梦幻中沉睡不醒

许多青年教师，由于从小到大受到父母相对比较严格的管束，不曾真的经历过爱情。但是关于爱情的幻想却非常地丰富和浪漫，幻想才子佳人和青春偶像剧情的爱情。从内心深处认为自己也要有这样的爱情才能不枉此生。因为在个人的潜意识中有这样一个爱的情结，当现实中一个很不错的男孩子近在眼前出现时，就会倾向于对这个其实与自己非常般配的人做出"看不上，不般配"的评价。

2.2 用世俗的心态选择爱情

其实我们还是可以通过很多途径遇见爱情，然而我们可能会因为犯一些错误而与爱情擦肩而过。比如会跟自己朋友攀比，认为自己条件应该找到比自己朋友更好的异性。

2.3 中了所谓爱情科学的毒

我们渴望有怦然心动的爱情，但是，我们许多人注定是平凡的人，平凡的生活，平凡的工作，包括爱情也是平凡的配置。可是有的人因为听信所谓科学的爱情，就一定要在自己的生活中追求科学的爱情的感觉——找一个让我怦然心动的人。

2.4 被爱情的不靠谱吓怕了

有的人受到文学作品、爱情婚姻节目或者身边人的爱情悲剧等负面爱情信息的影响。认为自己将来的爱情也很难有一个白头偕老的完美结局因而迟迟不敢走进爱情。我们应该明白别人失败了，自有其失败的原因，你不必然也会中了爱情的蛊；即使失败了，经历一番内心的痛苦之后可以重新走向寻找新的爱情的道路，现实中许多人也是这么过来的。

3 锦囊妙计为爱护航

放下个人包袱，突破心理禁锢，不要排斥任何形式的"爱的遇见"，如亲友介绍、偶然遇见、相亲大会、朋友婚礼，找一个并不完美（每个人都不完美）的人，用下面的锦囊妙计，让你的爱情之船快速起航。

3.1 多一点聆听，少一点倾诉

对感情，我们似乎特别喜欢倾诉，总想多说一些话，当对方不能和自己共鸣的时候，就会觉得他不够爱自己。其实，如果你能多一点聆听，少一点诉说，那么结果就不是这个样子。你满肚子委屈，总想找个可以倾诉的人，殊不知，都想倾诉，没有人选择聆听。这样的感情，怎么会继续下去呢？若是一个人懂得聆听，断然不是这个样子，一段好的感情要想维持，最好的办法就是做一名合格的聆听者。

相比较没完没了的倾诉，倾听才是最好的法宝。也许倾听的内容没有价值，但倾听本身就是价值。因为对每个人来说，专注地倾听，就是深情的陪伴。

3.2 少一点期待，多一点担待

在感情中，如果双方都是索取的一方，不想多付出，总想着对方能多付出，而当别人做事的时候还看不惯，不愿意多一点担待。感情一般很难维持下去。只有学会多一点担待，才会有一个好的结果。两个人，从相识到相爱真的不容易，所以最好少一点期待，世上本就没有完人，你又为何非得要求对方永远不犯错误呢？

一个人在感情中，只有少一点期待，才能让彼此的感情更长久，生活更幸福。很多关系的终结，可能就是因为期待太多了，因为有了太多期待，当对方达不到我们的要求时，就会难过痛苦。期待得越多就会越痛苦，可能对方足够努力了，但没有达到你的预期，这个时候你可能就会觉得对方不够爱你，感情就有了缝隙。

当你懂得降低自己的期待，不会因为对方没有做到而黯然伤神，那么生活何愁不幸福呢？

3.3　多一点理解，少一点抱怨

很多感情，之所以走着走着就散了，其实就是因为抱怨太多了，总觉得对方做得不够好，觉得自己在感情里吃了亏。比如，当经济状况尚好的时候，双方抱怨可能不会那么明显，但如果经济状况变差，那么抱怨就会逐渐增多。但感情并不是单一的付出，与其抱怨不如双方共同努力，共同创造自己的未来。

俗话说：爱情是一场长久的陪伴，长到把你我的剩余光阴，糅合到一起，同甘共苦。好的爱情需要经营。因为，相爱容易相处难，相处往往是最能考验人的。对一段高质量的幸福爱情来说，既需要开始时的勇气，也需要智慧的相处。

4　学会想要稳稳的幸福

"我要稳稳的幸福，能抵挡末日的残酷。在不安的深夜，能有个归宿。我要稳稳的幸福，能用双手去碰触，每次伸手入怀中，有你的温度。我要稳稳的幸福，能抵挡失落的痛楚。一个人的路途，也不会孤独。我要稳稳的幸福，能用生命做长度，无论我身在何处，都不会迷途。"

这首歌唱出了很多人的心声，尤其是女性朋友更想拥有一份安稳踏实的幸福。旋律在平静淡雅中娓娓诉说，在几秒之内就沁入人心。

4.1　懂得珍惜

两个人因着彼此的缘分相识、相知、相恋，双方可能都是在遇到了很多人之后，才愿意停下彼此的脚步，去注视对方，觉得对方就是那个要找的人。这种缘分的到来，让人开心、让人激动。但如果彼此不用心珍惜，那再好的开始也将成为过去。

4.2　学会感恩

在幸福的爱情当中，我们离不开对彼此的感恩。当自己遇到困难，对方在身边默默地扶持和帮助时，心里一定要记住对方的不离不弃，要懂得对方的好。一个在爱情中懂得感恩的人，也必将是一个有孝心的人，不管是对自己的家庭，对对方的家庭，也会爱屋及乌。会想到对方父母生他养他的不容易，会想到自己那么多的缺点，对方还深爱着自己的不容易。所以，有颗感恩的心将更有助于幸福爱情的延伸。

4.3 定期沟通

在好的爱情当中，定期沟通真的很重要。每个人都知道，生活离不开仪式感，感情也如此，定期沟通就是增加仪式感的最好办法。定期的沟通，可以让彼此更加地了解，对双方近期的想法、所做的事有更多的知晓。懂得换位思考，能有效地避免一些误会或自己在激动情绪下做出一些不理智的行为。我们要明白，对于一段亲密关系来说，定期沟通虽然时间可能不会很长，但却会起到很好的意想不到的效果。

4.4 彼此信任

两个人相处，不可能时时刻刻在身边陪伴，每个人都需要自己的空间，都有自己的事情需要处理。当两个人分开时，千万不要胡思乱想，不要一旦对方不理自己，就觉得是不是自己做错了什么，或觉得对方不爱自己等。有时候次数多了，这种战战兢兢的爱情也会让两个人变得疲惫，又怎么会长久呢？

我们需要给恋人足够的安全感，就是两个人不见面、没聊天，彼此都不会胡思乱想。你们会为了彼此去努力，为了未来去奋斗。你们的心里会有彼此，处处为彼此着想，你们能感觉到对方在自己心里的地位。就算不在身边，都会感受到。

感觉如何？"心，浪漫一点；行，务实一点"，这就是在现实生活中以大众思维认知和对待爱情的真诚建议。

心理万花筒

男女配对的真相

——从一个别致的实验中揭示男女爱情心理的奥秘

1 轻松的游戏

实验人员找来100位正值青春年华的大学生，男女各半。然后制作了100张卡片，卡片上写了从1到100总共100个数字。

单数的50张卡片给男生，双数的50张卡片给女生。但他们并不知道卡片上写的是什么数字。工作人员将卡片拆封，贴在大学生的背后。

2 游戏规则

（1）男女各50人，共100人，男生单数编号，女生双数；

（2）编号为1~100，但他们并不知道数字最大的是100，最小的是1；

（3）编号贴在背后，自己只能看见别人的编号；

（4）大家可以说任何话，但不能把对方的编号告诉对方。

（5）实验要求：大家去找一个异性配对，两人加起来的数字越大，得到的奖金越多；

（6）配对时间有限制：100分钟。

（7）实验规则核心设置：

①男女都去寻找适合自己的异性，争取能凑到最大的总和；

②实验奖金金额＝（男方编号＋女方编号）×10，

例如，83号男生与74号女生配对，两人可以获得：（83+74）×10=1570元；

2号女生与3号男生配对，那么两人只能拿到（2+3）×10＝50元

3 智慧与运气，一个不能少

由于大家都不知道自己背后的数字，因此首先就要观察别人，标牌数字高的男生

和女生很快被大家找出来了。

例如，99号男生和100号女生。这两人身边围了一大群人，大家都想说服他们和自己配成一对——"来跟我一起嘛！我会给你幸福的！""我们简直是天作之合啊！"

4 谁会选择谁

这像极了真实情境中的男女之恋：有些人天生就自带光环，谁都想和最好的那个人配对。但人类的一夫一妻制决定了人不可能同时和N个人配对。

情势大致见分晓之后，高分者变得非常挑剔，他们虽然不知道自己的分数具体是多少，但他们知道一定比普通人的要高。

5 在别人的眼神里，我们找到了自己

为什么？从这些追求者们殷切的眼神中就能够看出来。这让我们领悟到：自小是"女神"的人为什么被外界看起来更加"高贵、冷艳、傲慢"，是因为从小到大她们被太多形形色色的男生追求。追求者太多，哪有时间去一一笑脸相迎？只有高贵、冷艳一点，把不合格的拒之门外，仿佛这才是最佳策略。

6 现实往往很骨感

那些碰壁的追求者迫于无奈只能退而求其次，原本给自己的目标是一定要找90+的人配对，慢慢地发现80+也可以了，甚至70+或者60+也凑合着过了。但那些数字太小的人就很悲摧了，他们到处碰壁，到处被拒，被嫌弃。

7 满满都是泪

据一位学生事后表示，在参加了这场游戏之后，他对人生有了不同的理解。他在短短几小时里就感受到了人间的冷暖——背后数字太小的人（基本都是个位数），要找一个愿意配对的人简直是难上加难。

8 走到一起需要理智

一个是大家自己找个差不多的凑合凑合算了，比如5号和6号两人配成一对，虽然奖金只有110元，那也好过没有，不是吗？

二是和对方商量，如果你愿意和我配对，那么拿到奖金的时候就不是对半分，我愿意给你更多，比如三七分或四六分等，或者事后再请你吃饭，虽然请客吃饭花的钱肯定多过奖金数额，但是找不到人配对实在是太没面子了。

这似乎暗示了在婚姻中存在的前置条件，如房子、财产等物质。

9 最后时刻的抉择

经过了漫长的配对过程，眼看时间就要到了，还有少数人没有成功配对，这些人没办法了，只能赶紧草草找人完成任务：因为单身一人的话是拿不到奖金的。

最后的倒计时阶段，没有配对的都胡乱找了个人。当然也有坚持不配对，单身结束游戏的大学生。

实验结束。

10 结果与讨论

心理学家发现，绝大多数人的配对对象其背后的数字都非常接近自己的数字，这证明中国古人说的"门当户对"是很有道理的。

比如55号男生，他的对象有80%的可能性是50—60之间的女生，两人数字相差20以上的情况非常少见。

你们猜100号的女生的配对对象是谁？有意思的是，100号女生的配对对象竟然不是99号男，也不是97或95，竟然是73号男生，两人相差了27！为什么呢？

心理访谈揭开了谜底：编号100的女生被众多的追求者冲昏了头脑，她采取的策略是"捂盘惜售"——因为她并不知道100是最大值，也不知道自己就是100号，但是，她从众人的特别眼神中知道，自己是"不愁嫁"的，她要寻找、也要等待更大数字的男人——随便就将自己"处理"了，岂不是太可惜了！

眼看着原先热闹的"追求"场面渐趋冷清，她逐渐感觉情况不妙 —— 面对还可以接受的"大数字"男孩的追求，她的心中出现了"苏格拉底的麦穗"——"前面大许多的对象我都放弃了，我再等等看吧！"等到大家基本配对完毕，她终于开始慌了。于是她在剩下的男生里找了一个数字最大的，就是那位73号幸运儿。

她最后也尝试过去找90+的男生，但是人家都已经有女伴了，让他们抛弃现有的女伴跟她配对并不现实，何况已经配对了，他们不会为了这点钱而损自己名声。

11 小小的心理实验，恋爱行为简化版

因为人太多地方太小，你并不可能跑去看每个人背后的数字 —— 现实生活中我们面临"空间、圈子、地域"的限制，我们没有可能穷尽全部我们想要见到的人。

你只要看谁边上围着的人多，谁就是数字较大的人，而那些身边孤苦伶仃、门可罗雀的人，肯定是数字小的。通过这个方法你可以立刻筛选出目标对象。现实生活中，我们多数人都是眼睛盯着优秀的异性，经常忘了一个"残酷的现实"：你心中向往的人，即使从头再来几次，都不会"下嫁""迎娶"你。并不是你"一文不值"，而是你根本就不是"人家的菜"。

小数字的人追求大数字的人一般都很辛苦，因为要大数字的人接受小数字的人总不是那么甘心，因此追求方要付出更大的努力才行，但更大的可能是你再怎么努力，对方也不理你。

每个人在遇到一个异性的时候，出于本能会开始评价对方的价值，这完全是下意识的。但人类的价值非常难评估，没有谁会把数字贴在自己的背后，人们还往往会故意夸大自己的价值。至于夸大的手段、浮夸的工具各种各样。

我们在生活中所遇到的人也远远超过了100个，我们面临的是一个更加复杂的环境，这让我们做出决定的难度成倍增加。正因为选择的难度很大，因此人类进化出了一些很简单的指标。比如，我们更倾向于基于别人的判断来决定自己的判断。

实验让我们懂得，如果爱情是一场精确的匹配游戏，最重要的是你自身的价值有多高（即背后的数字大小），你采取什么办法去恋爱可能都是次要的。

但和这个实验有个很重要的不同就是，人类社会实在太复杂了，一个人的价值并不是那么容易就能体现出来的，而且我们很难去量化一个人的价值。

我们每个人眼中的价值标准都不一样，所以我们可以看到这么多元的爱情。张生与崔莺莺，白瑞德与郝思嘉，罗密欧与朱丽叶……这些故事代代传颂，足以证实每个年代都有在世人看来"不可能"的爱情正在发生。

这个社会的风潮是由我们周围的"大多数人"去决定的，所以当你看到社会的价值倾向时，你看到的就是大多数人的标准。但大多数人就一定是正确的吗？他们也许自己都不知道用什么样的标准来对待爱情。

我们都是有感情、有弱点的动物，婚姻的神奇在于，它不是简单的利益交换，利益交换有时候是不对等的，而让它不对等的原因，是我们所说的变量。这个变量叫"感情"。

回顾与思考

1．男女在爱情、婚姻、家庭中的表现存在巨大差异，你在阅读本篇内容之前同意"男人用下半身思考""女性对爱情更专一"之类的说法吗？完成本篇阅读之后，你有哪些关于男女差异的知识观念产生了认知和情感变化？

2．你相信一见钟情吗？如果你有过这样的体验，然而却错过了修成正果的机会，这会影响你对待爱情的追寻吗？

3．当你发现你的学生有爱情萌芽现象，你会用什么样的态度和对待？你感觉这样做与自己的过往爱情史有关联吗？

扫码获取
•图书随身听
•心理测试题
•心理学课堂
•健康小手册

第九章

珍爱亲情，把根留住

——让我们从亲情的付出和回报中
获得积极心理体验

一位著名的心理专家在台上做《做一名好老师，何其容易的事——甩开一大堆西方的所谓"心理效应"谈如何做教师》的专题报告，其中一句话引起台下听讲老师们的争议："对待我们的学生，要像对待亲戚家的孩子一样"。这是"什么标新立异的表达？老师对待学生不是应该像对待自己的孩子一样吗？"

这位专家的一句冷幽默让大家瞬间激活了表情包：先是恍然大悟，继之尴尬莫名。"你对自己的孩子往往本色出镜，冤家似的，那怎么行？而你通常对亲戚家的孩子有关心、有欣赏、有热情、有鼓励，这正是教师对学生应有的态度。"

绕这么大一个弯，笔者的用意非常明确：我们做教师的人，似乎在平时的教学工作中耗尽了所有的热情，回到家，面对家人，往往没有了耐心和热情。所以，我们为此列出专题。

开篇送来的"主旨心理报告"是《亲情之花，用心培育——从心理学解析亲情的价值功能和培养方法》，传递给你正视亲情的积极正统的心理理念。本篇的"现实话题关注"《筑起心理健康的堤坝——从已然发生的心理危机事件看中小学教师心理建设的必要》是教师心理健康底线建设问题。本篇的"心理指南针"为你带来一篇《走进心灵最深处——探索我们生命中值得坚守的那份纯真》心理美文。让你感觉最有趣的是"心理检测包"：《亲情趣味心理测试》，这个版块由两个部分组成：其一，《亲情情境心理测试》，其二，《一份独特的情感心理问卷》。最后，在"回顾与思考"环节，留下了两个问题。

亲情之花，用心培育

——从心理学解析亲情的价值功能和培养方法

因为中小学教师这样的职业对从业者的要求太全面、太完美，我们平时的心理付出非常大，所以会面临每天的工作结束之后巨大的"心理亏空"，处于宛若虚脱的无心无力做任何事情的心理停摆状态。

如何填补这样的心理亏空？如果我们有一个温暖的家，让我们感到来自家庭的和谐、包容、关爱、温馨，我们就会在这样的情感氛围中获得自由、放松、开心、幸福的积极体验。这就是所谓的"满血复活"。

所以，"心中有个家"对中小学教师是尤其重要的"工作时精神饱满，生活中和谐幸福"的重要保障。

如果我们形象地将人生比作一棵树——树冠上面的大枝小条，就是人的生活、工作、人际交往、情感、事业的方方面面；叶子是生命活力的展示；繁花是精彩人生的绽放；果实是智慧辛劳的结晶；树干的伟岸之美抑或精巧之雅，材质的轻柔抑或坚硬，价值的卑微抑或华贵，对应着人的才能、品质、魅力；对于一棵树而言，深入大地的部分就是根了，这多么像深植在心中的亲情。寻常时节，根为树提供源源不断的水分、养料；暴风骤雨袭来，大多数树借助根的固着力，在迎风摇曳中安然而立。

让我们一起来认识亲情的可贵之处，探讨培育和维系亲情的策略与技巧。

1 亲情的价值与功能

1.1 亲情——给你带来绝对安全的积极信念；让你拥有永不变质的温馨体验

"我是一个什么样的人？""我的学业发展潜力可以使我达到什么程度？""我可以与一个什么样的异性共度爱河？""我应该与什么样的人交友合作？""什么职业适合我？""我可以追求我的事业吗？"……这样一系列问题可以称之为关乎你的人生成长的"生命之问"。你可以问自己、问伙伴、问老师、问专家。

"生命之问"的回答质量不在于给你一个明确的答案，而在于这个答案的出发点在哪里？心理效应怎么样？这取决于回答者对你的"熟悉度""真诚度""关注度"和"洞察力"。综合权衡之后，你会发现，亲人对你的"生命之问"的回答，在你的多种可以获得答案的信息源中，可能是最为值得记取的——因为最爱你，所以总是能肯定你、接纳你、鼓励你，让你感觉自己很优秀。同时，因为最懂你，所以总是没有浮夸、绝少虚假、接近真实、不必怀疑。这种面对"生命之问"的回答的感觉，让你不至于因此而高估自己，偏于盲目乐观；也不至于贬损自己，导致消沉低迷。这种"生命之问"的回答未必深刻、远见、权威，却让你感觉绝对安全可信、充满温馨——目的和归宿，都是为了你。

1.2　亲情——艰难地求索成长之旅的同路人；痛苦地面对悲凉人生的知音者

你相信有的人是"含着金钥匙出生的幸运儿"吗？如果真的有这样的人，你走近关注他（她）的内心世界和心路历程，你会发现，"命运对每一个人都是公平的"。人生都要经历"艰难的求索成长之旅"，必然要"痛苦地面对悲凉人生"。所不同的是各有各的独特，各有各的不同。

人的一生都是在求索成长、适应社会。在学业发展的过程中，学习困难的挑战、同学矛盾的压力、师生冲突的僵局、升学失败的痛苦；在职场生存的阶段里，爬坡期枯坐冷板凳的困惑，鼎盛期的"所有问题自己扛"的劳累，衰退期的没事靠边站的落寞；在人生晚年的时节下，人要接受丧失劳动能力、生理功能衰退、罹患疾病痛苦、空巢来临的寂寞。在这一系列的生存考验面前，我们会迷茫、无助、气馁、绝望。在感受艰难与痛苦的时候，同学、朋友、师长的协助是"穿越现实沼泽地、步入人生新境界"的宝贵社会资源。但是，这些社会资源能够为你所用，是有条件的，你要经由人家的判断，认为你是一个有价值、有希望、能回报的人，人家才会关注你、帮助你、护佑你，这是天经地义的法则。相比之下，做到"自始至终一路同行，前进路上不离不弃""你的心情，我总能懂"的人，唯有亲人。亲人的爱是希望的摇篮，正是亲情的温暖，给予我们不断成长的动力和继续前行的勇气。

1.3　亲情——是你小试牛刀时，为你喝彩加油的真情粉丝；是你志得意满时，让你戒骄戒躁的高悬明镜

无论你是一名学子，还是在做一番事业，当你刚开始表现出"主动求索的意愿，全力以赴地行动，曙光初露的前景，有所斩获的成绩"的时候，你周围的人会惊异你的改变，怀疑你的真实，乃至于防范你的势头，打压你的锐气。亲人们则会关注你所发生的变化，鼓励你的行为，为你的成长喝彩，为你的进步加油。因为，你与他们是同呼吸、共命运的人。在你需要肯定、鼓励的时候，亲人成为你完成精彩蜕变、起飞

远行的助推者。

当你取得了令人瞩目的成长和成功的时候，往往会进入"春风得意的快乐心境，无所不能的自我感觉，呼风唤雨的社会环境，一路绿灯的顺风顺水"的发展境界，许多人会赞美你、敬仰你，乃至巴结你、献媚你。很多拥有大好前程、取得辉煌成功的人，就是在这样的捧杀中，失误连连，自毁前程。唯有亲人此时是清醒的，他们懂得"大意失荆州，阴沟会翻船"的道理，会冒着让你不解、反感的风险，提示你、劝诫你，乃至否定你、指责你，目的在于让你冷静洞察、全面分析、慎重决策、精确把握。

1.4 亲情——是你"狂风劲吹而不倒，野火烧过又重生"的维系生命的根；是你"独临危境不孤单，远走天涯心有家"的保存希望的魂

人生充满了变数，没有人能够永远都是"过五关，斩六将"的辉煌时节，也会有"马失前蹄，败走麦城"的失意经历。当"昨天所有的荣誉，已变成遥远的回忆。勤勤苦苦已度过半生，今夜重又走入风雨"的时候，你可能会消沉悲观，无法面对残酷的现实。但是，你更有可能做出理智的选择——"我不能随波浮沉，为了我挚爱的亲人。再苦再难也要坚强，只为那些期待眼神。"因为亲情使你感觉你并不孤单，你不会被抛弃。所以，你会在心中升腾起坚强的信念——"心若在梦就在，天地之间还有真爱。看成败人生豪迈，只不过是从头再来。"

正是因为亲情在心中，亲人相伴左右，人在人生低谷、危难时刻，才会创造"狂风劲吹而不倒，野火烧过又重生"的生命奇迹，重新站立，踏上"我不认输"的路——"在路上，用我心灵的呼声；在路上，只为伴着我的人；在路上，是我生命的远行；在路上，只为温暖我的人！"

2 如何培养温馨亲情

2.1 深刻认识亲情宝贵，由衷确立亲情理念

对亲情的价值意义的表面认识是非常容易理解的，笔者就亲历这样的情境：一位文化水平非常一般的中年人，在处理其朋友和弟弟的家务矛盾时扮演了非常成功的教化者的角色。但其实，这名成功的教化者自己家庭内部已矛盾重重。这不是教化者的多面人格所致，在亲情问题上，实在是知易行难。根本出路在于将亲情的表面理解深化为由衷认同。

亲情在生命的最本真的意义上，是满足了我们形成生命体的生理需要和保护生命体的安全需要。考查一个生命从无到有、由小到大的历程，胎儿心理发育研究发现：人的生命实际上是从胎儿时期开始的，母亲心跳的声音是胎儿与外部世界建立的

最初的联系，出生之后他（她）面对完全陌生的世界，产生本能的不适和恐惧，所以会哭闹。（当然了，正是借助于此，为生命体提供氧气的肺，由出生前的"干瘪"状态，完成第一次肺泡充盈，从而开始吐故纳新）在母亲的怀抱里，听到熟悉的母亲的心跳，婴儿会立即停止哭闹，吸吮乳汁，接受爱抚。这在这个过程中，婴儿通过母亲的体息（身体独特的气味），又建立起新的亲子依恋关系。闻到这个味道，婴儿能够获得母亲就在身边的安全感。然后通过眼睛、耳朵等感觉器官与外部建立起丰富的联系，包括全部家庭成员在内的人与人之间的亲情在此基础上丰富和深化。在个体生命发展的早期，离开亲情的阳光雨露，生命是根本无以为继的。

个体对亲情的依恋关系的重要性，随着个体生存能力的发展，进入一个"化于无形"的状态——没有足够的智慧，你无法觉察曾经对你至关重要的亲情，对你除了负担还有什么意义。

尤其是你的发展让你观念独立，学识发达，能力超常，并且已经拥有成功人士的生活的时候，你可能感觉你已经足够强大，你会认为此时不是你需要亲情，而是亲人需要你。这个时候，你的心态可能处于危险状态，你感觉这是危言耸听？就像一棵大树只有形同虚设的根是多么危险，你自己就多么危险。

缺少亲情的支持，此时的你可能会因事业透支自己。许多人的容貌显得"长得着急"，为什么呢？没有享受亲情的意识和行动，也就做不出"常回家看看"的亲情行动，从而无缘享受温馨亲情和天伦之乐，工作和生活的压力宣泄和理智回归无从谈起。多少人在事业正好的年龄倏然逝去的故事，确实应该唤醒我们：人生路长，不用着忙。

缺少亲情支持，你会滥交友。什么人对你曲意迎奉、溜须拍马，你认其为友；什么人让你满足嗜好、纵情恣意，你引为知己。身边多了一些吃喝玩乐的狐朋狗友之徒，少了肝胆相照的真心英雄。于是，你会"在享受人生中迷失方向，于体验幸福中沉沦自我"。根本没有想父母如何评价你放纵自我的失望表情，从来不顾及亲友如何看待你的堕落人生的担忧心理。

2.2 直面亲情关系史中的"黑色记忆"，客观面对和积极解读"千千心结"

许多人不是不懂得亲情对于滋养心灵的多元价值，甚至极其羡慕自己熟悉的人所拥有的浓浓亲情。但是，自己却无法与家人进行亲情沟通。主要原因是在自己长大成人的亲情关系史中，曾经留下了挥之不去的"黑色记忆"，形成了无从下手解开的"千千心结"。

有这样一个寻求心理援助的来访者——她是一个人从河南老家去海南岛的"南漂一簇"，经过20年的奋斗已经成就了亿万身价。拥有多处豪宅和名车的她，却没有爱情和幸福，因为她无法与异性建立亲密融洽的关系。面对别人的不解，她自己也找不到答案。在心理问题探索阶段，她回忆起了许多从童年时代开始"父母之间永无休止的争吵和恶斗，父母对待子女的冷漠和绝情"的"黑色记忆"。

最为印象深刻的是她十二岁的时候发生的一起"令人发指的精神摧残"：从八岁开始，她已经承担起为全家人做早饭的任务。北方的冬天，通常要到七八点钟才会天亮，刚上初中的她，为了能够赶在早晨七点钟步行到达五公里之外的学校参加早读，必须四点多就起床准备。别人家的孩子都是父母早起做好热饭再轻声唤醒子女，而她必须为一家人煮好早饭。至于自己吃不吃，是没有人问一句话的。再无人疼爱的女孩也不期望让别人知道自己的可怜，于是，在一个同样是为一家人煮早饭的时候，她神差鬼使般地取了一只母亲补养身体的"专用鸡蛋"，清洗了一下放入煮早饭的锅里。偏偏是那么巧，从来不早起床的母亲竟然披衣起床，进入厨房问一声"做好了吗？"并随手拿起勺子搅动锅里的粥，最不愿意出现的一幕上演了——那只鸡蛋浮现出来。她感觉时间和空气都凝固了！母亲一声不吭，将尚未煮熟的鸡蛋捞出来，"啪"地一声摔在地上，鸡蛋碎末飞溅了一地。那一幕，永远铭刻在她的脑海。她很奇怪自己是如何面对那个令她多年之后回想起来依然战栗不止的事件的，只是记得自己没有吃东西，以极其罪错的心情收拾好一切，悄悄掩上房门上学去了。

离开家的二十年间，她唯一回去的一次是弟弟结婚，女方挑剔要推迟婚期，弟弟请求支援，她飞回老家"没用几个小钱"就在谈笑之间解决了问题。面对父母感激不尽而又乞求谅解的眼神，她没有让自己正视他们一眼。

在处理这个案例的过程中，一个基本的指导思想是充分接受和理解来访者对父母的怨恨，让其尽情宣泄长期积存的亲情扭曲的痛苦。在此基础上，通过了解她的父母的成长史（父亲是从小失去父母，寄身叔父篱下的放牛娃，母亲是不知父母为何人，被流浪艺人收养的卖艺女），在对父母的身世的深刻同情基础上，理解了没有正常的家庭生活教养的人不会做人、不会处世、不会相爱、不会养育的必然性。她逐步对父母之间的恶劣关系、教养子女的冷酷无情有了理解、谅解、化解的变化。这个"千千心结"的解开，得益于对"黑色记忆"的客观面对和积极解读。

2.3 抓住亲情培育的时机，表达真诚相待的心意

心理学研究发现，自我中心倾向是人天然具有的心理盲点，你可以克服它，但不能改变它。在亲情问题上，我们就有典型的自我中心倾向——总是感觉别人应该对自己好才行，没有想别人也需要你的亲情关爱；总是觉得别人对自己不够好，没有想过自己为别人做了什么。我们为"自己的生日自己过"而悲哀，怨恨亲人的心中没有我们。可是，我们主动想到过谁的生日？我们为"自己的精彩无人喝彩"而兴味索然，遗憾没有进入亲友的视野。可是，我们自己关注着谁的成长进步，第一时间给予欢呼

和祝福？

亲情的问题死结往往不是亲情存在无法冰雪消融的块垒，而是等待对方首先伸出温暖的手，这真是一个不是问题的问题。但是，没有必要的智慧和灵性的人非常之多，才有那么多的人"站在远处，渴望亲情"。让我们从哪里开始呢？你可能有机会读到一本普通的书、听到一堂无意中的课，你从中获得了教益。比如，你现在知道亲情如此重要，值得赶紧去珍惜。那么，你就做启动你的亲情关系的第一枚骨牌吧，让它打动第二枚，并发生链式反应，形成"多米诺骨牌效应"。

我们可以轻易借助中华民族的传统节日、家族成员的特殊时间表达关怀和问候。相逢一笑的时候，多少冷漠和积怨都会在真诚投入的交流互动中冰雪消融。

2.4　立足成长，在新平台上优化亲情；尽心尽力，于关键时刻升华亲情

亲情处理的困难确实仅仅靠巧实力、金点子是不行的，还应该借助硬实力、高境界才会好。亲人之间关系的处理，如果彼此都处于"生活状态下降，生存能力停滞，情绪状态低迷，未来信心缺乏"的话，亲人之间谁也没有主动培育和维系亲情所必需的积极意向、充分动力、乐观情绪和持久耐心。

筑起心理健康的堤坝

——从已然发生的心理危机事件看中小学教师心理建设的必要

2022年2月9日凌晨6：30左右，上海28岁的体育老师铭哲（化名）从家里一跃而下，结束了自己年轻的生命。他的父母把亲笔信发到了网上，把儿子的轻生归因于2021年6月，他被学校办公室主任掌掴后，长期处于内心痛苦的状态，不堪忍受。

28岁，人生充满了无限的可能，用"正青春"三个字来形容再恰当不过。一名血气方刚的体育老师，真的找不到其他解决问题的方式了吗？他的轻生，真的能归因于被打了一巴掌吗？办公室主任又为什么要打人呢？

1 学校非净土，工作不简单

总有人觉得，学校是复杂社会中的一方净土，老师只要踏踏实实教书，认认真真带学生就好，不需要处理盘根错节的关系。这种想法就太天真了。学校也是社会的一部分，虽然教育系统内的关系复杂程度不如社会上那么千头万绪，但它有自己的特点：晋升途径单一，权力较为集中，工作价值难衡量，当面和气背后争。

据自称为铭哲朋友的人爆料：铭哲在入职之后，需要每个星期上课25节，按照5个工作日计算，每天要上5节课。这种课时安排，的确超出一般老师的工作负荷。如此课时安排是否合理，需要对比一下学校其他体育老师的排课数量。

如果所有体育老师（考虑到年龄因素）的排课量大致相当，那就是学校课多人少；如果只有铭哲或少数老师排课多，则可以考虑"职场潜规则"的因素，比如欺负外地人、欺负年轻人。

2 一朝被羞辱，遭遇无人听

在铭哲的父母的亲笔信中，他们声称铭哲被学校办公室主任掌掴一事，有他人在场，有录音为证，所以我们可以暂时判断此事是真实的。一个成年人，被领导当众体罚，面子上过不去是肯定的，心里不舒服是必然的。但是不是足以导致轻生，却是值得商榷的。

前面我说过，学校里面真正有权力的人是少数的，老师的考核评价、职称评定、待遇分配，决定权都在少数人手里。所以在有些学校里面，部分行政领导的"官架子"十足，工作作风野蛮粗暴的情况并不少见。只要铭哲被打耳光一事是真实的，那就能够证明主任的工作方式错误，这是"掌掴事件"的A面。

那么这件事的B面呢？掌掴发生在8个月之前，这8个月之中，铭哲是如何度过的呢？他有没有找学校主要领导去反映情况？有没有到教育行政部门去投诉？有没有通过其他方式缓解自己心中的愤懑？这一切的一切，铭哲的父母的信中都没有提及。

可是，通过铭哲的父母的文字，我们分明可以看到他们二位在过去的8个月之内对这件事的态度。他们用过"开导"的方式，他们对儿子说过"毕竟是领导""过去就过去了""吃亏就吃亏"。站在铭哲的角度思考，当我们想要找人倾诉自己心中的不快，却只是被身边最亲近的人"教育"：你这么想是不对的。此时的你会有什么感觉？

3 事件有前因，因果难定论

铭哲父母的亲笔信出现在网络上之后，马上就有"知情者"爆料，称自己了解此事的前因后果。她说：该学校情况复杂，铭哲被逼迫"站队"，遭到羞辱，导致情绪不稳定，有抑郁倾向。事发当天，铭哲起床后，妈妈曾询问他早起干吗，铭哲说要上厕所，随后进了卫生间。一段时间之后，铭哲母发现孩子还没出来，打开卫生间的门才发现孩子已经从窗口跳了下去。这位"知情者"还说，哲铭是因为在监考时打瞌睡，才被主任打了巴掌。

整件事情当中，最值得注意的地方还有三个：

第一，铭哲为什么会遭遇羞辱？究竟是工作出了差错，还是遭遇了职场霸凌，还有哪些不为人知的隐情？这些对整件事的定性有极大影响。

第二，教育工作者心理健康状况数字。具体数字没法公开，但负责任地说，教师群体心理不健康的比例绝对超出一般人的想象。

第三，铭哲的轻生，是否能全部归因于被掌掴？掌掴与轻生间隔8个月，两者之间是否存在必然的因果关系呢？围绕在整个事件周围的工作压力、工作负担、心理状态、学校环境等客观因素，是否也是导致铭哲做出这种选择的原因呢？

见过你的人，都说你阳光、开朗、爱运动，可你为什么偏偏选择了这条不归路？28岁的你连死都不怕，还怕去学校面对你不愿意面对的人吗？还怕为了争取自己的权利去抗争吗？

很多人读了这个案例，会感觉这个老师好傻。但是，你理解不了他。同时，我们沉重地感觉到中小学教师心理建设的工作刻不容缓。保持觉察，选择理性，你需要一个全面的心理健康支持系统的加持。另外，我们还想说，当这个世界上谁都不能对你好的时候，你一定要清楚地知道，你对你的家人很重要！

4 审视教师轻生现象

人生在世，都不容易。教师的认知方式需要好好反思和调整。

由于社会对教师角色赋予了太高的期望，教师社会形象被提升到臻于完美的境界：无私奉献、淡泊名利、性格温和、人格完美。这也会内化为教师的内心的自觉。不少教师将理想中的教师形象与现实世界中的个人形象等同起来，产生了一种不合实际的过高追求，处处为人师表，竭尽全力甚至超能力扮演着社会期望的完美的教师形象。这会引发教师内心过于苛刻的自我监控和审视——"只有培养出成绩优良的学生才是优秀的教师""教得不好是我的错""没有教不好的学生，只有不会教的老师"等，导致教师自我评价过高或过低，有的目中无人，自以为是，有的自卑心理严重，长此下去，都会形成心理障碍。

面对教育改革，不知如何适应。近年来，教育改革进入加速期，相应的教师培训没有跟上节奏。这导致普遍的人心惶惶：中青年教师虽然有闯劲，但缺乏经验；上了年纪的老师，教了几十年书，反而不知道怎么教了。不少教师自身要求较高，在完成紧张忙碌的工作时，还要参加各种各样的业务进修，参加这样那样的比赛评优，然而时间、精力上的矛盾又让教师觉得力不从心，所以自感压力巨大。

一些教师相对比较单纯的职业经历，没有完成充分的社会化，有的教师存在怯懦、孤僻、狭隘等不良人格特征，表现出进取心差，意志薄弱，经不住挫折和失败，因一点小事斤斤计较、耿耿于怀、易受暗示、自我封闭、人际关系不良。在面临压力时，往往不能采取适当的策略加以应付，容易陷入消极状态，在压力大的时候还会产生抑郁症或消化系统的身心疾病。

5 教师个体自我心理调节

不断修正自我认知，确认自我价值。研究表明，了解自己的人比不了解自己的人解决压力的能力更强。很多教师由于自我认知偏差，不能正确把握自己，带来诸多心理问题，甚至形成心理疾病。教师不仅要了解自己的优点，更要承认自己的缺点，并努力去改进自己的缺点，如努力之后还不能有新的改变，就应该接纳一个不完美的自我。有的教师由于专业功底不够或基本功先天不足，在岗位上屡屡受挫，这时应该要求调整岗位或承认现实而不应过分指责自己，对于外界的否定不要看得太重，始终相信"天生我材必有用"，最大限度发挥自己的能力。如果一个教师能正确认识自我，接受自我，扬长避短地发展自我、完善自我，就能提高自己的心理成熟度，找到理想与现实的最佳结合点，更好地体现自身价值。

学会与人相处，建立良好的人际关系。心理学家早就指出，人类的心理适应就是对人际关系的适应，具有良好人际关系的个人心理健康水平愈高，对挫折的承受力和社会适应能力就愈强，在社会生活中也就愈成功。要主动与领导、同事和谐相处，在工作中互帮互助、团结协作，允许他人犯错误，正确处理好集体利益与个人利益的冲突；要善于、乐于和学生及他人交往，尤其是善于与学生打交道，站在学生的立场上多和学生沟通交流，培养互信、融洽的师生关系；主动与家长联系，沟通家庭教育和学校教育，取得学生家长的信任、支持与合作，虚心倾听他们的意见和建议，改进自己的工作，克服双方对学生要求上的不一致，建立合乎教育原则的合作关系，取得最佳的整体教育效果。

注意调节情绪，保持心理平衡。现代心理学认为，积极的情绪对健康有增力作用，而消极的情绪不仅对健康有减力作用，且易导致人的心理障碍。教师面对繁重的工作、复杂多变的教育对象和迅速变化的世界，难免会带来各种各样的消极情绪反应，如不及时疏导，不仅影响自身，更会投射到学生身上。因此，适应教师职业紧张而繁忙的特点，学会调整自己的心态，做到敬业、宽容、淡泊、放松，在工作中寻找成就感，宽容地对待他人的错误与不足，心平气和地看待自己的职业、自己的工作，在工作中尽可能发挥自己的个性和聪明才智，并从工作的成果中获得满足和激励。当负面情绪加重时，要学会合理宣泄，如找自己的挚友、亲人倾诉，进行体育锻炼、听音乐等，或者转换思维方式，选择对自己有利的角度去思考问题的认识调节法等，让心情慢慢放松下来。

心理指南针

走进心灵最深处

——探索我们生命中值得坚守的那份纯真

一位妈妈写给女儿的信

亲爱的孩子：

今天你跟我告别，说为了给男友庆祝生日，你要提前赶回学校，给他挑选合适的礼物。我只不过回了一句：你怎么从来不记得给妈妈买生日礼物呢？你便生了气，说，为什么别人的妈妈，都从来没主动向孩子索取过礼物呢？他们疼自己孩子还来不及呢，哪像你一样，时时抱怨？况且，爱情怎么能拿来与亲情相比呢？

孩子，你或许现在还无法明白，一个母亲，如果不是心里真的有委屈在，是不会抱怨给孩子听的，她宁肯独自一人默默承受，也不愿给孩子的笑容里，添上她自己品过的忧愁。或许妈妈真的像你说的那样，不如别人那么高尚无私，这样的词汇，我也无力承担。上天给了我母亲的称号，并不是要求我每时每刻都要勇敢、坚强、伟大、奉献、无怨无悔。它还给了我每一个女人都有的脆弱、敏感、虚荣甚至自私。所以你也无权要求妈妈，无限制地为你付出，却没有你应该给予的回报。

每一个假期，你都是匆忙地来去。爱情，几乎成了你生活的全部内容，你对男友说过的每一句话，都要拿出来咀嚼几次，而后无端地自寻烦恼。你这样敏感，怎么却忘了，你无意中说出的话，也同样让我心烦意乱？你可以逃课去看男友，陪他逛街、聊天、轧马路，你却从没想过，短而又短的假期，你的母亲，同样需要你的陪伴，你除了上网，与男友煲电话粥，走亲访友，又真正有多少时间，是分给母亲的？你向我抱怨，说每月的手机费要200元，我也极想对你抱怨：你有几元钱，是花在母亲的身上呢？你订了幽默短信，逗男友开心；但你却从没有想过，给时刻想念你的母亲，也发送一条，让她在无尽的担忧里，能够稍稍地得到宽慰。

其实你小的时候就已是个自私的孩子。你让母亲早起为你做饭，饭菜不合口味便拒绝吃；放学后你让母亲去接，却常常不说一声，便与别的同学跑去玩到天昏地暗，让妈妈在黑暗里，大街小巷里哭喊着找你；临睡前一杯热气腾腾的牛奶，你在喝着的时候，不知道想着妈妈的好，却会因为我偶尔的一次忘记了，就生气不肯理我。你考试之前从来都是没心没肺地丢给我一句，说："这次怕是考不好，不要我对你抱太大

189

的希望。"可是孩子，你一味地要求母亲对你负责。那么，你考出优秀的成绩，是不是你应该给予我的回报？你告诉男友，爱情需要彼此付出，亦需要彼此回报。那么，一辈子都无法割舍的亲情，难道不同样需要我们用心地呵护？

并不是妈妈嫉妒你对男友的痴狂和迷恋。毕竟，爱情亦是一种感情的体验和滋养。妈妈只是希望你能在对爱情的回报里，想起母亲曾经为你付出的22年的汗水和辛劳，想起你肯拿一生来回报男友给你的一年的爱情。那么，是否应该拿一年的关爱，给予永不会停止爱你的母亲？这样的索取，比起妈妈的付出，比例严重失衡，但我仍然知足。即便你在母亲生日的时候，什么也不买，只是遥遥地打个电话，让我听到你的祝福；即便你在假期的时候游山玩水，却记得途中给母亲报声平安，让我不至于因为担心，而半夜失眠；即使你对待学习漫不经心，但在讨要补考费的时候，却知道对母亲说声抱歉；即便你打工挣到的钱，都给男友买了名牌的衣服，却记得发一个短信，告诉母亲，原来每挣一分钱，都是如此地辛苦。

这样的回报，许多母亲都会需要。而敏感的我，只不过比她们记得清晰。我知道让一个孩子记住母亲的每一点好，且知道一一地回报，是太过苛刻。只有当你自己也有了孩子，且要为他一次次的冷漠和无礼，而流与汗水一样多的眼泪时，你才会真正地明白：母亲所要求的回报，其实是多么微不足道。而你，却为这样卑微的索取，而觉得自己的母亲没有书中所写的那样无私和伟大。那么，亲爱的孩子，真正自私的那个人，又究竟是谁呢？

为什么要爱妈妈

你1岁的时候，她喂你并给你洗澡，而作为报答，你整晚哭着。你3岁的时候，她怜爱地为你做菜，而作为报答，你把一盘她做的菜扔在地上。你4岁的时候，她给你买下彩色笔，而作为报答，你涂满了墙与饭桌。你5岁的时候，她给你买了既漂亮又贵的衣服，而作为报答，你穿上后到附近的泥坑去玩。

你7岁的时候，她给你买了球，而作为报答，你把球投掷到邻居的窗户里。你9岁的时候，她付了很多钱给你辅导钢琴，而作为报答，你常常旷课并且从不练习。你11岁的时候，她送你和朋友去电影院，而你要她坐到另一排去。你13岁的时候，她建议你去剪头发，而你说她不懂什么是现在的时髦发型。你14岁的时候，她付了你一个月的野营费，而你没有给她打一个电话。你15岁的时候，她回家想拥抱你一下，而你把门插起来。你17岁的时候，她在等着一个重要的电话，而你捧着电话打了整个晚上。你18岁的时候，她为你高中毕业感动地流下眼泪，而你跟朋友聚会到天明。

你19岁的时候，她付了你的大学学费又送你到学校的第一天，你要求她在离校门口较远的地方下车，怕被朋友看见会丢脸。你20岁的时候，她问你："你整天去哪里？"而你回答："我不想像你一样。"你23岁的时候，她给你买家具让你布置你的新家，而你对朋友说她买的家具真是糟糕。

你30岁的时候，她对怎样照顾婴儿提出劝告，而你说："妈，现在时代已不同了。"你50岁的时候，她常患病，需要你的看护，你反而在读一本关于父母在孩子家寄身的书。

终有一天，她去世了。突然你想起了所有从来没做过的事，像榔头痛打你的心。为我们洗澡穿衣，牵手走路，为我们远行牵挂的母亲，是我们一生的财富，你是否有尽到你的孝道？关心母亲吧，别到了"子欲养而亲不待"时才体会母亲的爱。

父亲节的礼物

世界上最赔本的买卖是做父亲。孩子还没有出生，就得禁烟戒酒，冠冕堂皇的理由是封山育林，谁敢说半个"不"字？孩子生下来，就占了父亲的床，小小的家伙非得将身体写成一个标准的"大"字，父亲只好屈服退让。操心的日子很快就会到来，男孩总是最令人头疼的——你要让他听话、不闯祸？你培养的儿子注定缺乏男子汉气概；你要让他有出息、有本事？打架、逃课的事难免发生，你就等着给老师、邻居贴着笑脸赔不是吧。女孩小的时候通常比较乖，可是，如果不幸长得漂亮一些，老爸爸的麻烦就大了：小的是时候做卫士，任何可疑分子出现都要严加防范，谁也别想接近我的宝贝闺女。女儿大了，担心找的是花心男友，担心女婿是"垃圾股"，担心遭遇色狼袭击，担心大了嫁不出去……反正有五颗心也会担心出心脏病来！倾其所有将儿子女儿打发出去独立生活，还是为其牵肠挂肚：儿女没有出息，想着如何教诲你有出息；非常成功，劝诫你如何别栽了。

什么时候结束这种劳役？答案是："你的生命什么时候画上句号？"许多人懂得感谢妈妈的生养恩情，其实，在我们的心中，父亲同样应该有一席之地。

现在，问大家一个问题：父亲节，应该不应该给父亲送点礼物？为了感谢老爸对儿女那火热的爱，子女到底送什么给父亲最合适呢？

礼物一：寄张卡片或打通电话。打通电话告诉老爸你是多么地爱他、多么地崇拜他。寄张卡片，把你的心意写在卡片上，让使人发笑的动画和贴心的文字替你传达心意。这对很多在外地求学、工作的子女最合适。

礼物二：多陪陪老爸。在老爸的节日，排除万难，早点回家，不为别的就为与老爸说说话。吃饭时陪老爸喝盅酒，饭后陪老爸散散步，晚上也不跟老爸抢电视了，这天凡事以爸爸为中心。

礼物三：为老爸下厨。平时因为学习、工作忙，谈恋爱、陪上司，那今天就把厨房争取过来，自己动手，为老爸亲自下趟厨房。手艺欠佳不要紧，关键是我们今天所做的饭菜已经多了一味"调料"——对父亲的祝福。这肯定让老爸吃起来感觉不同哦！

如果还想找些不一样的父亲节礼物？也许你可以考虑下面这些"金点子"：

创意类：通过一封书信告诉老爸你的关心和感谢；通过一个拥抱不但传达爱意，还有安抚情绪的功效。

生活类：老爸的身体是儿女最牵挂的事，所以父亲节送老爸一经健身俱乐部会员卡是最好不过的；很多爸爸们也许对步行健身情有独钟，一双好的慢跑鞋或走路鞋也许是不错的选择；能让爸爸们睡好都是子女的心愿，所以送个眼罩帮助睡眠；借父亲节送上为老爸们精心挑选的领带或者是衣服，让老爸过一个帅气十足的节日；营养保健品虽然有些传统，却是永远流行的礼物。

休闲类：一本老爸心仪作家的新作，或和他嗜好相关的书；如老爸爱听的老歌、相声等，一张唱片是不错的选择；如果他没有CD随身听，顺便一起送；订一份他喜欢的杂志和报纸。

园艺类：养花侍草是不少老人家喜欢的闲暇活动，所以子女可选择送种子、盆栽植物或园艺工具。

其实，父亲的喜悦就是这么简单，知道自己的儿女记得父亲节。以上的招式未必适合现在的你，但愿有借鉴意义。

心理检测包

亲情趣味心理测试

测试一：亲情情境心理测试

温 馨 提 示

请你专注于下面的测验，认真阅读题目，然后立即回答。

1. 一个小男孩看见妈妈在给奶奶洗脚，言谈质朴而富有亲情。小男孩转身去端来一盆清水，说："妈妈辛苦了，我给你洗脚"……这样一个《将爱心传递下去》公益广告给你的心理反应是 （　　）

    A. 没有什么反应 　　　　　B. 煽情广告而已

    C. 非常感动，心中向往 　　　D. 哈！我就是剧中人

2. 《三毛流浪记》中孤儿三毛看到"两只小狗依偎在狗妈妈的怀抱里""一群小鸡跟随一只母鸡"而流下眼泪的情景画面。你看过之后的心理反应是 （　　）

    A. 什么意思呀？没有反应过来

    B. 太幼稚了，精神不太正常

    C. 真可怜，他触景生情了

    D. 我和我的家人多幸福！感恩之情油然而生

3. 你记忆中最令你难以忘怀的亲情事件是 （　　）

    A. 对不起，无可奉告 　　　B. 没有什么特别的事

    C. 这件事发生在…… 　　　D. 很多很多，让我想一下

4. 你与家人之间存在明显的伤害很深的"继往关系史"吗 （　　）

    A. 可以不回答这个问题吗 　　B. 当然有啦！只好忘记吧

    C. 有一些，已经自动化解 　　D. 怎么会呢？他们很爱我呀

5. "一个中年人为他母亲捐肾的事件"成为当年"感动中国十大新闻人物"。你对此的感受是 （　　）

    A. 令人震撼！不能想象

    B. 如果是我，可能面临两难选择

    C. 如果是我，我也会去做

    D. 不应该入选，救自己的母亲，天经地义嘛

6. 假如有来世，你会选择　　　　　　　　　　　　　　　（　　）

  A. 冤家聚首是今生我与家人关系的真实写照，够了

  B. 既然有选择，倒是期望另外选择一次

  C. 我与家人角色换位，让他们学习如何做

  D. 我当然还会做他们的亲人

操作手册

亲情测试评分及其解析

1. 分数划定标准：

A、B、C、D四个选项分别记分为0分、2分、3分、5分。

2. 测试结果解释：

总分30分；如果你的得分在8分以下，说明你的亲情关系亟待提高；如果你的得分在8—15分之间，说明你的亲情关系需要进一步优化；如果你的得分在15—22分之间，说明你的亲情关系是适宜的；如果你的得分22—30分之间，说明你是亲情关系温馨融洽，向你表示祝贺。

测试二：一份独特的情感心理问卷

问题一：男士专题

【题干】

他很爱她——细细的瓜子脸，弯弯的娥眉，面色白皙，美丽动人。可是有一天，她不幸遇上了车祸，痊愈后，脸上留下几道无法遮盖的丑陋疤痕。

【问题】

你觉得，他会一如既往地爱她吗？

【选项】

A. 一定会　　　　　　　　B. 一定不会　　　　　　　　C. 可能会

问题二：女士专题

【题干】

她很爱他——成功人士，儒雅沉稳，敢打敢拼。天有无测风云，他破产了。

【问题】

你觉得，她会一如既往地爱他吗？

【选项】

A. 一定会　　　　　　　　B. 一定不会　　　　　　　　C. 可能会

操作手册

请你明确地选定自己的答案，不做任何的迟疑。这是一个反映你自己的真实情感心态的测试题。

通常情况下被试的选择：

第一题20%的人选A，20%的人选B，60%的人选C。

第二题30%的人选A，30%的人选B，40%的人选C。

看来，美女毁容比男人破产，更让人不能容忍。

上面的选择，估计被试把他和她当成了恋人关系。

可是，题目本身并没有说他和她是恋人关系。

现在我们假设：第一题中的"他"是"她"的父亲，第二题中的"她"是"他"的母亲。

请你重新选择你的答案：让你把这两道题重新做一遍，你还会坚持原来的选择吗？

两道题，应该都100%地选A。

这个世界上，有一种爱，亘古绵长，无私无求；不因季节更替，不因名利浮沉，这就是父母的爱。

善待我们的家人，他们永远最爱我们。

回顾与思考

1．"亲情"带给你的总体感觉是"心灵的滋养"，还是"心灵的负累"？在自己的长辈面前，你有小孩子的感觉吗？在自己的孩子面前，你有赏识和欣慰的感觉吗？

2．如果面临直逼你的经验的边界和承受力的极限的心理困境，你会决绝地选择逃避还是再苦再难选择坚强？

第十章

蜂虿入怀，解衣驱赶

——心理危机干预中教师应有的
角色担当和关键作为

本章导读

在我们的职业文化传统中，中小学教师这个职业是最安稳的了，最通俗的说法是"风吹不到，雨淋不着"。我们所接受的师范教育从知识理念到方法技术，往往也是疏忽或者罔顾教育工作中偶然或突发事件的问题。所以，如何应对突发事件、如何预防危机情境，我们普遍存在观念、知识、方法、经验的传递和训练。一旦出现紧急、危险情况，往往出现大脑一片空白、本能仓皇应对的尴尬，甚至发生低级错误。

本篇专为弥补中小学教师应对突发危机事件而设计，开篇送来的"主旨心理报告"是《技能傍身，处变不惊——解读教师在心理危机干预中的心理与角色准备》。针对逐渐呈现的极端问题低龄化的问题，在"现实话题关注"环节，我们要求教师们要充分理解认同和主动传递给学生这样的思想智慧：《爱自己是人生的原点——教师自己要懂得并且传递给中小学生的守护生命的理念》。本篇的"心理万花筒"，关注在教师和学生中比较容易接触到的心理问题"抑郁"。我们对抑郁因为缺乏必要的辨识力，所以会有"已经出现了抑郁状态，却浑然不知"的麻痹，或者"只不过是轻微的抑郁而已，却把自己吓得够呛"。《你能作茧自缚，必会破茧成蝶——关于抑郁的话语体系和心理智慧》是不是很有必要补上一课？现代人的心理健康需要有主动的自我保护意识，同样重要的是觉察到已经遭遇心理问题困扰时，主动寻求心理外部援助力量的介入。所以，在"心理指南针"部分，为你带来心理美文《当你孤单的时候你会想起谁——如果需要我们如何选择自己的心理医生》，期望你可以认识到"心理医生，自己需要，学生需要，家长也需要"。本篇的 "心理压舱石"为你科普《个体经历心理危机的心理体验与康复经历》，让我们设身处地地体验心理危机，这是最好的提升我们对心理危机的免疫力的方式。最后，在"回顾与思考"环节，预留了三个学以致用的问题。

主旨心理报告

技能傍身，处变不惊

——解读教师在心理危机干预中的心理与角色准备

"蜂虿入怀"这样一个成语，来源于现实生活中极其偶然发生的猝不及防、仓皇应对、后果糟糕的情况的客观描述。蜂虿（chài），有毒刺的螫虫，可以是会飞行的黄蜂或者是会爬行的蝎子。不知道你会不会是处变不惊的特例。一位网友描述了他的一次蜂虿入怀的遭遇——

我汗流浃背地修剪被飓风打得七零八落的花坛时，一只大黄蜂从领口不偏不倚地钻入我的怀内。我的本能反应就是隔着衣服以掌猛击之。我被黄蜂狠狠地螫了一口，因为隔着两层衣服加上腹部的弹性，我只是弄痛了它，并没有置其于死地。它反击的那一口好似儿时记忆中的一针青霉素，一针扎下去，又痛又胀。

惊慌和疼痛让我毫无章法地乱抓乱挠。黄蜂甚是刁钻，每被我打一巴掌就螫上我一口然后窜逃到另一个地方。不一会儿，这家伙居然钻到了我的后背，我左右开弓，可是它早已到了我臂不可及的后背中心。这时我已是气喘吁吁，浑身火辣辣地痛。

最后我只好三下五除二脱去外套扒掉内衣，回头一看那受了伤的"仇敌"正歪倒跌落在路边，我急步上前欲置它于死地，没想到它却挣扎着飞到路边的小柳树上，再一不留神它已经晃晃悠悠地飞进树丛中了。

低头检查，真正是惨不忍睹——胸部、腹部出现七八个红红的肿包。生物学的常识告诉我：它的毒针留在了我被螫的地方。它随着我的脉搏跳动不停地刺痛着我，红肿的地方迅速扩大，人也开始微微地发烧。

大约15分钟之后，我竟然感觉头昏气短，赶紧去医院处理。医生说：你很幸运！如果再晚来十分钟，就会出现呼吸困难，甚至是心脏骤停。医院每年都会接诊蜂虿攻击入院诊治的病号，严重的真的会危及生命。

遭遇"蜂虿入怀"，应该如何处理呢？最为明智的选择就是"解衣驱赶"。可是因为我们都是凡人，面对这样的情况往往会采取本能的"至下之策"——结果，自己受了皮肉之苦，黄蜂丢了一条性命。

笔者在此颇多绕舌，其实用心良苦，就是想让身为中小学教师的你，真切感受到在你的工作情境中随时可能会发生的校园心理危机事件。面对这样的情景，真的是恰如"蜂虿入怀"。你不要总是祈祷老天保佑你，本篇算是对你的适应工作情境中可能发生的极端挑战的心理训练吧。

1 给自己一个坚强的理由

我国的应用心理学，在中小学心理健康教育中的理论技术和应用实践的水平具有较高水准。我国有国家级的全民健身行动计划——《健康中国2030行动计划》，有中华人民共和国教育部颁发的《中小学心理健康教育指导纲要》（1999年初版，2012年修订）。全国普遍建立起"学校心理危机预警与援助系统"——儿童青少年心理健康保护网。

中小学教师就这张"儿童青少年心理健康保护网"上的与家长角色同样重要的关键纲目。然而于许多教师纵然接受了大规模的专业化培训，一旦面临极端心理危机事件发生的时候，还是会处于"蜂虿入怀"的惊慌失措状态。

希望本文能给教师们一点启示，告别仓皇应对的状态，从容处理突发事件。"从容处理突发事件"是教师的职场胜任力体系中最为硬核的能力，每个教师都应该掌握，原因如下：

其一，自己心灵的安宁。心理援助专家团队在处置心理危机事件的"案情复盘"环节，通常会邀请心理危机事件的值班老师参与。发现许多老师都久久不能从后悔、自责、恐惧的情绪状态缓过神来。重复率最高的一句话是"我当时大脑一片空白，假如我能冷静一些就好了"。这种"大脑一片空白"的描述，就是心理危机事件"预警失灵—觉察滞后—处置不当—次生问题"全链条任何环节都可能出现问题的根本原因。我们警示教师们，一定要有守住底线的风险意识，确保你的学生们心理危机事件的"隐患预警—精准觉察—冷静处置—避免次生心理危机问题"的任何环节都是你的"智商在线"（富有智慧的问题处置状态）。

其二，教师职业的天性。几乎任何心理危机事件都是有预兆的，当事人往往有心危机事件发生的诱发事件，诱发事件会给当事人造成严重的心理冲击。一个学生决绝地下定结束生命的决心何其艰难？所以必然会发出各种各样的因为对生命的不舍的求救信号——失神无助的状态、无尽哀伤的眼神、一反常态细思极恐的话语。老师能够留意这些关键信息的只鳞片爪，就可以成为阻断一起心理危机事件的"吹哨人"。

其三，优秀人品的检验。在教师的职业成就评价天平上，通常将培养了多少优秀学生作为衡量一个老师教育成就的重要指标。其实，这是不对的，教师有比"培养了多少优秀学生"更重要的事情，比如，你让多少"迷途的羔羊知返"？你为多少学生

"守住生命底线，点亮心的灯盏"？教师拥有这一份仁爱之心才是最值得骄傲的教育成就。关注和关心处于心理困难中的学生，尤其是心理困难超出其心理承受能力的学生，是教育责任和教育情怀的体现。

2 教师在学生心理危机干预中应有的知识理念

2.1 学生心理危机多发原因分析

在中国传统的教育历史记录中，儿童青少年的"自弃生命"事件不是没有，确实极少。因为我们的传统生命伦理教育文化中有深入人心的思想体系：《孝经·开宗明义》——"身体发肤，受之父母，不敢毁伤，孝之始也"。令人痛心的是过去二三十年，我们文化教育的篱笆洞开，一些西方影视、书籍、电子游戏，将自弃生命的行为描绘得绚丽唯美，将告别人世描述成一次似乎是展示自己英雄个性的壮举。

2.2 中国父母邯郸学步西式家教

一些父母受西式家庭教育之风的影响，未结合我国的现实国情，未能正确理解民主教育内涵，结果是"学了宠爱，丢了边界；盲目尊重，失去影响"。子女没有个人行为的"边界意识"，就像一个人开着车随意在路上横冲直撞一样，不出大事才怪；父母在孩子心目中没有关键时刻说一不二的"绝对影响力"，就像一个人开着刹车系统失灵的车一样可怕。

2.3 功利教育观念的恶劣惯性

传统的应试教育形成了中国人深入到骨髓的对教育的"又爱又恨""万般皆下品，唯有读书高"考试成为个体成长晋升的正道通途，考试决定社会分层。而另一方面，据全国视力保健机构的行业调查数据显示：我国中小学生视力普遍下降——小学生近视率达22%，中学生近视率达到55%，高中生近视率达到70%。学生近视率为什么逐年提高？主要是课业、课外负担比较重，学习时间过长，课外辅导班过多，电子产品看得过多。

国家推进"双减"教育改革（中共中央办公厅、国务院办公厅印发《关于进一步减轻义务教育阶段学生作业负担和校外培训负担的意见》），最大的阻力来源于两个方面：教师跟不上教育改革的要求——不习惯，家长不接受教育改革的要求——不相信。所以我们才会看到这样的"怪现象"，各地省市教育主管部门都将推进"双减政策全面落地"作为一个今后一个时期内繁重而艰巨的任务系统部署、着力落实。

3 学生心理危机的最佳"吹哨人"

本书是定位于非心理健康教育专业的教师学习阅读的，力求避开心理健康教育专业话语体系。心理危机的学生常常被老师们当成非常专业的事情，其实不然。心理健康问题其实与自然界中万物生长规律一样，比如我们可以借助观察一棵树的生长状态判断这棵树的健康状态，我们同样可以根据一个人的外在表现判断其心理健康状态。

当然，人心相比于花草树木是复杂多了。然而，只要你的预警意识启动、危机觉察力在线，一定会用你的可以迭代升级的慧眼，做中小学学生心理危机的合格吹哨人和关键保护神。我们也在这个过程中感受到教师职业的神圣职责和伟大使命。我们用三个故事来阐述。

故事分享

一位青年数学教师看见自己班级的一个女孩上课走神、嗜睡，他感觉这个学生肯定处于心理困境之中。他想起自己初中时班里一位女生的遭遇——"邻居性侵，招致怀孕；感觉耻辱，投湖自尽"。那位女生的悲剧是这位老师人生经历中最近的一次接近死亡的体验。她留给同学们的最后的眼神深深烙印在这位青年教师的记忆里。于是，他课后请她去办公室，真诚表达了对她的关心，期望她可以去学校心理辅导中心寻求心理老师的帮助。那个女孩最初是回避和拒绝的，这位老师耐心细致地做说服工作，尤其是说起了自己记忆中的同学的悲剧故事，小女孩初始是木然地听，听着听着就流出了泪水。原来，她的家庭中父母正在闹离婚，女孩想要以自己的死亡唤醒父母。她已经决绝地做好了计划，行动就定在当晚父母再次争吵的时间。这位老师赶紧带她去找心理老师，一场化解危机的心理救助行动就此展开。

正是老师站在讲台上"多看了一眼"，就成了一场心理危机事件的"吹哨人"。

故事分享

一位青年教师从外面办事后回学校，发现学校门岗值班人员在阻拦一位试图强行闯关逃离校园的男生——学生拼命挣脱，校卫暴力阻止。这位老师赶紧上前一步轻声喝止。将这个学生带离门口，走在校园的林荫道上，启发他去心理咨询室求助。

后来，心理老师反馈：那位学生因为中考摸底考试远远低于预期，根本完不成考入重点高中的中考任务。他的父母给他下了"最后通牒"——只要拼不死，就往死里拼；考不上重点高中，这一辈子就完了。

这给了他无法呼吸的压力，他已经多日吃不下饭睡不着觉。甚至出现幻觉：一个声音向他呼唤——父母让你给挣面子，才不管你的苦累。活着痛苦无边，死了一了百了。他试图出走，彻底解脱。所以，才有了那天校门口的冲突。恰是这位路过的老师的主动搭救行动，避免了一起心理危机事件的发生。

我们可以负责任地说：如果你是有故事的人，如果你是有情怀的人，学生的任何异常心理行为迹象，都会清晰呈现于你的心理雷达屏幕上。

故事分享

今天上课有一位女生缺席，课代表说她身体不适请假。老师眼睛的余光觉察到：课代表说这位缺席女生身体不适请假时，其他几位女生神情诡异。老师于是特意询问她现在何处？经过老师一番引导，其中两位女生马上飞奔向女生宿舍。

原来，那位女生因为总是独来独往，让同宿舍的人产生"异类感"，后面矛盾日深，当天早上，终于酿成了一场校园心理霸凌事件。女生从来没有被人大声呵斥过，何曾遭遇如此奇耻大辱。越想越恼，一种以死相搏的冲动之念升腾——你们简直就是野蛮人，我要用自己的生命去控诉你们的无耻。当那两位良心发现的同学冲进宿舍时，被打的女生已经写好遗书，正在宿舍实施自杀行动。

4 教师在校园极端心理危机事件中的角色

为了表述的方便，我们在此设置校园心理危机事件A、B、C版三种情境分别呈现指导方案——A版：校园心理危机事件初步呈现；B版：校园心理危机事件已成事实；C版：校园心理危机事件后续化解。

4.1 A版：校园心理危机事件初步呈现

校园心理危机事件初步呈现情境界定——在校园中发现有处于严重心理困难的学生在准备或者正在实施极端自我毁灭或者攻击他人的行为。

教师的角色定位：（1）吹哨——不要惊慌，你应该及时通过电话、微信等沟通渠道，将校园心理危机事件初步呈现的时间、地点、人物信息报告给"校园心理危机干预与援助系统"的关键联络人（平时要将"关键联络人"信息存储在自己的手机里，并且将"关键联络人"按照工作程序优先排序设计保存）；（2）延缓——在"校园心理危机干预与援助系统"骨干力量尚未及时到位之前，你应该在确保自身安全的前提下，对处于激情状态的当事人进行安抚劝慰，不要做出激惹言语或者行动；（3）协助——在"校园心理危机干预与援助系统"骨干力量到位之后，你可以力求冷静、客观报告你所知道的情况，协助一线工作人员开展疏导性质的心理谈判，尽量避免事态恶化，追求心理援助化解危机。即使校园心理危机预与援助系统是完备和专业的，未必一定会确保挽救行动成功。即使第一现场挽救行动成功，也未必不会出现后续心理辅导、家庭努力、社会支持方面出现问题或者短板，有可能再次发生心理危机事件。

4.2　B版：校园心理危机事件已成事实

校园心理危机事件已成事实情境界定——在校园中已经发生了严重心理困难的学生极端自我毁灭或者攻击他人的事件。

教师如非专业人员绝对不要将自己直接暴露在问题现场，现场会由到达的医院救护或殡仪工作人员处理。

你可能会有失音、变音问题，你可能会有恶心想吐、呼吸心跳都出现异常等应激体感问题，还可能会大脑一片空白、恐怖画面持续在大脑不可控制地回放等心理恐惧问题。此时，我们应明确：（1）这一切都是在如此极端的突发心理危机事件面前的正常反应。不必羞耻，无需愧疚，换成其他人也会有类似的问题出现；（2）不要刻意控制自己的应激体感和心理恐惧问题状态，恰好是"刻意控制自己的应激体感和心理恐惧问题状态"的努力让人感觉更为糟糕——努力控制然而无效，这会引发更强烈的"应激体感"和"心理恐惧"，因为努力却没有效果会导致个体的绝望感；（3）运用中华心理治疗文化中"以情胜情疗法"心理治疗哲学给我们提供了"以思胜恐"的化解极端心理危机事件引发的恐惧心理的思路——不要自己关起门来暗自消受应激体感和心理恐惧。主动走近其他同事或者学生，大家一起谈论事件、原因、人物，畅所欲言，不留禁忌。你会感觉应激体感和心理恐惧明显降低。

4.3　C版：校园心理危机事件后续化解

校园心理危机事件后续化解情境界定——校园极端心理危机事件的后续负面心理阴影妨碍师生正常学习工作生活的问题。自己身边发生校园心理危机事件的心理冲击力，并不止于直逼极限的"现场心理冲击波"，说不定更让人忌惮的迁延不愈的心理阴影效应——案发现场、当事人曾经生活学习的地方，都会给活着的人留下心理阴影。我们经过或者身处那个场地时，会莫名其妙的唤醒那时的"黑色记忆"，惴惴不安、草木皆兵的心理惊恐让人防不胜防。

基于成熟的心理援助工作经验，我们在此提供一个"校园心理危机事件后续化解"的心理技术：心理祭奠。用一个富有仪式感的程序，获得与那一桩校园心理危机事件的心理切割。这并不是违反辩证唯物主义理论实践的封建迷信，而是具有建设性的心理科学思想的理论技术创新。

心理祭奠的主题程序：（1）打通生死心理链接通道——在一个可以给你带来充分的心理安全感觉的房间里，在一两位真诚关心你或者与你有共同心理需要的人的陪伴下，关上照明灯，点燃烛光；（2）回忆记忆中的关于那个已经远去的人的点点滴滴。（3）表达对其突然离开的遗憾和追悼。如果没有一时想不开的冲动，现在应该会是时来运转的时候；（4）引领完成"虽然生命无常，已然感恩缘分；我会铭记你来到世间经历的一切和给我们生者的启示，好好乐观生活执着成长（活着）"的认知呈现和情感唤醒；（5）烛光告别仪式：①书写寄语，表达心愿；②借烛光焚烧寄语；③用一个纸袋收集纸灰和燃尽的蜡烛；④选择一个不常到达的地方掩埋；（6）作别心语——从此你离开我，我开始我的生活。我也会偶尔想起你平常留在我心间的平静的模样，感恩曾经的遇见。

上面的心理祭奠程序，遵循"毫不质疑，遵从执行"，效果尤佳。

总体而言，让工作的节奏将失序的你带回正常，根据学校安排做你应该做的事。投入学生心理创伤后应激障碍的心理干预工作，既是组织带动示范者，又是从中解脱的获益人。时间是最好的心理治疗师。

爱自己是人生的原点

——教师自己要懂得并且传递给中小学生的守护生命的理念

在中国人的道德话语体系中，"自爱"并不是一个陌生的词语。爱惜自己的形象，爱惜自己的名声，爱惜自己的身份。其实，在心理学层面，自爱还有更深层次的含意。让我们关注"以自己的身心为对象的自爱"。

将自己作为爱的对象，叫"自爱"。因为我们习惯于从道德层面使用这一词汇，所以可能一时还不习惯。这种不习惯具有心理学意义，说明在你的观念中，存在一个心理盲点——不知道还要爱自己。

"不知道还要爱自己"是我们传统的家庭和学校教育的失误，由此引发了太多的问题、遗憾，乃至刻骨铭心的记忆、鲜血淋漓的教训。在生命的任何一个不期而至的时节都会让人面对春寒料峭的凛冽、风云变幻的无常、直逼极限的挑战、力所不逮的无奈的现实，容易对人生产生生存的艰难、命运的飘忽、失控的恐惧、无助的痛苦的切肤之痛，你可能会选择在逃避现实中苟且偷生，于麻醉自我中寻求解脱。所以，学会自爱，对于我们所有人都是一堂必修课。

1 "自爱"的内涵

自爱作为爱自己的心理行为的总称，是一个"连续谱"，从最基础的"珍爱生命，保存火种"，到中端的"爱惜自己，品味人生"，再到"激活潜力，展现精彩"的最高境界。

珍爱生命，保存火种。在任何情况下，失去一切、忍受一切、面对一切，守住永远的底线，为活下去寻找不可辩驳的依据。相信特殊困难的时刻总是暂时的，唯有活下去才能有可能见证未来。所以，自爱的人的生命力惊人地顽强，经受摧枯拉朽的严峻考验，依然让自己屹立不倒。

爱惜自己，品味人生。关注自己的内心感受，保持自己的身体健康。不沉湎于刺激、享乐的日子，不使自己陷于望不到尽头的艰辛和绝望。主动设计自己想要的生活，积极面对生活的挑战和压力，保持永远的乐观主义形象，就像一只水壶，即使火烧屁股，依然可以吹着快乐的口哨。

激活潜力，展现精彩。人与人之间的原始差别是非常有限的，人与人之间的现实差别却势同天壤。为什么呢？家庭影响、学校教育、社会导向、重要事件会使人生之车驶入各自的车道。进入人生快车道的人，能够更积极地追寻生命的价值，开发生命的潜能，超越生命的极限，创造生命的奇迹。

在生命的历程中，保存火种是自爱的底线，品味人生是自爱的常态，展现精彩是自爱的巅峰。就是在这样的自爱的人生之旅中，人生呈现"横看成岭侧成峰，远近高低各不同"的壮美。

2 构筑自爱的根基

一个人要对某个对象产生爱的心理行为，必须建立在该对象值得一爱。这个"爱的发生学原理"同样适用于自爱。具有积极的自我概念的人，会珍惜自己，善待自己。如何让自己拥有自爱的根基——积极的自我概念呢？

2.1 乐观的自我认知

所谓"人贵有自知之明"，全面、客观的自我认知是形成健全自我概念的认知基础。在我们的头脑中，自我认知通常是"自动化"（不必借助明确的意识活动的参与）完成的，是"自我评价"与"他人的评价"双向构建的结果。自我认知往往存在主观、片面的问题——自信心爆棚的人，自我认知主观色彩浓厚；自卑感深重的人，自我认知倾向于"正面的一概怀疑，负面的全面接受"。

为了形成全面、客观的自我认知，现在，我们将这一过程在意识状态下进行。"自我评价"的做法非常简单，运用"我是一个_____的人"句型，来描述自己，要忠实于自己的内心。"他人的评价"是寻找父母、同学、老师、恋人、兄弟姐妹等人对你的评价。描述父母眼中的我、同学眼中的我、老师眼中的我、恋人眼中的我、兄弟姐妹眼中的我，从中寻找这些描述中共同的品质，将其归类。所描述的维度越多，越能找到比较准确的自我概念。

2.2 积极的自我评价

自我悦纳取向是自我概念积极、健康的关键。悦纳自我首先要接纳自己、喜欢自己、欣赏自己，体会自我的独特性，在此基础上体验价值感、幸福感、愉快感与满足感；其次是理智与客观地对待自己的长处与不足，冷静地看待自己的问题与欠缺。

要做到自我悦纳并不容易，原因在于并不是人人都幸运地出生和成长在一个"肯定、赏识、耐心、爱护"你的家庭和教育环境中，恰好相反，由于观念的偏颇、心态的功利和做法的冲动，我们从家庭到学校的成长经历主要是处于"优点被忽视，缺点被放大""否定打压多，肯定鼓励少"的进程中。

广大中小学教师，尤其是青年教师为了心灵的自由和未来的人生，必须而且能够完成自主纠正家庭和教育环境对我们的禁锢和伤害导致的自我否定、自我排斥的心理取向，完成"我是一个奇迹，值得珍重爱惜"的心理取向的重建的任务。从今天开始，关注自己的成功，并将优势积累，赏识个人的闪光点，并将其串联和扩大为亮丽的人生风景线。

2.3　全面的自我改变

无所事事、一无所长的状态下，如何让自己感觉良好？通过积极的自我提升，为自我概念加分，是形成积极的自我概念的必由之路。自我提升的途径有以下几点。

一是寻求自我效能感。自我效能感是个体对自己是否有能力为完成某一行为所进行的推测与判断。自我效能感具有四大功能：其一，决定人们对活动的选择及对该活动的坚持性；其二，影响人们在困难面前的态度；其三，影响新行为的获得和习得行为的表现；其四，影响活动时的情绪。当我们期望并相信自己成功时，必然会尽自己最大的努力；当面临挑战性任务时，会表现出更强的坚持力。自我效能感高的人一般对生活、学业、事业期望较高，也就是说，自我效能感与成就动机呈正相关性。

二是克服心理无助感。许多人经常体验一种心理无助感——觉得自己很无知、很低能、很被动、很消沉。心理学研究表明，心理无助感是生活经历中挫败经历的"心理后遗症"，是习得的心理状态，所以称之为习得性无助。习得性无助指个体（人或者动物）经历了某种挫败的经历之后，在情感、认知和行为上表现出消极的特殊的心理状态。习得性无助会让个体选择自我无能地"忍受一切，放弃努力"的策略，从而无法实现本来有可能实现的目标，在沮丧或者自我攻击中艰难生存。

2.4　真实的自我成长

自我概念不是自欺欺人地夸大自己固有能力和条件就可以轻松完成的。我们更应该立足当下，选择适宜自己的突破口，付出努力，快速取得进步和成长，为积极的自我概念的确立找到依据。"聪明会让你一时精彩，但无力让你获得成功；勤奋让你感受艰辛，却会用持续的成功回报你。"建立在真才实学、勤勉踏实基础上的自我概念才是充实、稳定、积极、美好的。

3　自爱的行动策略

3.1　唤醒自爱意识

唤醒自爱意识是珍爱自我的认知起点，自爱意识从珍惜自己生命的存在，到体验自己生活的百般滋味，再到认同自己卓越人生的价值和意义，它是个体在不同的人生阶段呈现的认知状态连续分布。一失意就悲观厌世，一生气就不计后果，一兴奋就纵情享乐，一成功就忘乎所以，做出来傻事、憾事、丑事、坏事，都是因为没有自爱意识。自爱意识唤醒之后，危难时知道全力保护生命，平常时懂得善待自己，关键时追求人生精彩。

3.2 激发自爱情感

自爱情感就是个体保护自己、善待自己、欣赏自己的情感。自爱情感在处于人生低谷的时期特别难能可贵——人在困难的时候有时会面对"生不如死"的痛苦，自爱的情感引导和拉动自己做出自我承诺和自我安慰："逃过此劫，好好生活""冬天到了，春天还会远吗"。自爱情感在日常生活中引导我们理智享受平常的幸福，远离声色犬马的生活、拒绝疯狂刺激的体验。自爱情感在志得意满的时候，告诫自己成功来之不易，要懂得加倍珍惜。

3.3 直面自爱考验

自爱考验来源于两个方面：上坡时不知道加速，下坡时不知道制动。当我们处于学业困难、情场失意、求职无门、婚姻不幸等人生低谷的时候，设法让自己找到着力点，然后加速成长改变现状，这是向人生困境交出的正确答卷；陷入困境之中，鲁莽行事，冲动应对。这会让问题更为复杂化。在处于人生顺境的时候，还能够做到平常心做事，低姿态做人，可以避免大意之失和无意招祸。"失意不变形"是坚强，"得意不忘形"是定力。这两者，你最缺乏什么？

3.4 提升自爱实力

贫困者难言大方，潦倒者休谈壮志。自我概念积极乐观，珍爱自己达到极致，都是建立在通往明天美好生活的大道上的。没有对未来人生的主动设计，没有付出辛勤劳动的执着追求，没有让人信服的生活质量的展示，一切都是苍白无力的。所以，人在青春年少的时候，享乐没有出路，奋斗才有前程。自爱的立足点和归宿处都是让自己更有实力。这个过程外人看来可能充满艰辛，其实，奋斗者自己经过一个短暂的投入期之后，会感觉乐在其中，而且其乐无穷。

心理万花筒

你能作茧自缚，必会破茧成蝶

——中小学教师应该懂得的关于抑郁的话语体系和心理智慧

　　熟悉的人之间经常会开一些不咸不淡的玩笑。比如：你抑郁了吗？我有点抑郁。随意就说出口的抑郁怎么称得上抑郁？唯有身处抑郁状态的人，才会真切地体味"抑郁这只黑狗"的讨厌、甚至可怕。

　　在这样一个公众唯一还可以对远逝的圣贤心存敬畏的年代，我们将大真话从圣人的口中说出来比较容易引你的关注。恰好，他们还真的说过——苏格拉底说："未经检视的人生是不值得活的。"弗洛伊德说："症状只是一个人防御内外心理痛苦的方式而已。"

　　顺着这根杆，我们向上爬。

1　症状并不重要

　　症状是一个标签，是医院用来开药的凭证。精神科医生为你诊断抑郁症、焦虑症、强迫症、恐怖症之类的，好对症用药，是医生便捷记录、交流的术语。症状是一个人内存痛苦和潜意识冲突的外在表现。对于心理咨询师来讲，症状基本上可以忽略不计，主要是要探讨症状背后的原因，如你的问题是怎么来的？你受到了什么样的心灵创伤？你的原生家庭对你的影响是什么？你为何用这种防御方式来保护自己？这些才是最基本的心理咨询需要探讨的范畴，而不是用抑郁症的标签来探讨抑郁症，那是对来访者的精神暴力。所以，心理咨询第一步往往是去标签化——你没有病，你不是抑郁症。

　　我们一起来看一个抑郁的人症状背后发生了什么：为什么表现出这样的状态？并且让人如此痛苦？

　　心理咨询行业里有一个笑话：歇斯底里是个筐，什么都可以往里装；神经衰弱是个筐，什么都可以往里装；抑郁症是个筐，什么都可以往里装；边缘人格是个筐，什么都可以往里装。根据"破窗理论"，公众将各种不能接受的"心理投射"都往里装，导致症状的概念越来越复杂。

　　我们需要一个词语来表达你目前的问题状态，就用"抑郁状态"来表达，你我都懂我们当下关注的这个话题。

2 抑郁并不可怕

现在社会上有很多人都将心理问题恐怖化，抑郁症妖魔化、一听到抑郁两个字，就好像得了绝症一样——这个人就会自杀、就会去死，马上避之不及。新闻媒体追求关注的本能，将本来是低概率的"明星自杀""官员自杀"事件炒作得铺天盖地尽人皆知。导致大家对"抑郁"谈虎色变，对身边所谓的抑郁症患者战战兢兢，生怕自己一句话说错了，对方会就会自杀。有时这样的反应，其实是对对方的一种附加心灵伤害，这本身会对当事人产生诱导作用——"人们都对我怕成这样了，我真的是很严重了！"

抑郁并不可怕，它只是一种心灵创伤状态的外显。从根本层面上讲，我们每个人都有心理问题，只是有些人隐藏得好，有些人没意识到；有些人压抑得好，有些人毫不自知；有些人表现出来了而已。从这个层面上讲，我们都是平等的。因为几乎每一个人的原生家族都存在这样那样的问题，相当多的人会有一段"血淋淋"的心理创伤史。抑郁对每一个人来说，就像自己的天空有时阴，有时晴，所以"抑郁症"并不可怕。不要恐惧"抑郁"，不要对"抑郁"谈虎色变，不要把"抑郁"当成大不了的事情。持有积极心理学理念的人认为"抑郁症"没什么好怕的，因为它是人成长的一个危险中的机会。

3 抑郁症的过程是内心成长的机缘

心理分析大师荣格说："往外看的人是在做梦，往内看的人才是清醒的。抑郁是一种清醒的状态伴随着痛苦。"

扩张和收缩是人类心灵的两种基本状态——往外扩张延伸，往内收缩深展。抑郁是收缩的具体表现，抑郁可以说是人生自省的最高形式之一。可以这样说，人类中有一部分人的体会和感受能力是很强的。当很多人麻木、浑浑噩噩的时候，这部分人已经深切感受到痛苦和压抑，他们的内省能力让自己开始思考，发现自己有问题、关系有问题、社会有问题、世界有问题，所以内心开始痛苦、开始难受、开始收缩、开始挣扎、开始找寻、开始求索、开始领悟和理解内在的含义。可见，只有真正智慧和清醒的人，才有机会去体会抑郁。那些整天活在梦中、从来不思考、不往内看自己的人，是不会体会到抑郁的意义的。

抑郁的状态在很多人身上都存在过，大家仔细回想下自己的生活轨迹和经历，当你思考人生的意义时，当你对现实生活不满时，当你对自己不满时，当你开始看内在的自己时，当你无法应付外在的环境时，当你感觉无能为力时，当你非常恐惧时，因为你发现了很多真相，所以你会陷入痛苦的抑郁状态，让你不自觉地去思考，去追求，去发现现实生活的无意义、人生的无意义、生活状态的无意义、追求的无意义，因为一切都会死亡、都会逝去，越来越失望，对自己的失望、对人生的失望、对生活的失望、从而丧失对生活的信心，对自己的信心、对人生的信心、对什么都提不起兴趣，觉得任何事物都没有什么意义，没有必要去做，现实生活的世界很假，不是自己内心真正想要的，所以采取一种收缩与放弃的状态，放弃自我、放弃生活，把自己紧紧地包裹起来，成为一个"茧"，这是自己将灵魂紧紧包裹，同时在孕育新的生命的过程。

4 抑郁症的过程是黑暗中的沉思

古语云："置之死地而后生，致之亡地然后存。"当一个人处于抑郁状态时，自己都会吓一跳：世界确实如此不堪，结束已是最佳之选。

死，对所有人而言是最后的结局。"这一天来得这么早，我心有不甘呀！"怎么办？

办法是有的！将"原来的我"（内心）抛弃，将原来所追求的假的、空的、错误的东西刨除，才能孕育出新的真实与自我。因为你的灵魂已经透不气来了，需要呼吸真实的、新鲜的空气，需要透气，因为你曾经对内在的灵魂压迫得太厉害，它在呐喊和反抗，你的内心智慧告诉你，这样下去不行，这样下去会毁了自己，所以采取了一种智慧的方式来保护和成长你自己。可以这样说，抑郁是内心智慧的安排。

人类历史的智者、哲学家、文学家和艺术家，绝大部分都曾经抑郁过，不是他们要追求时尚，流行抑郁，而是因为抑郁是促使人深刻思考、回归内心的最便捷、最有效的方式，也是必经阶段，"只有痛苦才能唤醒灵魂"。只有经历"成蛹"（茧）的状态并升华"化蝶"，人才能真正地成长，与内在的灵魂建立真正的联结，才能得到真正的自由，从而找寻到生命真正的意义，成为完整的自己。

5 抑郁症的过程是破茧成蝶

每一个从自己的痛苦中求索思考的人，慢慢地会在不经意间找到自己生存的新的意义和基点。从"成蛹"到"化蝶"的过程往往是很痛苦的，因为要承受的苦难可以说是整个人类的苦难，你所面对的是整个世界的苦难，是整个时代与社会的苦难，所以抑郁的人是很坚强的、是勇敢的、是智慧的，同时也是很挣扎的、很矛盾的、很脆弱的。我很尊重抑郁的人，也很佩服抑郁的人。笔者曾经走过这样的岁月，刚刚上大学的时候，我开始思考"我是谁？我想要做什么？"看了许多的哲学、心理学的书，都没有找到想要的答案。我陷入深深的绝望和痛苦中。那个时候，太阳都是黑色的。因为没有意义，人总会死的，做什么和不做什么没有什么两样。我几次徘徊在江边想要结束生命。后来，我看到一个身体有严重疾病的老师，如果我是他，一天都活不下去，但是，他不仅活着，还活得那么乐观、充实、有作为。我十分惊奇：我倒是要看看他怎么可以这样活着？在跟随他的过程中，我突然领悟了——冲破了那层心灵的障碍和束缚！那一刻，天地之大，世界之宽，心灵之美，尽收眼底！这段时光对我而言意义非凡，我如同重生！我能深深感受那身在其中的痛苦与挣扎，那灵魂挣脱绳索的反抗，那渴望飞翔的渴望自由的灵魂的奋斗。萨德说过："存在先于意义。"我完成了对自己的心灵救赎。

6 心病需要心药医

药物是解决不了心理问题的，更解决不了内在的意义问题，也解决不了关系问题，心理问题需要从心理层面入手——艰难困苦，玉汝于成。

现在对抑郁症的方法大多是运用药物治疗，很少能帮助其内心真正地成长。心病需要心药医，心灵的问题需要使用心理的方法来解决，灵魂的呐喊需要灵魂的共鸣。不能理解抑郁的意义的人，是很难帮助患"抑郁症"的来访者。心理咨询师有时只是一个"提灯人"，照亮心灵深处的道路，前路茫茫，路途遥远，陪伴着这些勇者和智者，一起走过人生的沼泽与黑暗，迎接内心的重生与涅槃，在心灵的世界里共舞，在灵魂的天堂里行走。虽然这段时间可能会很艰难，可能会很曲折，可能会有很多变故和意外，让我们携手一起往前走。

阳光总在风雨后，只有经过浴火重生，才能凤凰涅槃。勇敢地往前走吧，只有飞翔起来才能体会到生命真正的意义，也就是你来到这个世界的意义，当你的心灵真正微笑的时候，世界也会笑的。

心理指南针

当你孤单的时候你会想起谁

——如果需要我们如何选择自己的心理医生

1 "我的心理医生，你在哪里呀"

小迪近来诸事不顺——因为工作安排问题，与老板公开决裂，愤然辞职；自以为单纯专注的男友小开，竟然还有一个相交至深的红颜知己。

想起平时公司老板爱惜人才的真诚和不拘小节的胸怀，肯定会不出几日就来个烛光晚宴的约请，"你的位置是无可替代的"这可是老板发来的生日电子贺卡上的话。然而，过了许久，老板都没有发来消息，死党倒是传来噩耗——无可替代的位置已经来了新人，而且稳健练达，深得老板赏识。

个性倔强、自信、行事果敢的小迪本想给男友一些厉害看，让他知道马王爷到底有几只眼。不曾料想，小开一副死猪不怕开水烫的样子，说他已经忍让小迪太多，不想再退让。小迪不得已启用最后通牒——"告别你的情人，我原谅你；梦想家里红旗不倒，外面彩旗飘飘，你干脆'下坡路上倒土豆——滚蛋'"，小开竟然立马收拾自己的随身物品搬出去了。小迪才刚得意了两天就觉得这事不妥，反过来央求男友屈尊回来，这下轮着男友对小迪傲慢地挥手，关上情感之门。

从此以后，小迪变得很沮丧，每天躲在家里吃零食，有时肚子胀得不得不去呕吐。如果不吃零食，她会有莫名的恐惧，觉得自己会发疯。

小迪没有非常要好的朋友，况且这样的事也难以启齿，因为小迪是个很要强的人。她想去找未来的公公婆婆，但他们对儿子的恋爱一直不认同，如果知道自己的儿子有了异心，不往坏处使劲就算是菩萨保佑了。

小迪想到自己的父母，可是打小迪有记忆开始，这俩人就没有消停过一天，连自己婚姻都搞不定的人，会给她什么好建议呢？小迪有个大她三岁的哥哥，她跟哥哥诉苦，哥哥嫂嫂却把她数落一通，说她向来都是自我中心，从不考虑别人的感受，公开替小开抱不平。

小迪觉得自己不能这样下去，她到女子健身中心，想通过运动来平抑自己对零食的渴求，控制日夜兼程增长的体重。有几天她似乎找回了自我控制的感觉，但很快被难以控制的易怒情绪破坏了。她看不惯别人，有时莫名其妙地讥笑讽刺别人，别人自然也看不惯她、孤立她。她放弃了健身计划，重新躲在家里，拼命地吃东西。

一次，她偶然给妇女热线打电话，遇到一个老大姐似的咨询员，温柔关切的话语一下就赢得了她的信任，她像迷路的孩子找到了母亲。许多的眼泪、委屈、愤怒与抱怨像长河决堤般奔涌而出，可怜那母亲般的咨询员就在这种疾风暴雨般的倾诉中顽强地坚持着，用她的理解、共情和无条件支持来安抚她。

拿着电话的时候，小迪觉得自己有了依靠，但她不敢放下听筒去面对空空荡荡的家，没有声息的空气像是有无穷的压力。

刚开始，她还能克制，后来她一打就是几小时，她觉得那是一条生命线，没有它她会死去。后来，那可爱的咨询员受不了了。她明白这样的电话咨询只是鼓励了小迪的一种成瘾性行为，鼓励了小迪的人格退行，依赖和对自己的无力感。她建议小迪去找一个心理医生，说已经不能给小迪提供什么帮助了。

小迪感觉自己正在经历第二次被亲人抛弃，她非常孤独、愤怒和恐慌。她不停地打电话，要求那位大姐继续接听她的电话，但热线变成另外一个对她来说非常陌生的声音。她绝望了，她觉得都是自己不好——为什么自己连一份好好的人际关系都总是不能维持呢？

在卧室里，小迪用刀片割破了自己的手腕，她感觉到疼，看到殷红的血洒落在白色的床单上，有一种解脱的感觉，好像心情变得轻松了许多。过了一会，她突然有些不相信自己会干这样的事，忙找来碘酒和纱布，处理好伤口，心满意足地睡着了。

早上醒来，小迪觉得是该去找找心理医生了，可是她去那儿找心理医生呢？

小迪对心理医生的想象都是来源于好莱坞电影，像英格丽·褒曼（电影《爱德华大夫》）极具洞察力的女分析师，或像布鲁斯·威利斯（电影《第六感》）包含灵性灵感的男治疗师，在宽大的房间里，填充着奇妙的鲜花，松软的沙发和神秘的气氛。小迪去了全市六个咨询中心和四家医院，她始终找不到那种熟悉的内心感觉，大多数心理医生看起来很普通，智商不那么高，有的还有些庸俗，个别的医生甚至其貌不扬。小迪需要有良好的第一感觉，她看心理医生就像谈爱情，不想遇到没有品味的人。

小迪找心理医生就像《地道战》中的游击队员，打一枪换一个地方，少则一次，多则三次，总是不能完整地结束一个疗程。不过，让她很惊讶的是，每一个医生对她的判断都有明显的不同。

第一个医生认为她患有抑郁症，并有自杀的危险，强烈要求她服用抗抑郁药，遭到她拒绝后，草草将她打发走了。

第二个医生说她是适应性障碍，失业、男友的离去给她造成严重的心理应激事件，建议她用渐进性放松训练来控制焦虑。小迪觉得这个医生什么都不想承担，却让她做这做那，再来评判她做对没有。

第三个医生诊断她是边缘型人格障碍，冲动、依赖、低自尊、对焦虑不能忍耐，要求她重建自我认同的能力。小迪反感这种说法，她觉得这个医生在卖弄自己的学识，不是真正想关心人。

第四个医生认为她的体重增加和贪食与狄奥浦斯情结（恋父恋母）有关，需要接受长期的童年分析和重要关系人分析，但小迪觉得每周三次、连续半年的分析治疗，一是她经济承受不起，二是时间也不可能保证。

第五个医生坚信小迪的婚姻困境是来源于父母婚姻模式的潜在影响，让她接受婚姻指导。小迪觉得医生那一套自己早就知道，但仍于事无补。如果换着她给别人说说婚姻的道理，自己没准比这位医生还强。

第六个医生告诉小迪所有的痛苦都是不真实的，她在无意识扮演受害者的角色，放弃这种角色才是好转的开始。小迪无奈地想：要能放弃我早放弃了，还等到现在？

第七个医生努力探索小迪的内心的对立与冲突的主题，他认为她内心潜藏着许多未完成的事情，比如一些无法表达的悲伤、孤独、被遗弃感、罪恶感与愤怒，他试图运用"空椅技术"让小迪对自己内心世界的冲突有所觉察。小迪觉得心理门诊里发生的事过于儿戏，她讨厌让自己的屁股在两条椅子间动来动去。

第九个医生相信小迪需要"合理情绪治疗"，他觉得小迪有三大自贬情绪——抑郁，使她与正常的生活环境隔离；焦虑，导致她体重增加和睡眠困难；愤怒，使她失去对自己的判断能力。

医生分析了小迪的认知、情绪与行为三者间的关系，找出每种认知、情绪与行为的人格脚本，这把小迪搞得很糊涂，难道真真实实体验到的东西只是内心的幻觉？

第十个心理医生很难承认他是心理医生，因为他竟然说小迪是在逛"医生商店"，只看不买。小迪通过对心理医生的挫败来释放愤怒和寻找生活的意义，他快乐地把小迪称为"医生杀手"，是"训练心理医生的医生"。小迪委屈得实在是忍不住，就大声地哭了，哭得让那个医生的脸有些挂不住，让外面候诊的人都以为她遭到了医生的欺负。但哭过以后，她突然对自己有了一些觉察，她需要放弃依赖什么，包括心理医生，鼓起勇气自己去寻找新的生活道路。

2 不听叫得响，功夫最重要

小迪找心理医生的经历是如此曲折，读者们都未必相信。但我要告诉你们，事实上，小迪还算是幸运的。当今社会，无论你去哪个城市随便一找，就能发现许多自称资深专家、全国知名的心理医生。每个医生口里都会挂一些伟人招牌：如弗洛伊德、荣格、阿德勒、罗洛·梅、卡尔、罗杰斯、培尔斯、斯金纳等，你休想质疑他，质疑他似乎就是跟整个心理科学作对。

前九个医生，其实也是对的，只是成熟的心理医生会先和当事人讨论，以形成一种双方认可的关系，还没有结成彼此信赖的、开放、坦诚的治疗关系，就忙着去帮助当事人，起码是缺乏专业经验与能力。

第十个医生对不对呢？他一开始就敏感地认识到小迪不能从心理医生那儿获益，可能是害怕获得一种"亲密关系"后，又会重复体验被抛弃。他指出她的防御方式是"蜻蜓点水般地接触，并快速脱离"，这是一种"强迫性重复"的困境。当然，医生以幽默的"反向攻击"来帮助小迪领悟，尽管效果是好的，方式却值得商榷。

那么，如何能找到一个合格的心理医生，这可不是一个很好回答的问题。让我们尝试进行路径探寻。

2.1 引擎搜索

当你觉得要看某个心理医生时，可以先在网上搜寻医生的名字，一般成熟一些的心理医生都有很多痕迹可以从网上得到。比如，医生的职业背景，有哪些执业资格，受过何种训练，写过什么东西，咨询经历有多长等等。当然，也不能说网上没有"打榜"的心理医生就不能信任，俗话说："真人不露相，露相不真人。"但是，知名度还是一个有参考价值的指标。引擎搜索是一个值得关注的资源途径。

2.2 公众声誉

注意心理医生的口碑，好的医生总会被朋友提及和推荐。在候诊的时候，求询者往往会交流对医生的看法，尤其要关注那些与医生保持长久关系的咨客，他们对医生的感觉要到位一些。不过，现在是心理医生供不应求，再差的医生门口没准都有一群盲目的崇拜者。但是，所谓"一个人说好不叫好，许多人说好就不孬。"好的公众声誉往往不是浪得虚名。

2.3 直觉印象

直觉印象就是你对心理医生的第一感觉，这可靠吗？对你来说，感觉到的就是真实的。但对其他人来说，你的感觉中包含着你的价值观、经验，你的防御和你的移情。

好的心理医生有一种很强的人格魅力和亲和力，即便他不说不笑，眼睛看着你也会给你许多信息。他使你感觉到安全、舒适、被爱、被尊重、被接纳与认同，你很放松，不用忌讳什么。他会引发你倾诉的欲望，却又引导你去思索、自我分析和节制。他从不提弗洛伊德、荣格什么的，也不轻易下结论，却非常在意你的感觉，总是努力去理解你，懂你，贴近你，而不是控制你、评价你、指导你。

好的心理医生一点都不复杂、不权威、不深奥，像水一样随你流动、像玻璃一样透明，把你的防御和阻抗都化解于无形。当你抱怨别人的时候，他会沉默，不扇阴风也不点鬼火；当你反思自己的时候，他的眼睛会闪射出愉悦的光辉。他听得很多，说话很少，但每句话可能都是一种新视觉，给你一种新体验，让你感觉到一片新的天地。

2.4 提出参考意见，未必非常可靠

2.4.1 医生简介

机构对医生的介绍往往只是陈述医生的行医资格，无法表明他的人品、职业素质和职业道德。

2.4.2 医生的受教育背景和专业受训背景

从事心理咨询工作的人一般要求有医学或心理学背景，中级以上职称，但这说明不了什么。很多心理医生提供的专业受训背景只是一些短期训练班，速成心理咨询师资格考试鉴定。显然，这样的医生是无法给我们提供实质性帮助的。

2.4.3 心理学学历、职称或心理咨询师执业资格

你是心理学硕士、博士，可能你所学习的东西与心理健康毫不相关；你是心理学讲师、教授，可能你从来没有做过心理健康工作。中华人民共和国劳动部职业技能鉴定委员会发布专业资格或执照，因为行业启动初期"入门资格太低，培训过程简单，保持比较高的过关率"的原因，目前的社会信誉存在一些问题，许多人是因为有心理问题而试图通过学习自行解救。可是，获得心理咨询师证书后，却忘记了自己的初衷和本意，堂而皇之地做起为别人心理健康保驾护航的保护神精神固然可嘉，行为决不可取！

2.4.4 心理医生自我体验的时间

接受心理督导是心理医生执业前的必修课，进行自我分析是一个心理医生的基本功，因为你接受过什么水平的心理督导，才会站在什么高度上做专业工作，分析当事人的深度不会超过分析自己的深度。心理医生的含金量由"三维空间"构成——学习心理理论的厚度，接受专业技术培训的高度，自我体验的深度。在我国，由于还没有建立督导制度，心理医生普遍缺乏自我分析。这对当事人是非常危险的，医生对自己的问题缺乏认知，却来帮助来访者就有点"盲人骑瞎马，夜半临深池"的味道。

2.4.5 同辈心理督导团队

中国的心理医生有个变通的做法，由十几个医生结成分析小组，彼此督导，以此来促使自己成长。

2.4.6 从业年限

一般来说,从业越久的人,专业水平会越高。但不尽然,做心理医生是需要悟性的。曾经听说一位从事了20年心理咨询的心理医生,连一些心理咨询的理论技术的基本原理、方法还没有弄懂。他不是在帮人,而是在害人。

另外在寻找心理医生时,我们还应注意,不要盲目迷信所谓心理医生的学历、海外求学背景、高身价和行业领导等外在因素。

3 不求全面了解,知道关键所在

客观地说,要获得心理医生完整的背景资料并不容易,来访者基本上处在信息不对称的情景下。那么,在中国有没有合格的心理咨询师或治疗师?如果以国情为标准,当然还是有的。中国真正缺乏的是心理医生的执业环境。

3.1 严格的资格认定机构与认证制度

主要监督心理医生的受训背景、自我体验、完整的个案与研究、治疗技术、处理个案的能力等。

3.2 心理健康工作管理条例

涉及医生的责任、义务,如何保护当事人的权利,守密的问题,危机干预,医生的不当获益和医生的自我健康与自我保护等。

3.3 当事人的投诉与应诉机构与对医生的惩罚制度

应该有个机构来告诉当事人的权利和什么是医生的越界行为与违法行为,不然投诉就无从谈起。医生需要知道违反了什么会有什么样的处罚,不然,医生行为无法得到规范。

4 防止失范行为,保护自己安全

国际上有一个专门诊断医生的心理治疗关系敏感指数,一共由30多项评价指标,这些指标告诉医生如何与当事人保持"客观的职业关系"。以下行为属于越界行为:替熟人看病;私下与来访者接触甚至成为朋友(双重关系);在当事人面前宣扬自己,希望得到当事人的欣赏(表现欲);对异性当事人多情,或故意鼓励对方过度移情;过分担心当事人的愤怒,不敢挑战或质疑当事人(无力感);为了讨好当事人而随意延长咨询时间,增加复诊次数,或在休息时间接待当事人(让权);通过控制和支配当事人获得快感;强迫推销忠告(权利欲);收取当事人的财物;接受来访者宴请，或利用来访者获益（贪欲）……

当然，仅从上述现象，还不能说心理医生就违反了职业规则，只能说治疗关系有问题。那么，出了哪些情况我们可以投诉医生呢？

4.1　与当事人产生情感接触与性接触

情感接触与性接触包括不当的身体接触、性挑逗和要求当事人叙述性身体方面的细节。

4.2　与当事人发生利益关系

转介当事人而收取介绍费，跟当事人做生意，向当事人借钱。

4.3　泄露来访者隐私

泄露来访者的个人情感、婚姻方面的资料，与朋友讨论来访者及其相关信息，不加技术处理地将来访者的情感故事写成案例故事，以报纸、刊物专栏文章或者著作出版方式公开泄露来访者隐私。

4.4　亲密关系

我们都习惯了讨好医生，以为我们对医生好，医生才会尽心关照我们。但对心理医生却不同，心理医生要求保持一种中立的态度，这就需要与当事人保持一种职业距离，在咨询与治疗中，医生与当事人间有一种高度亲密与信任，离开诊室，这种关系立即消失，医生也会迅速地忘掉你（自我保护）。所以，你与心理医生的关系越简单，心理医生就越能发挥他的技术；当你和心理医生走得很近时，他对你就失去了意义，对你的问题他就变得非常的弱智。由于他在意你，就很容易被你的情绪卷入、侵袭，最后心身憔悴。当你喜欢和一个心理医生交往时，一个成熟的心理医生会让你选择："你愿意得到一个好朋友，还是愿意继续拥有一个好医生，二者不可兼得。"

5　通晓大致的过程，做个好的来访者

告诉你一个自我调侃"才华横溢"的十八岁男孩的故事——他每天都尿床，为此他沮丧至极，觉得尿床简直要了他的命。因为这个，他没有勇气社交，没有心思学习。找了许多医疗专家，吃药打针，都无济于事。别无选择，他决定自杀。一个朋友劝告他："你应该去找心理医生。""专家都不行，心理医生又能怎样呢？"他这样想但还是去造访了一位心理医生。几周以后，他亲自登门拜访他的朋友，看到他兴高采烈的样子，朋友与他有了下面的对话："你看过心理医生了？""看了！""那你不再尿床了？""不，我还在尿床，但我觉得这已经不重要了。"心理医生并没有

治好他的尿床，但却让他明白，尿床不是他生命的全部，尿床并不妨碍他对生活的追求。

5.1 关注内心真实，呈现问题原貌

很多来访者总是抱着非常朴素的想法：我有一个问题，需要心理医生的意见；或者我有一个烦恼，希望心理医生能帮助我解决。但是，心理医生要么表达含糊其词，不知所云，要么关注细枝末节，不得要领。来访者习惯于抱怨，抱怨爱人、情人、亲人、同事，抱怨生活、工作、世道、社会。心理医生只能做一只倾听的耳朵，来访者以为心理医生会对他（她）们的故事感兴趣，其实，心理医生是在听，但却是用眼睛在听，观察来访者的表情、情绪、无意识动作，分析来访者在如何说故事，故事里哪些内容是他（她）的主观解读，哪些是他（她）的客观流露。好的心理医生总是在激发来访者对自己的反思，使你从你的问题中看到自己，从一个受害人变成一个问题的形成者，慢慢地修正你对问题的看法与感觉。

5.2 投入咨询过程，展开心灵互动

在我们传统观念中，医生就是权威的代名词，很多人到处找权威，以为找到一个很权威的医生一切问题都可以迎刃而解。将这样的观念带到心理咨询中就会产生许多问题。在咨询中有权威欲和表现欲的心理医生恰好是糟糕的医生，他们习惯培训当事人，拿心理学理论来教导你。这是心理医生的防御，是专业能力不够的表现。

其实，心理咨询成功的关键是来访者自身的心理准备、内在成长的动力和心理咨询中是否真正地投入。有经验的心理咨询师总是在评估当事人的领悟能力、自我改变的动力和对问题的掌控水平。弗洛伊德说："精神分析只能治好有精神分析头脑的人"。大意就是来访者才是治疗的主体，咨询师只是一种工具，只是提供一种环境，帮助你对自己进行觉察与分析。如果你不想分析自己，找心理医生就有点奢侈。只想倾诉最节约的办法是打免费热线电话，热线咨询人员接受的训练就是倾听、共情与提供人性关怀。令人哭笑不得的是，我们的媒体和公众对心理医生的理解也只是达到了这样的水平。所以，很多有爱心的人，接受短程心理学培训，看两本冠名"心理学"的书，就以为自己什么都行，到处自称心理医生。也有很多用心理咨询骗钱骗色的"心理医生"，其实就只有当心理咨询免费热线人员的水平，却卖弄一些理论来唬人。

这样的现实根本就是跟心理学开了一个大玩笑——许多有自我觉察能力，有经济能力，可以通过咨询让自己对生命、生活增加更高体验的人，对心理咨询不屑一顾；许多生活在困境，找不到出路的人却以为心理医生能帮助他们，结果是昂贵的咨询收费让他们得不偿失。其实，心理学不能改变人们在精神世界、情感领域的痛苦产生的

现实根源，只能帮助你学会积极的解读方式和主动适应现实的理念、方法和策略。

5.3 保持适度耐心，付出必要资金

心理治疗不像普通的医学治疗，它并不那么在意诊断，也不是看一次病就好了，开一个处方就能解决问题的。这需要两个保障要素：一是时间，一个最简明的短程治疗也需要四到六次，每次30-45分钟。二是经济，目前心理收费很乱，但只要在医院，一般不会超过一分钟十块钱。在社会咨询机构，可能会高一些，大多一小时一百五十元左右，有的按次收费，二百到三百元每次。

当然，如果你做心理咨询的次数多，就可以谈，让对方把价钱降低一点。也有个别医生要价很高，北京的一位自称大牌的心理咨询与治疗专家，一次一万二千元。有些涉外的医疗机构，一般一小时要收八百美金，那是"周瑜打黄盖"，打的愿打，挨的愿挨。其实，专业成熟的心理医生会选择来访者——知其可为而为之，智者；知其不可为而为之，愚者。心理医生未必能够称为智慧的人，但一定不应该是愚蠢的人。具有职业素养的心理医生会根据对你的情况的专业直觉，考虑是否接受你并和你建立真正的治疗关系。如果他不想接受你，他就只会对你做一般的支持性治疗和咨询，不想去触动你深层的东西；如果他接受你，会主动与你讨论复诊时间，给你预约和讨论费用等问题。

5.4 关注问题出现，及时沟通化解

一旦形成了治疗关系，你必须投入，不是等待心理医生对你做什么，而是你要主动地讲出你的困惑与问题。如果你不投入，心理医生就只能等待，他是被动的、从属的。一般的情况是医生会和你商讨交谈那些层面的问题，会鼓励你联想或回忆，从中获取心理咨询所需要的信息。在心理咨询中，还有一个很重要的内容，就是定位与医生的关系。不少当事人在咨询的进程中对医生产生了意见，认为医生不够关心他（她），或者对医生有怨愤，但他（她）们不敢暴露，怕得罪人。这样一来，心理咨询就缺乏坦诚，治疗效果当然会大打折扣。有的当事人因此自动脱离。其实，这些感觉是非常重要的，应该随时让心理医生知道，以此来调整治疗关系和帮助心理医生发现当事人的移情。

5.5 历久成为良医，结束治疗关系

一旦你决定看心理医生，接受心理学的帮助，你就要拥有心理学头脑，在生活的每时每刻要努力觉察和分析自己，寻找不一样的处理问题的方法，接受不一样的知觉。这些工作不仅是在心理咨询工作室里进行，更重要是在生活中做出。当你面对医生的时候，你要告诉他在新的方法和知觉之下，同样的情景会产生不同的内心体验和效果，这样才能和心理医生形成良性的互动关系。正如走崎岖的山路，我们有时会借

助一根拐杖,让自己走得平稳一些。当你走得很稳健的时候,你随时都可以扔掉它,而那根拐杖就是心理医生。

6 各有其长,顺势取舍

在一个心理服务发达的社会里,心理健康保障机制一般有三类:

第一类,是社会救助机构开设的心理热线和心理咨询服务中心,这是社会福利的一个重要组成部分。一般身处心理困境的人可以免费得到心理专业人员的帮助,他们不仅要关注你的情绪、危机,还要关注你的生存与衣食。这里的心理健康从业人员大多是社会工作者,他们只接受短期的心理咨询技术的训练和人格的训练,并有专业的心理医生帮助与指导他们。

第二类,个人开设的心理咨询工作室,他们是收费的,费用中等。主要涉及情感、家庭、婚姻,儿童发展,社会适应,个人能力训练和心理素质培养,也包括职业咨询等。从业人员大多是心理专业的工作者,受过某些专门的训练,具有对某种心理咨询与治疗技术的行使资格或心理学会颁发的执照。

第三是医院或心理培训机构开设的心理咨询与治疗中心,从业人员要有严格的医生资格,精神病学和心理学背景,受过长期的专业训练并获得心理医生资格。一般收费较贵,接受的来访者的问题也比较麻烦,很多存在躯体障碍或精神问题。

心理咨询中心在中国分两种:一是大学、研究所、社区办的心理咨询中心,二是医院开设的心理门诊。前者大多是心理学专家,后者大多数是医学出身,各有利弊。大学、研究所、社区开办的心理咨询中心,因为没有处方权,很难做到双管齐下。单一的心理咨询往往不能够解决比较严重的心理问题。医院的心理咨询在缺乏专业培训下,很容易陷入医学模式,而没有了心理学的味道,再加上药物的滥用,使医院心理门诊的声誉并不太好。加强对医院心理从业人员的心理专业培训、督导与管理可能是我国应用心理学建设的必由之路。

心理压舱石

个体经历心理危机的心理体验与康复

心理危机是指个体或群体面对严重突发或重大冲击性事件时，心理平衡被打破、无法利用现有资源和惯常应对机制加以处理、感到痛苦或出现功能障碍的情形。人的一生中，危机无处不在。既有升学、择业、婚姻、晋职、中年危机、退休等正常发展性危机，也可能出现受伤、疾病、重大失误、亲人离去等所谓"天有不测风云"的境遇性危机，还可能会面临"生命的意义是什么？"等存在性危机。

1 心理危机反应

心理危机的发展过程，一般来说会经历四个阶段：

冲击期：在这一阶段，人们会感到震惊、恐慌、不知所措，情绪焦虑水平上升并影响到日常生活，试图采用常用的防御机制来对抗焦虑所致的应激和不适，以恢复原有的心理平衡。比如，突然得知自己患了重病，大多数人都会表现出恐惧和焦虑，此时人们会尝试着用以往生活中常使用的应对机制来对抗这种焦虑。

脆弱期：在这一阶段，人们想恢复心理上的平衡，控制焦虑和情绪的波动，但不知道怎么去做。会出现否认、合理化等情绪，生理心理紧张的表现加重并恶化，社会功能明显受损或减退。

解决期：情绪、行为和精神症状进一步加重，促使人们进一步采取各种方法接受现实，寻求各种资源努力解决问题。应用尽可能地解决问题的方式来减轻心理危机和情绪困扰。其中也包括寻求社会支持和危机干预等。

成长期：经过以上三个阶段后，有些人能够恢复到危机发生前的状态，一些人经历了危机变得更成熟；但也有人由于缺乏一定的社会支持，或者应用了不恰当的心理防御机制，使得问题长期存在、悬而未决、无法成长。也就是不能进入第四期。这类人常会出现人格障碍、行为退缩、自杀或其他精神疾病。

2　心理危机下的身心反应

心理危机引发一系列身心反应，接纳这些反应是正常人群面临非正常事件的正常反应。

2.1　情绪反应

可能表现出高度的焦虑、紧张感，且伴随恐惧、愤怒、罪恶、烦恼、羞愧等。

2.2　认知方面

身心沉浸于某种或多种情绪中（如焦虑、悲痛、紧张等），导致记忆和知觉改变，作决定和解决问题能力受影响。

2.3　行为改变

不能专心学习、工作甚至生活；回避他人或以特殊方式使自己不孤单；令人生厌或黏着性；与社会的联系被破坏，可发生对己或周围的破坏性行为；行为和思维情感不一致；出现过去没有的非典型行为等。

2.4　躯体方面

失眠、头晕、食欲不振或暴饮暴食、胃部不适、便秘等。这些反应在不同人身上，可能会在持续时间、反应强度和表现内容上有差异，但都是正常人群经历非正常事件的正常反应，通常一个月左右会慢慢淡化。

3　恢复心理平衡的策略

当个体处于危机之中，可以做些什么以帮助自己恢复心理平衡呢？

3.1　认真照顾好自己

尽可能维持正常的生活作息与饮食，尽量保持生活的稳定性。危机事件的发生会令人手忙脚乱，自乱阵脚，因此，让生活作息保持规律，是处理危机的先决条件。

3.2　与负面情绪相处

在遭遇危机时，有痛苦、失望、委屈、内疚、自责等负面情绪是正常的现象。甚至，这些负面情绪会持续一段时间，也正是这些负面情绪的出现给我们传递了"我需要好好照顾下自己"的信息。不扩展负面情绪的影响，不轻易否定处于负面情绪中的自己。

3.3　回顾和表达出来

与自我对话（或与他人对话），无论是大声地或无声地自言自语，抑或是对信任的人倾诉，我们都可以在情绪平复一些后，对事件和自己的心路历程做一个梳理：

发生了什么？

我做了些什么？

对我来说这意味着什么？

我的内心感受如何？

我的应激反应是什么？

3.4　调动心理康复资源

回忆以往遇到危机时你曾如何成功面对，肯定自己拥有解决问题的能力；以合理的态度看待事情，尝试以更广阔、更高远的角度了解事件的影响，事件会带来影响，但长远而言事情最终能改善或成为过去；保持对前景的盼望，即使在危急时期，也不要忽略在我们身边的资源：依然陪伴的家人、关心的朋友、支持的同事等。活着就是最大的资源；列一个令自己感到愉悦的计划清单，并执行它。平日一定知道做什么事情会令自己开心，列出来、执行它。例如，玩一些不费脑子的小游戏、刷刷剧、深呼吸、抱抱可以慰藉你的人或物体、泡泡热水澡或冲澡、允许自己哭一哭、写出你的想法或感受、旅行等；适量运动，运动的好处在于减少精神上的紧张，增加心血管机能，增加自我效能，提高自信心，降低沮丧等。

3.5　应对策略与自我发展

危机事件必将带来影响与变化，为了适应新环境，我们需要发展出新的应对策略。工作、生活和家庭是否需要应对新的问题，对面临的问题可以有哪些具体的计划，可以借助哪些资源，经历这次危机后自我拥有哪些新变化等。

3.6　获得线上线下支持资源

让朋友或家人给处于危机之中的你提供实际帮助，如提供食物与住所、与其家人联系、组织关心等；获得心理宣泄机会。接纳合理但奇怪的宣泄行为，比如暴走、大声歌唱或朗诵、号啕大哭等，释放过度积聚的心理能量，宣泄那些可能会造成自我毁灭的情感；让他们不带评价倾听，不建议、不评价、不讲道理，理解性倾听；给予温暖陪伴、鼓励支持。

3.7　寻求专业心理援助资源

当发现依靠自己、亲友或组织的帮助仍然难以应对时，你可以寻求社会专业心理机构的帮助。当然你要找的专家必须是有专业资质和社会公信力的专业人士。

4　经历心理危机之后的成长

经历一次心理危机事件之后，个体会获得一次心理升级的机会，提高处置突发事件的能力。

4.1　牢固确立"居安思危"的意识，再次面临心理挑战时有充分的思想准备

每个人都会面临突发事件的考验，需要时刻警醒，时刻预防，在思想上不能放松。对随时会出现的突发事件，有充分的思想准备，做到未雨绸缪。

4.2　具有健康的心态和战胜困难的勇气，提前做好心理建设

懂得应对一个突发事件，要充分发挥主人翁精神、勇于承担责任、临危不乱、头脑清醒。

4.3　积极参加应急处置技能的培训，提高专业能力

不同类型的心理突发事件都有对应的应急措施，主动参加各类应急知识和应急技能的培训，储备更多的知识和能力，更好地应对处置突发事件。

4.4　再次面临考验时，会充分做好预案准备

使预案具备全面性、前瞻性、实用性，使得突发事件应对标准化，流程和操作步调统一。

4.5　成为专业人才，提升处置能力

处置突发事件需要有具备专业的人进行操作，不仅需要相关技能，还需要不断积累经验，丰富的经验在处置突发事件中起到非常重要的作用。有了本次的经历之后，个体已经成为处置此类事件的人才。

4.6　主动防范增强，降低突发事件发生概率

在本次遭遇之后，对于出现突发事件后如何快速、高效地处置，有了直接的经验。会主动将潜在危险消灭在萌芽状态，从而减少突发事件的发生。在平常的工作管理和操作流程中发现隐患的蛛丝马迹，将隐患尽早消除。

回顾与思考

1．你自己或者熟悉的同事经历过什么让你犹如"蜂蛋入怀"的经历吗？比较一下看过本篇阅读之后，你有什么假如重新面对类似问题出现时的稍感从容的内心体验吗？

2．自爱之心是珍爱生命的原点，自爱的人会更自信、更积极、更乐观。让我们都学会爱自己。本篇的"自爱的行动策略"的内容给你什么启示和感召？

3．如果你的学生或者亲友需要心理医生的指导，你会给出什么建议？本篇有这方面非常专业的指导，记得好好阅读一下。

扫码获取
· 图书随身听
· 心理测试题
· 心理学课堂
· 健康小手册